서애 류성룡(柳成龍)

인생십계명

1. 외부의 적과는 싸워도 내부의 적과는 싸우지 마라.

2. 전쟁을 대비하지 않고 평화를 누리지 마라.

3. 결단의 순간에 망설이지 마라.

4. 옳은 일을 했다고 당장 인정받을 거라고 기대하지 마라.

5. 현장을 모르고 탁상공론으로 정책을 만들지 마라.

6. 고정관념을 깨지 않고 세상에 인재가 없다고 하지 마라.

7. 능력을 보지 않고 신분과 학력을 이야기하지 마라.

8. 경계를 넘어 공부하지 않고 할 수 없다고 하지 마라.

9. 마음을 통하려고 노력하지 않고 도와주는 사람이 없다고 한탄하지 마라.

10. 반성하는 삶을 살지 않고 내 인생만 힘들다고 하지 마라.

서애 류성룡(柳成龍)

인생십계명

초판 1쇄 발행 | 2021년 9월 15일

저 자 | 권대봉 · 신광철
펴 낸 이 | 김희경
디 자 인 | 신동섭

펴 낸 곳 | 느티나무가 있는 풍경
주 소 | 경기도 남양주시 가운로4길6-8 302호 (다산동)
대표전화 | 031-555-6405
등록일자 | 제399-2020-000042

ISBN 979-11-971341-5-9
CIP CIP2020041557

서애 류성룡(柳成龍)

인생십계명

| 권대봉 · 신광철 지음 |

느티나무가 있는 풍경

서애 류성룡(柳成龍)

인생십계명

1. 외부의 적과는 싸워도 내부의 적과는 싸우지 마라

서애 선생은 자신을 탄핵하고 죽이려 한 사람과도 다시 만나서 국사를 논의했다. 아군에 총질하는 이적행위는 하지 말자.

2. 전쟁을 대비하지 않고 평화를 누리지 마라

조선은 개국 이래 200년간 평화를 즐기다가 전쟁을 만났다. 평화는 강자의 마음에 달렸다. 약자가 평화를 선택할 수 없다. 약자가 나라를 지킬 군대 없이 평화를 구걸하면 평화가 아니라 굴종이 되고 만다.

3. 결단의 순간에 망설이지 마라

서애 선생은 선조가 압록강을 건너서 망명하려 할 때 왕의 안위보다 국가의 자존을 위해 단호하게 막았다. 나라가 결딴나는 일은 결단코 막자.

4. 옳은 일을 했다고 당장 인정받을 거라고 기대하지 마라

서애 선생은 임진왜란 때 전력을 다해 나라를 구했지만, 전란이 끝나고 파직당하는 수모를 겪었다. 당장에 인정받지 못해도 하늘이 알고 땅이 알고 있으므로 역사가 인정할 것이다.

5. 현장을 모르고 탁상공론으로 정책을 만들지 마라

서애 선생은 전쟁터를 보고 나서 훈련도감을 개설하고, 전쟁 중임에도 농사지을 둔전 관리에 힘을 쏟았다. 답은 현장에 있다.

6. 고정관념을 깨지 않고 세상에 인재가 없다고 하지 마라

서애 선생은 말직에 있던 이순신 장군과 권율 장군을 발탁하여 위기의 나라를 구했다. 고정관념을 깨야 현자賢者를 구할 수 있다.

7. 능력을 보지 않고 신분과 학력을 이야기하지 마라

서애 선생은 나라를 구하는 데 신분의 차이를 떠나서 누구든 공을 세우면 등용했다. 신분과 학력으로 편을 가르면 나라가 결딴난다.

8. 경계를 넘어 공부하지 않고 할 수 없다고 하지 마라

서애 선생은 주자학이 대세인 시대에 금서인 양명학도 읽었다. 문인인 서애 선생은 병법을 공부해서 일선의 장수들에게 전술책을 지어 보냈다. 평생학습의 결과이다. 스스로 학습은 자기를 바꾸고 세상을 바꿀 수 있다.

9. 마음을 통하려고 노력하지 않고 도와주는 사람이 없다고 한탄하지 마라

서애 선생은 아침에 임명하고 저녁에 해임할 정도로 변덕스러운 왕과 평생 함께 일했지만 한탄하지 않았다. 늘 그와 마음을 통하려고 노력했다. 누구든 마음이 통하면 도와줄 것이다.

10. 반성하는 삶을 살지 않고 내 인생만 힘들다고 하지 마라

서애 선생은 전란을 극복하고 파직당했지만, 힘들다고 하지 않고 성찰의 리더십을 발휘하여 나라의 미래를 위해 징비록懲毖錄이라는 반성문을 썼다. 반성은 후회가 아니라 미래 만들기다.

책을 내며

오늘날 대한민국이 필요로 하는 지도자는 서애西厓 류성룡柳成龍 선생 같은 인물이다. 서애 선생은 영의정 및 전시 계엄사령관인 도체찰사로서 임진왜란 7년 전쟁을 극복하여 나라를 구한 청렴한 정치가이자 백성을 살린 경세가이며 평생 학습한 교육자이다.

1607년 5월 6일, 서애 선생은 나이 66세에 안동의 학가산 아래 서미리 농환재弄丸齋 초가집에서 운명했다. 부음이 서울에 전해지자 도성의 사대부들과 1,000여 명의 백성들이 선생의 옛 집터에 모여 신위神位를 만들어 모시고 "선생이 아니었다면 우리는 살아남지 못했을 것이다. 이 어진 정승을 잃은 것은 어린아이가 어머니를 잃은 것과 같다."며 통곡했다. 상인들도 유례없이 나흘 동안 자진 철시撤市하고 부의賻儀를 거두었다. 500년 조선 역사상 백성들의 자발적인 추앙을 받은 전무후무前無後無한 일이었다.

책을 구상하게 된 계기는 어린 시절부터 서애선생을 기린 병산서원으로 소풍나들이를 하면서 친근감을 키워 왔으며 서애학회가 발간한『서애연구』 2020년 창간호에 발표한 「서애 류성룡의 교육적 배경과 자기 주도적 평생학습」에 대한 연구였다. 연구를 하면서 '서애 선생이 무슨 공부를 어떻게 했기에 임진왜란 7년 전쟁을 극복하여 국민과 국가를 살린 영웅이 되었을까?'라는 궁금증을 풀게 되었다.

『징비록懲毖錄』을 비롯한 서애 선생의 역작을 읽으면서 서애 선생은 문신이면서도 최전선에서 전쟁을 지휘할 수 있을 만큼 병법을 독학하여 문무 역량을 겸비한 자기 주도적 평생학습자임을 발견하였다. 서애 선생이 경계를 넘어 폭넓은 독서를 통해 균형감각을 가졌기 때문에 화이부동和而不同과 윤집궐중允執厥中을 실천할 수 있었음도 발견하였다. 주자학이 대세인 환경에서 실용주의적인 정책을 입안하고 실천하여 나라를 구한 것은 주자학을 비판한 실용주의적인 양명학을 읽은 것과 무관하지 않음도 발견하였다.

학생들의 메타 인지를 키워주는 면에서 서애 선생의 '생각하는 것을 주로 하는 학이사위주學而思爲主의 학습법'이 내가 고려대학교 재임 시절 제자들을 지도했던 대화식 교수법과 공통점이 있음을 발견하고 매우 기뻤다. 그래서 2020년에 인천재능대학교 학생들을 위해 새롭게 구축한 것이 바로 대화와 토론을 하면서 공부할 수 있는 '자율·창의 아고라'도서관이다. '자율·창의 아고라'는 학생들이 '생각을 생각'하여 메타 인지를 키워서 '마음 밭'을 일구도록 도와주기 위해 토론할 수 있게 만든 학습공간이다.

선조수정실록 25년 5월 1일, '상이 동파관을 출발하다'에 선조가 조선을 버리고 요동에 망명하려고 했을 때 서애 선생이 왕의 "대가大駕가 우리 국토 밖으로 한 걸음만 떠나면 조선朝鮮은 우리 땅이 되지 않습니다." "대가이동토일보大駕離東土一步, 즉조선비아유야則朝鮮非我有也"라며 단호히 막았다. 선조가 요동으로 망명했다면 민심은 즉시 무너지고 군대는 전의를 상실하여

반란이 일어나는 속에 왜적은 더욱 기세를 올려 조선은 멸망했을 것이다.

임진왜란 7년 전쟁을 극복하고 파직당했던 서애 선생은 하회로 돌아와 옥연정사에서 징비록을 집필하면서 서문에 "내 지난 일을 징계하여 뒤에 근심이 있을까 삼간다."라고 밝혔다. 시경詩經에 나오는 "예기징이비후환豫其懲而毖後患"으로서 '여기에서 두 글자를 따서 만든 것이다. '징비록'은 임진왜란과 같은 참화가 다시는 일어나지 않도록 철저히 미래를 대비하라는 뜻에서 저술하였지만, 조선의 집권 세력들은 당파가 다르다는 이유로 징비록을 외면한 결과 나라가 망해서 일제에 강점당하는 치욕의 역사를 만들었다. 정치지도자들이 징비하지 않았던 까닭으로 조선은 1910년에 결국 망했다.

대한민국이 세계경제 대국에 올랐으나 국내는 이념대립과 갈등이 심하다. 미국과 중국이 패권격돌을 하고 있고 일본과 러시아가 각축하고 있는 이러한 혼돈의 시대에 대한민국에 필요한 리더십은 무엇인가? 현장을 찾아 자기주도성을 회복시키는 서애선생의 미래 만들기 성찰과 창의의 리더십이다. 반성은 후회가 아니라 희망적인 미래 만들기다.

서애 선생의 '미래 만들기' 성찰의 리더십을 책으로 만들기 위해 '긍정이와 웃음이'를 데리고 다니는 신광철 작가와 공동 작업을 했다. 책을 다듬는 과정에서 사단법인 서애선생기념사업회 유을하柳乙夏 사무국장과 연세대 대학원에서 정치경제학을 공부한 권민성權珉成군이 읽고 지적한 의견을 반영하였다.

일간 경제지인 파이낸셜 뉴스 2021년 2월 4일에 '서애 류성룡 선생 10계명'이란 칼럼을 썼다. 원래는 '서애 류성룡 선생에게 무엇을 배울 것인가'였는데 10계명으로 바꿨다. 2021년 2월 19일 한국언론진흥재단 프레스센터 20층에서 한국경영학회가 대한리더십학회와 미래인력연구원과 공동으로 개최한 동계학술대회에 초청 받아 임진왜란 7년 동안 전쟁터 현장을 찾아서 군인과 백성의 자기주도성을 회복시켜 나라를 구한 서애 류성룡 선생의 미래지향적인 성찰과 융복합적인 실용의 창의 리더십을 10계명으로 정리하여 "포스트 코로나 19시대의 혁신경영 리더십과 서애 류성룡 10계명"이라는 주제발표를 했다.

책의 제1부는 '서애西厓 류성룡柳成龍 인생 10계명'이고, 제2부는 '서애西厓 류성룡柳成龍 일대기'다. 정치 외교 안보 경제 교육 사회 문화 등 각계의 리더들로 성장할 청년들이 책을 읽고 서애 류성룡 선생의 미래지향적인 성찰 리더십과 융복합적인 실용의 창의 리더십을 익혀서 실천한다면 공정과 정의가 구현되는 미래를 만들 수 있을 것이라는 희망을 담아 책을 펴낸다.

2021년 9월

정안淨巖 권대봉權大鳳

CONTENTS

제 2 부 서애 류성룡柳成龍 일대기

제1부

서애 류성룡柳成龍
십계명

01 일계명

외부의 적과는 싸워도 내부의 적과는 싸우지 마라

서애 선생은 자신을 탄핵하고 죽이려 한 사람과도 다시 만나서 국사를 논의했다. 아군에 총질하는 이적행위는 하지 말자.

내부의 적은 용서하라

류성룡은 거침보다는 부드러움을, 적대보다는 선린을 선호했다. 적을 내부에서 만들지 않는다는 기본을 지키려 했다. 조선의 붕당정치의 유혹에서 벗어난 인물이 류성룡이었다. 율곡 이이와 더불어 서애 류성룡은 중립적인 태도로 붕당의 폐해를 줄이려 했다. 중립을 선언하는 순간 회색분자로 낙인이 찍히지만, 중심을 잃지 않고 싸움보다는 화해를 하도록 주도했다.

붕당은 현대의 정당정치와 같은 장점이 있다. 지금의 여당과 야당이라는 관점에서 보면 더없이 좋은 제도다. 문치文治의 나라인 조선에서 긍정적인 모습을 가지고 있기도 하지만 부정적인 면 또한 적지 않다. 무능한 왕이 통치를 해도 나라가 제대로 굴러갈 수 있도록 견제 역할을 할 수 있는 장점이 있는 제도다. 붕당 간의 다른 생각을 조절하고, 때로는 좋은 방안을 선택할 수 있는 제도이기도 하다.

왕이 중심을 잡고 정치를 한다면 다양한 방안과 의견들을 조절하고 발전해 갈 수 있는 장점을 가지고 있다. 하지만 왕이 자신의 사욕을 위해 붕당을 이용한다면 추락할 수 있는 제도이기도 하다. 붕당 간의 적절한 견제와 타협이 필요한 것이 기본 과제다. 제도보다 무서운 것은 강자가 제도를 악용하는 경우다.

조선의 붕당은 고려에서부터 출발한다. 고려 말 조선을 개국하자는 개혁파와 고려를 그대로 유지해서 이끌어 가야 한다는 온건파 간의 대립으로 출발한다. 조선을 개국하자는 개혁파가 조선을 세운 공훈을 인정받은 사람들이 훈구파勳舊派다. 훈구파는 이성계를 따른 정도전과 조준 같은 인물들이다.

고려를 그대로 유지하자고 한 사람들은 발을 붙일 곳이 없었다. 산으로 숨어들었다. 숲에서 사는 선비들이라고 해서 사림파士林派라 불린다. 사림파로는 충절의 정몽주와 길재 같은 사람들이다. 사림파는 유학을 공부하는 사람들로 낙향해서 공부하며 제자를 가르치는 일로 향촌 질서와 유향소와 향약을 제도화한 사람들이다. 고향인 재야에서 공부하고 제자를 양성하며 사람들이 중앙 정치무대로 등장하기 시작했다. 중앙무대로 등장하면서 훈구파와 사림파 간의 대립이 시작되었다. 훈구파의 입장에서 사람파의 세력 확장을 가만히 두고 볼 리가 없었다. 조선의 왕은 훈구와 사림 간에 서로 견제하게 하면서 왕권을 구축해 나가는 방법을 사용했다. 건전하게 운영하면 민주정치인 정당정치에 비견할 만하다. 소외된 백성이 제외되었지만 조선의 붕당정치는 정당정치의 기본틀을 갖추고 있었다.

조선의 붕당정치가 시작되고, 붕당 간의 견제를 정권 안정과 왕권 강화를 위해 철저하게 이용했던 인물이 바로 선조다. 조선 붕당정치의 시작이 선조 대에서부터 시작되었다. 붕당을 즐기고 이용한 왕이 선조였다. 선조는 그 두 세력을 교묘하게 이용했다. 훈구파는 조선이 개국하고 나서 세월이 흘러 사라지고 사림파가 분열되기 시작했다. 동인과 서인으로 나뉘었다.

출발은 자리 하나를 가지고 싸웠다. 이조 정랑직을 놓고 대립했다. 붕당의 대표격인 김효원의 집이 동쪽 건천동에 살아 동인이라고 했고, 심의겸의 집이 서쪽 정릉에 살아 서인이라 했다. 동인은 주로 퇴계 이황과 남명 조식의 학문을 이어받은 경상도 출신이 많았고, 서인에는 율곡 이이와 우계 성혼의 제자들을 중심으로 한 충청도와 경기도 출신이 많았다. 조선의 철학을 양분한 사람이 바로 이황과 이이였다.

양대 산맥이라 할 수 있는 두 인물이 있었을 때 붕당 간의 다툼은 그리 큰 문제가 아니었다. 이황은 성리학을 집대성한 학자였고, 이이는 현실정치를 우선으로 보았다. 류성룡은 동인이었다. 이황의 문하에서 공부를 한 사람으로 류성룡은 동인 중에서도 온건파였다. 붕당의 이익보다는 국사를 우선했다. 류성룡은 중립적인 입장에서 객관을 유지하려 했다. 정치가 한쪽으로 기울면 바른길로 가지 못한다는 것을 누구보다도 실감하고 있었다. 하지만 세상은 뜻밖의 길로 간다.

조선 역사에서 큰일을 꼽으라면 임진왜란이 가장 큰 사건이고, 내부적으로 큰 사건은 정여립 모반사건이다. 모두 선조 대에서 발생한 일이다. 선조는 작은 일로 끝날 수 있는 것을 큰일이 되도록 만든 장본인이다. 임진왜란이 일어나기 전에 붕당정치의 향연에 빠지지 않고 전쟁을 준비했으면 큰 피해를 줄일 수 있었다. 그리고 정여립 모반사건은 선조 자신의 정치기반을 위해 동인 선비들을 대량으로 학살한 일이다. 간단하게 정여립과 일당들을 처단하면 될 일을 큰일로 확대시켰다. 확대의 주동자가 정철이었고, 선조는 은근히 부추기고 방조했다.

정여립 모반사건을 살펴보자. 정여립은 본시 율곡 이이의 제자로 서인이었다. 정여립의 이력은 특별했다. 의리와 명분을 중요하게 여기던 조선에서 보기 힘든 붕당을 갈아탄 사람이었다. 지금으로 이야기하면 여당에서 야당으로 당적을 옮긴 사람이었다. 조선에서는 드문 일이었다. 그리고 붕당을 갈아 타고나서 스승인 이이를 욕하고 다닌 사람이었다. 정여립은 선조의 미움을 사서 고향 진안으로 내려갔다.

정여립은 언변이 뛰어나고 사람을 좋아했다. 문제의 발단은 대동계를 만들어서 활쏘기와 말 타기, 그리고 무술을 연마하는 집단을 만든 것에 있었다. 조선시대로서는 의심을 받을 만했다. 왜구가 쳐들어왔을 때는 대동계 사람들이 나가 왜구를 격퇴하기도 했다. 대동계는 무력을 가진 집단이었다. 거기에 '천하는 공물公物'이라는 말을 하고 다닌 인물이 정여립이기도 했다.

정여립은 당당하게 떠들고 다녔다.

"천하는 공물이니 어찌 일정한 주인이 있으리오."

세상은 왕의 소유물이 아니라는 논리다. 모두가 함께 이용할 수 있는 공공재라는 주장이다. 당시로서는 파격적인 주장이었고 정통 주자성리학의 입장에서는 일탈한 사상의 소유자였다.

정여립은 이런 말까지 했다. 보다 구체적이다.

"충신이 두 임금을 섬기지 않는다고 한 것은 통론이 아니다."

상황에 따라서 두 임금을 섬길 수 있음을 말했다. 그러면서 이렇게 말했다.

"누구를 섬긴들 임금이 아니리요."

못난 군주든 잘난 군주든 태어난 부모가 왕이라는 이유로 군왕이 되는 것을 인정하지 않았다. 어려서 정치를 할 줄 모르는 아이에게까지 권력을 세습해 국사를 운영하는 절대군주의 존재 자체를 부정했다. 정여립은 군사훈련에 버금가는 훈련을 한 사람들을 실제로 양성했다는 점에서 문제의 인물이었다. 정여립이 무사들을 직접 통솔한 것에서 미뤄 알 수 있듯이 병법과 무예에 대한 자질 또한 특별했다.

또한 이씨가 망하고 정씨가 흥한다는 뜻으로 '목자는 망하고 전읍은 흥한다'는 '목자망 전읍흥木子亡 奠邑興'이라는 동요를 옥판에 새겨서 지리산 석굴에 감추어 놓았다는 일화가 전해지기도 했다. 목자木子를 합치면 이李씨 왕조를 말하고, 전읍(奠邑=阝)을 합치면 정鄭씨가 된다. 정씨 즉 정도령이 왕이 된다는 말이었다. 선조를 길길이 날뛰게 한 것은 바로 정여립이 정씨라는 사실이었다.

조선은 발칵 뒤집혔다. 살얼음 위를 걷는 살벌한 분위기가 만들어졌다. 정여립이 나라를 뒤엎기 위해 준비하고 있다는 소식이 조선의 왕에게 전달되자 조선의 왕은 어느 때보다도 민감하게 반응했다. 그리고 뜨겁게 만들었다. 기다렸다는 듯이 정리해 나갔다.

정리의 책임자로 정철을 세웠다. 공교롭게도 정철도 정씨였다. 그렇지만 정철은 연일정씨이고 정여립은 동래정씨로 본관이 달랐다. 위관이 여러 명 있었지만, 정여립 사건의 수사는 정철이 주도했다.

정철은 극악한 사내였다. 자신이 살아남기 위한 발버둥이었는지도 모른다. 가사 문학의 정점이라고 알려진 바로 송강 정철이다. 정철은 선조의 마음을 읽었고 자신의 붕당에 유리하게 작동시키기 위해서 사건을 확대해 나갔다. 정여립의 집에서 압수한 문서와 편지들을 샅샅이 검토해 정여립과 조금이라도 교류가 있었던 사람들은 모조리 잡아들였다. 그리고 과감하게 처단했다. 정철의 목표는 서인에 의한 동인의 제거였다.

많은 사람이 문초 과정에서 사망하는 무서운 형국이 펼쳐졌다. 국문 과정 중 장형에 의해서 죽어 나갔다. 사람을 때려죽이는 정철의 눈에는 살기가 넘쳤다. 살기殺氣를 즐기는 선조의 눈에도 살기가 넘쳤다. 많은 사람이 정여립과 만났다는 이유로, 편지를 건넸다는 이유로 죽임을 당했다. 서인 정철의 옥사는 무시무시했고 악랄했다. 특히 전라도의 동인 선비들이 많이 죽어 나갔다. 정여립의 고향이었고, 정여립이 자살한 죽도도 또한 전라도였다.

정여립 모반사건은 임진왜란이 일어나기 직전까지 조선을 흔들었다. 이어서 터진 것이 임진왜란이었다. 전쟁을 준비할 틈이 없었다. 조선의 선비들은 살아남는 것이 과제였다. 조선의 선비와 관리는 살아남으면 다행이라고 한숨을 놓을 만큼 살육의 현장이었다. 정철이 주도적으로 나섰고 뒤에서 조종하고 최종 지휘한 사람은 선조였다.

선조는 세월이 흐른 후에 이렇게 말했다.

"과인이 간악한 정철에게 속아 호남의 어진 선비들이 고초를 겪었다."

평소의 선조다운 발언이었다. 선조는 다른 사람에게 잘못을 뒤집어씌우는 능력이 탁월했다. 모든 최종 결정은 선조 자신이 내렸음을 누구나 알고 있었다. 정철과 선조의 협조체제에 의해 치러진 기축옥사로 인해 호남 지역은 '반역향' 이라는 낙인이 찍혔다. 정여립과 함께 한 인물들은 사지가 찢겨 조선 팔도에 걸렸다. 역적의 말로가 어떤지를 대대적으로 홍보하는 데 이용됐다. 게다가 특이하게도 반역의 땅으로 지정되는 데 결정적 공헌을 한 인물이 바로 호남에 근거지를 둔 정철이었다. 3년 동안 죽은 사람의 숫자가 천 명에 달했다. 가혹하다고 하는 조선 4대 사화를 다 합한 500명보다도 많았다. 무려 두 배가 넘었다. 정여립보다도 정철은 두려운 존재였고, 선조는 더 무서운 인물이었다.

정철의 칼을 겨우 피한 것이 류성룡이었다. 류성룡이 속했던 동인의 상당수가 죽거나 귀양 보내졌다. 동료들이 죽어 나가는 것을 보았고, 같은 동인들이 억울하게 누명을 쓰는 것을 목격했던 것이 류성룡이었다.

권력은 바람과 같아 한곳에 머물지 않는다

정철이 속한 서인이 조정을 장악했다. 하지만 권력은 바람과 같아 한곳에 머물지 않았다. 다시 사건이 터졌다. 사건의 중심에는 언제나 선조가 있었다. 선조가 일을 크게 만들었다. 선조는 작은 일을 크게 만들어 세상을 시끄럽게 하는 데 능력자였다. 정여립 사건, 세자건저 사건 그리고 임진왜란의 중심에서 선조를 빼놓을 수가 없다. 세 사건은 이어져 있다. 모든 사건의 핵심에는 선조가 있었다. 모든 정책의 실질적인 책임자였고 결정권자였다. 선조의 선택에 따라 정책의 향방과 조선의 미래가 결정되었다. 너무 당연한 논리다.

왕세자 책봉 문제가 있었다. 당연한 일이었지만 누구도 드러내놓고 말하기 어려운 문제였다. 선조에게는 아들이 여럿 있었다. 세자를 정하자고 하면 왕의 무능을 이야기하는 듯했고, 늙어서 물러나라는 느낌도 들어 조심스러운 일이었다. 선조에게는 정식 왕비에게서 태어난 아들은 없었다. 아들들은 모두 후궁의 태생이었다. 가장 큰아들이 임해군이고, 둘째가 광해군이었다. 임해군은 포악했고, 광해군은 총명했다.

결국 정사에 책임을 쥔 세 정승이 나서기로 했다. 왕이 직접 왕세자를 정하지 못하고 있으니 삼정승이 공동으로 제안하자고 약속했다. 삼정승은 광해군으로 세자를 정하자고 약속했다. 다음날 왕에게 이야기를 꺼내기로 약속하고 헤어졌다. 약속을 깬 인물이 있었다. 영의정 이산해였다. 이산해가 모략을 준비하고 있었다. 이산해는 선조가 당시 좋아하던 후궁으로 신성군이라는 아들을 낳은 인빈의 남동생인 김공량을 불러 말했다.

"지금 정철이 광해군을 세우고, 신성군 모자와 너를 죽이려고 한다."

김공량은 깜짝 놀랐다. 김공량은 누나인 인빈에게 달려가 그대로 전했다. 인빈은 놀라 울면서 밤중임에도 선조를 찾아가 전했다. 선조는 인빈의 말을 믿지 않았다. 설마 그럴 리가 있냐는 반응이었다.

삼정승이 함께 광해군을 세자로 정하자는 의견을 왕에게 약속한 다음 날 이산해는 나오지 않았다. 병이 났다고 핑계를 대고 입궐을 하지 않았다. 결국 정철과 류성룡 둘이서 선조에게 세자 책봉 문제를 말하게 되었다. 성질 급한 정철이 먼저 세자를 세울 것을 말하자 선조는 어제 일이 생각났다.

선조는 놀라며 '사실이었구나!' 생각했다.

"지금 내가 아직 살아있는데 경이 무슨 일을 하려는 것인가?"

선조는 화가 나 소리쳤다.

정철은 놀라 허둥지둥 물러 나왔다. 류성룡도 감히 더 말하지 못하고 물러 나왔다. 정철은 철저하게 서인의 입장에서 동인들을 처단한 인물이었다. 그럼에도 다시 머리를 맞대고 정사를 의논해야 하는 사람으로 만나야 했다. 정치는 생물과 같아 언제 어디로 방향을 잡을지 모른다. 적을 만드는 것은 나의 함정을 만들 사람 하나를 키우는 것과 같다. 이산해의 이간질에 의해 정철의 방자함이 알려지자 일이 일어났다. 정철 죽이기에 돌입했다. 정철 죽이기의 주동자는 이산해였고, 정철 죽이기를 만류한 사람이 류성룡이었다. 정철이 귀양 가고, 서인들이 대거 탈락하고 다시 동인들의 세상이 되었다.

전쟁이 터지자 귀양 가 있던 정철은 선조의 부름으로 다시 정계에 돌아오게 되었다. 정철과 이산해, 그리고 류성룡은 다시 전시조정에서 만나서 정사를 함께 논의하고 이끌어나가는 사람으로 만났다. 정치인은 결국 정치 마당에서 만나게 되어있다. 정치인이 정치인을 보호해야 함에도 서로 죽일 듯이 싸웠다. 피해는 고스란히 정치인에게 돌아가는 어리석음을 범한 것이다. 정적을 만드는 것은 자객 하나를 키우는 것과 다르지 않다.

다름과 틀림은 다르다. 내 생각이 옳다는 것을 주장하곤 한다. 중요하다. 자신의 생각이 옳다는 것이 문제가 되지는 않는다. 하지만 내 생각이 옳다는 신념이 전쟁을 만들고 분쟁을 만든다. 사소한 문제에서까지 자신의 옳음을 주장한다. 신념은 옳다는 믿음이다. 신념은 있어야 하지만 신념을 강하게 주장하는 것은 옳지 않다. 신념으로 인해 만들어진 정점은 사상과 철학, 그리고 한 단계 더 나가서 확신에 찬 믿음인 종교가 있다. 강한 신념으로 인해 종교분쟁이 생기고 사상투쟁이 생긴다. 그리고 종교전쟁까지 일어난다. 신념을 갖되 강하게 주장하는 순간 부딪힌다.

현대인들이 가장 정확하다고 믿는 과학조차도 맞는 것은 20%를 넘지 못한다고 한다. 새로운 학설과 진보된 기술에 의해 새롭게 밝혀지는 것이 대부분이라는 이야기다. 학설은 뒤집히고, 사상은 진화하고, 철학은 새로운 진로를 찾아낸다. 왕조시대에 옳았던 것이 지금은 대부분 틀렸거나 수정되어야 한다. 그렇게 강하게 주장할 것이 세상에는 의외로 적다는 점이다.

내가 평생 옳으면 나는 평생 유아 수준을 넘지 못한다. 내가 생각한 것이 틀리는 순간 새로운 세상이 열린다는 점을 인식해야 한다. 알에서 깨어나오는 순간 더 넓은 세상이 있음을 확인하게 된다. 내가 생각한 것이 틀렸다는 사실을 깨달을 때 새롭게 옳은 것과 만나게 된다. 내가 틀리는 것을 두려워하지 마라. 다만, 하나의 가치에는 무게를 두는 것이 필요하다. 인본人本 이상의 가치는 없음을 실천해야 한다. 큰 죄라고 하는 사상범이나 종교범이나 확신범을 마지막 보루인 죽음으로까지 몰아세워 처단하지 말라는 것이다. 역적이란 죄명이 사람의 가치보다 중요할 수는 없다. 물론 왕조국가에서의 사건이었지만 죽음으로 모는 것을 같은 신하 된 한 사람으로서 강행한 정철의 처사는 비난받을 만하다.

욕을 얻어먹으면서 중립을 위한 류성룡의 가치는 왕조국가에서 더욱 빛났다. 당파이익에 함몰되지 않고 용서와 관용으로 이끌어 낸 류성룡은 정당했다. 그리고 바로 이어진 임진왜란이라는 전란의 위기에서 정철을 다시 만나 정사를 의논하고 있었다.

같은 것을 주장하는 공동체는 반드시 무너진다. 사회도 나라도 기울지 않을 수 없다. 같은 생각에서는 새로운 것이 나올 수 없다. 조선이 세계에서 가장 가난한 나라로 전락하고 일본에게 정복당한 것은 같은 것을 주장하는 것에 의해서다. 2000년 전의 유교를 받아들이고 유교 중에서도 가장 고루하고 도덕을 강조하는 주자학을 받아들인 것에서도 몰락의 원인을 찾을 수 있다. 조선 사람 모두가 같은 공자와 맹자를 따르도록 한 것이 조선에 신선한 사상과 철학을 공급하지 못하도록 했다.

다름을 받아들이지 않는 폐쇄국가가 조선이었다. 달라야 살아남을 수 있다. 같은 것에서는 더 이상의 개선이 나오지 않는다. 다름에서 창의적인 생각이 나온다. 내가 옳으니 상대는 틀려야 하는 비극적인 상황이 이어졌다. 주자학이 대세이던 시대에 주자학을 비판한 양명학을 공부했던 류성룡은 다름을 인정하고 중용의 도를 걸었다. 류성룡의 중용의 도는 조선사회에서 그나마 화합과 미래를 바라볼 수 있는 기회를 만들어주었다.

류성룡은 결단력이 없다는 말을 들으면서도 반대파를 척결하지 않았다. 반대파도 결국은 조정에서 다시 만난다는 것을 알았다. 선조에게는 다른 두 파가 있어야 정치가 가능하고 자신의 입맛에 맞게 정국을 이끌어갈 수 있다는 것도 이미 간파하고 있었다. 류성룡은 조선의 왕을 설득할 수는 있어도 왕의 역할을 대신할 수는 없었다. 왕조국가에서는 있을 수 없는 일이었다.

류성룡은 조선시대에 태어난 한 인간으로서 최선이었다. 더 이상의 권력을 가질 수도 없었고 더 이상의 결정권을 가질 수도 없었다. 주어진 상황 속에서 한 인간으로 할 수 있는 최선의 길을 선택해서 걸었다. 류성룡이 정승으로 있을 당시 정여립의 모반사건으로 동인들이 무수히 걸려들었다. 아는 사람들이 하나둘씩 잡혀 들어갔고 형장에서 죽어 나갔다. 동인에 속한 같은 뜻을 가졌던 사람들이 속속 쫓겨나거나 귀양 가거나 죽임을 당했다.

류성룡에게도 위기가 찾아왔다. 류성룡도 예외는 아니어서 연루자들 속에 끼어들어갔다. 정철에게는 피도 눈물도 없었다. 죽음이 바로 코앞에 있었다. 류성룡은 자신의 결백함을 밝혀야 했다. 밝히지 못하면 류성룡 역시 죽음에서 벗어날 수가 없었다. 예외가 없었다. 조선을 반대한다는 이유 하나만으로 처단당하는 무서운 세상이었다.

선조실록에 전라 유생 정암수 등이 "이산해、정언신、정인홍、류성룡 등을 지척하는 상소를 올리다"에 다음과 같이 기록된 것을 보면 정철의 하수인들은 류성룡이 정여립을 병권 담당자로 추천했다고 모함하였다.

"류성룡은 매번 역적 정여립을 위하여 부회와 찬양으로 온갖 정태情態를 써서 그를 끌어들여 우익을 삼으려고 천의天意를 탐지하고 병관兵官에 주의하여 낙점까지 받았으나, 그 때 마침 조헌의 소가 올라와 취임시키지 못하고 말았습니다. 그가 만약 병정을 차지하여 흉모를 재촉하였다면 당당한 국가야 아무런 걱정이 없겠지만, 혈전에 임한 군사들이야 어찌 조그마한 손해뿐이겠습니까. 류성룡은 진실로 역모에 가담한 사람은 아니지만, 지금 만약 반성해 본다면 태양 아래서 어떻게 낯을 들고 살 수 있겠습니까."

류성룡은 스스로 자신을 변호하는 자핵소自劾疏를 올렸다. 겨우 선조의 특별한 배려로 살아났다. 류성룡은 소용돌이에 휘말리지 않고 끝내 자리를 지켰다. 절대권력을 가진 존재에게 밉보이는 순간 죽음의 그림자가 다가올 수 있었다. 결국 류성룡이 택한 것은 중간지대였다. 현명했고, 냉철했고, 화합을 할 줄 아는 명재상이었다. 미워하는 사람을 적으로 만드는 순간 언젠가 다시 적이 자신을 겨누는 화살이 된다. 미워하는 사람과 함께 갈 수 있는 것이 정치다. 정치는 다른 생각을 가진 집단 간의 조정으로 새로운 길을 찾아가는 것이기 때문이다.

02 이계명

전쟁을 대비하지 않고 평화를 누리지 마라

조선은 개국 이래 200년간 평화를 즐기다가 전쟁을 만났다. 평화는 강자의 마음에 달렸다. 약자가 평화를 선택할 수 없다. 약자가 나라를 지킬 군대 없이 평화를 구걸하면 평화가 아니라 굴종이 되고 만다.

평화를 누리려면 한편으로는 전쟁을 준비하라

평화는 전쟁 때 지키는 것이 아니다. 평화는 평화 시에 지켜야 하는 것이다. 평화 시에 평화를 누리는 방법은 전쟁 준비가 완성되어 있어야 가능하다. 평화는 강한 자의 전리품 같다. 약자에게는 평화를 선택할 권리가 없다. 강자가 평화를 선물하듯이 베풀어주었을 때 가능한 것이 평화다. 그것은 굴욕의 평화다. 복종의 평화다.

조선의 평화가 200년 동안 지속된 것은 굴욕의 평화였다. 명나라를 상국上國으로 모신 보답이 평화였다. 다시 말하면 알아서 떠받들어 모시는 조선을 명나라가 가만 보고 즐긴 것이 조선의 평화였다. 조선의 평화가 깨질 때는 명나라에서 왕을 인정하지 않겠다는 엄포나 나라를 인정하지 않겠다고 할 때였다. 치욕의 평화였고, 독립된 평화가 아니었다.

정확하게 명의 태도 변화에 따라 조선이 흔들린 것은 조선의 평화가 깨진 것이 아니라 조선의 왕족과 조정이 난리가 난 것에 불과했다. 이씨들의 나라에서 이씨들의 걱정거리였다. 조선의 왕과 왕족들의 걱정거리였고 조정 대신들의 걱정거리였다. 백성은 조선이 어떤 나라인지 다른 나라와 비교할 수 없었고 조선이 제대로 굴러가고 있는지 알 수 없었다. 조선이 세상의 전부인 줄 알고 우물 안의 세상에서 살아가는 순박한 사람들의 나라였다. 하루를 견뎌내는 일이 벅차고, 살아내는 것이 힘든 사람들의 나라였다.

나라에서 시키면 시키는 대로 나라에서 노역을 제공하라면 노역을 제공하고 나라에서 군역을 제공하라면 군역을 제공하는 사람들이었다. 백성들의 권리는 어디에도 없었다. 하지만 전쟁으로 인한 참화는 조선 사람에게 고통이었고, 낮은 자리에 있던 사람들의 몫이었다. 밭을 일구어 그날그날 먹고 살던 사람들이 땅을 경작할 수 없었다. 논을 이용해 살던 사람들이 논에 벼를 심을 수 없었다. 겨우 마련한 소작물은 나라에 바쳐야 했다. 먹을 것도 없었고 잠을 잘 곳도 잃어버렸다. 입을 옷도 없어 맨발이었다.

나라에서 해준 것이 없었다. 나라에서는 꼬박꼬박 세금을 걷어간 것뿐이었다. 힘들게 살아가고 있는 사람들에게 전혀 예상하지 못한 전쟁이 터졌다. 농사와 고기 잡고, 숯을 굽는 일이 전부인 세상 물정 모르는 사람들에게 전쟁이 벌어졌다. 먹을 것과 입을 것이 없어 사람이 사람을 죽이는 살육이 벌어졌다. 명나라 군사도, 일본군도, 심지어 조선의 관리들도 짐승처럼 물건을 강탈해갔다. 적과 아군이 따로 없었다.

약한 백성들은 헐벗고 굶주렸다.

세상을 읽지 못한 나라가 조선이었다. 더구나 선조는 머리가 좋았고 잔머리에 밝은 존재였다. 문화적인 면이 강했으나 백성과 함께 하는 향유의 문화가 아니라 혼자 즐기는 문화를 가졌다. 무엇보다도 국제정세를 알지 못했다. 외치는 모르고 내치에 온 힘을 기울였다. 정확하게 말하면 통이 크고 배짱 있는 군주가 아니라 옹졸하고 심약한 군주였다.

서쪽의 명나라에 머리를 조아리고 사대를 할 줄은 알았지만, 자주국방과 부국강병을 위한 어떠한 정책개발도 할 줄 몰랐다. 자신에게 머리를 조아리는 조정 대신들과 소꿉장난 같은 정치를 하고 있었다. 조선은 웅혼雄渾하고 미래지향적인 전략이 없었다.

안에서 작은 정치를 하고 있는 동안 서쪽에 있는 명나라는 이미 기울고 있었다. 국가의 재정 악화, 무능한 황제들의 실정, 외적의 잦은 침공, 동북에서 시작된 새로운 왕조의 출현으로 세력이 약화되고 있었다. 자신의 몸도 제대로 간수하지 못하는 지경에 있었다. 안으로는 빈발하는 농민의 불만이 커졌다. 결국 명나라에서는 예측할 수 없는 농민들의 반란이 일어나고 있었다. 재정은 바닥나고 무거운 세금에 시달린 농민들의 불만은 커졌다. 정치적 혼란은 가중되고 문제는 누적되어 무너지고 있는 나라였다. 조선을 돌볼 힘도 없었고 자체적인 국가 유지도 벅찬 상황이었다. 그런 나라를 조선이 기대서 평화를 유지하고 있었다. 명나라에만 충성하면 모든 평화는 당연하게 얻는 것으로 여겼다.

조선의 밖에서는 무서운 일이 벌어지고 있었다. 조선을 능가하는 힘을 가진 세력들이 힘을 모아서 천하를 통일하고 있었다. 북쪽에서는 여진족을 통합해서 나라를 세워 조선은 물론 명나라를 위압하는 나라로 성장하고 있었다. 명나라는 여진족에 대해 단결하지 못하도록 하는 분열 정책을 썼다. 그러면서 여진족에게 힘을 주어 과거 원나라를 세웠던 북방의 몽골족을 견제하려고 하였다. 이용하고 이용당하는 국제 관계는 당연한 정치적 원리였다. 약자는 이용을 당하고, 강자는 이용할 수 있는 이용권이 있었다. 이용권은 권력에서 나왔다.

명나라가 기울어가고 있을 때 여진족을 통일하고 나선 인물이 있었다. 누루하치였다. 누루하치에게는 원한이 있었다. 아버지와 할아버지를 죽인 명나라에 원한을 갚는 일이었다. 누루하치는 여진족을 점령하면서 통합해갔다. 조용하면서도 확실하게 힘을 키워나가고 있었다.

그리고 이웃한 섬나라 일본에서도 무서운 존재가 성장하고 있었다. 전투로 시작해서 전투로 하루가 오고 하루가 가는 것이 일본이었다. 무사들의 힘겨루기가 쉬지 않고 일어났다. 남자들은 모두 전장에서 싸우는 전사로 변신하고 있었다. 전투가 직업인 사람들이 일본을 점령하고 일본을 통일하고 있었다. 이른바 도요토미 히데요시의 등장이었다. 도요토미 히데요시는 조선은 물론 대륙을 삼키겠다는 야욕의 사내였다.

기울어가는 명나라만을 믿고 평화를 즐기고 있는 조선의 북쪽에서는 무서운 세력으로 팽창하고 있는 누루하치가 있었고, 이웃한 섬나라 일본에서는 조선을 침공하고 조선을 넘어 명나라까지 점령하겠다는 계획을 세우고 있는 도요토미 히데요시가 있었다. 조선은 세상물정 모르는 철없는 어린아이 같은 존재였다. 평화를 즐기려면 자주국방과 부국이었을 때 가능했지만, 조선은 가난하고 나라를 지킬 군사력도 갖지 못한 상태에서 평화를 누리고 있었다. 강국이라 믿는 명나라에 기댄 평화였다. 하지만 명나라에 의지한다는 것은 썩은 동아줄을 잡는 격이었다.

평화는 강자의 향유물이지 약자의 향유물이 아니다

조선도 명나라와 마찬가지로 누적된 정치혼란과 경제혼란으로 가난이 일상화된 나라였다. 국제 감각이 없는 조선이었다. 조선이 평화를 즐기고 있는 시간에 일본국에서는 칼을 갈고 조총을 만들어 전쟁을 준비하고 있었다. 여러 차례의 전쟁 가능성을 이야기하는 사람이 있었지만, 조선은 준비하지 못했다. 준비하지 못한 것은 결국 조선 왕의 잘못이었다. 전쟁의 가능성이 아주 작더라도 준비해야 하는 것이 기본이다. 무엇보다 평화를 즐기려면 전쟁을 준비해 놓아야 하는 것이 기본이다. 평화는 강자의 향유물이지 약자의 향유물이 아님을 몰랐다. 아니면 알면서도 방치했다. 결국 책임은 국가의 방향을 결정하는 왕에게 돌아가야 했다.

얕잡아보았던 섬나라 일본에서 대군을 이끌고 쳐들어오자 왕은 허둥댔고 관리들도 허둥댔다. 누구 하나 바른길을 찾아 인도할 사람이 없었다. 조선을 공격할 것이라는 여러 차례의 보고가 있었고, 실제로 일본에서는 공공연히 명을 칠 테니 조선은 길을 안내라는 국서를 보내왔다. 하지만 설마 했다. 그렇게 조선은 200년을 평화롭게 보내왔다. 200년 동안 외침은 작은 침략 정도로 끝났다. 북방에서의 여진족의 침입이 있었지만 작은 전투에 머물렀고 왜구들의 해안 침공이 있었지만, 전폭적인 공격보다는 해안 부락을 쳐들어와 먹을 것을 약탈해 가는 것이 대부분이었다.

입으로 전쟁을 준비하고, 몸으로는 안일을 추구하는 왕이었다. 왕은 무능했고 조정의 대신들은 무능한 왕과 함께 우왕좌왕 했다. 모든 결정권은 왕에게 있었다. 모든 정보는 왕에게로 집결되었다. 또한 모든 권력은 왕에게서 나왔다. 조선의 힘의 근원은 왕에게 있었다. 한 개인에게 모든 것이 집결되어 있었다. 왕조국가의 현실이었다. 안타깝게도 조선의 왕은 무능했다. 그리고 비열했다.

모든 권력은 왕에게서 출발해서 왕으로 다시 마무리되었다. 왕은 조선의 출발이자 조선의 종착이었다. 왕의 권력이 절정일 때 가능한 국가 운영이었고, 작동되는 조직이었다. 왕에게로 모여들었던 모든 권력이 비에 젖은 휴짓조각처럼 쓸모없게 되는 상황이 한순간에 찾아왔다.

전쟁이 터졌다. 임진왜란이었다. 200년의 평화, 건국 200주년을 준비하던 왕조국가인 조선에게 시련이 시작되었다. 우습게 보았던, 하찮게 여겼던 일본의 침공은 강했고 빨랐다. 또한 대규모였다. 어느 것 하나 정비되지 않았고 어느 것 하나 준비되지 않은 조선은 당할 수밖에 없었다. 기울어가는 나라였다. 세종을 정점으로 상승하던 기운은 이미 기운 지 오래되었다. 상공업은 죽어서 겨우 굴러가는 상황이었고 무역이 없어 물산은 부족했다. 외국으로 유학 한 명 보내지 않는 나라가 조선이었다. 성리학 중에서도 주자학을 신봉한 대가는 컸다.

조선은 활력을 잃어가고 있었다. 주자학은 노동을 옹호하고 생산을 장려하기보다 학문적인 도리와 예의를 중요시하는 풍토를 만들어냈다. 미래보다 과거에 집착했고, 상공업보다 농업에 집착했다. 자연스럽게 활력을 잃어가고 있었다.

군사력은 더욱 하강곡선을 크게 그리고 있었다. 군사와 군량과 군수품이 명부에는 있었지만 실제로는 없었다. 활과 화살은 물론 화포도 없었다. 심지어 있어야 할 사람도 없었다. 사람도 허위로 작성해서 군영을 운영해 오고 있었다. 모든 게 허위였다. 나라는 나라가 아니었다. 안으로 곪고 있었다. 곪아서 터져 나갈 지경이었지만 아무도 건드릴 수 없는 상황까지 와 있었다.

조선을 침략하기 위해 조선을 돌며 구석구석을 살펴보고 돌아간 정탐자가 도요토미 히데요시에게 보고했다.

"조선에는 군대가 없습니다!"

잘못 보고하면 목숨이 날아가는 섬뜩한 자리였다. 거짓 보고라면 처형당할 수 있는 상황에서 최고의 권력자인 도요토미 히데요시에게 보고한 내용이었다.

순간 도요토미 히데요시는 보고를 의심했다. 하지만 진실이었다. 조선에는 군대가 없었던 것은 아니지만 군대가 없는 것과 별반 다르지 않았다. 군대가 없는 나라는 없다. 군대가 있으나마나하다는 보고였다. 조선 팔도 어디를 돌아다녀도 군대가 보이지 않았다. 전쟁의 기억을 잃어버린 조선의 모습이었다. 군영軍營, 즉 군대 주둔지는 있었지만, 군사가 없었다. 성은 있었으나 성을 지키는 군사들이 없었다. 도道마다, 주州나 현縣마다 관아를 관리하는 소수의 병졸은 있었으나 대단위의 군대가 주둔하지는 않았다.

다시 말하면 중앙에는 왕을 호위하는 근왕병이 있었다. 지방에는 군대가 없었다. 조선팔도에 군이 없었다. 예외적인 상황이 이순신과 이억기가 부임해서 병사들을 모으고 관리한 것이 수군 병력의 거의 전부였고 조선을 통틀어 기존에 있던 병사는 수만에 불과했다. 한양의 왕을 보호하기 위해 주둔하고 있는 군사가 아니면 정식 군인은 없다는 말이 옳았다. 조선은 농병일치 사회로 병사들이 농사를 짓다가 정해진 주기에 군사훈련에 동원되는 방식이었다.

당연히 전문적인 훈련을 받는 군인이 아닌 농사와 군직을 동시에 수행해야 하는 상황에서 병사들의 훈련 상태는 형편없었다. 그리고 병영과 수영에도 제대로 된 병사가 얼마 없었다. 그러니 조선에는 군대가 없다는 보고가 틀린 말이 아니었다.

류성룡은 준비했다

류성룡은 일본의 침략을 예상하고 군 체계를 고치려 했다. 조선은 두 가지 군사조직 운영 문제로 고민하고 있었다. 내 고장은 내가 지킨다는 진관체제와 제승방략이었다. 진관체제는 지역에 마련된 군사조직을 상시 운영하는 체계였고, 제승방략은 중앙 조정의 지시에 의해 지휘권을 가진 장수가 멀리 떨어진 방어지역으로 파견되는 형태였다. 아쉬운 점은 타 지역에 있던 장수가 급박한 상황에 현장에 도착하여 병사를 모집하고 지형지물을 파악할 수도 없었다.

아무리 뛰어난 장수라 하더라도 통제력을 갖기 어려웠고 인화 단결에도 문제가 발생했다. 중앙에서 내려보낸 장수가 한 번 패하면 끝장이었다. 또한 통솔이 제대로 되지 않았다. 실제로 임진왜란이 일어났을 때 제승방략制勝方略에 따라 백성들에게 집결하라고 명해도 모두 도망가 버리고 모일 백성이 없었다. 류성룡은 강하게 진관체제鎭管體制를 주장했지만 받아들여지지 않았다.

조선의 군대가 없다는 말은 일견 이해가 되지 않는 말이었다. 나라에 군사가 없다니! 참 어처구니없는 말이다. 하지만 틀린 말도 아니었다. 평상시에는 행정구역에서 지방관의 지휘를 받았다. 노동을 위한 부대였다. 군역이 아닌 공역을 위해 편성되었다. 장교는 향리鄕吏 중에서 임명되었다. 정식 무인이 아니었다. 때로는 중앙 정부의 명에 따라 동원되기도 하지만 향리의 통제하에 있었다. 군사라기보다 노동자였다. 실질적으로는 촌락에 거주하는 농민이었으며 지방의 노역에만 동원된 부대로 보면 된다.

진정 조선은 군대가 없는 나라였다. 군대가 없는 나라를 가만두는 인접국이 있다면 그도 이해하기 어렵다. 국제관계는 먹고 먹히는 관계다. 선린과 우호는 평화 시에, 그리고 힘이 동등하거나 완전히 한쪽으로 기울었을 때 가능하다. 힘이 비슷할 때는 서로 두려워 공격할 수가 없다. 문제가 생겨도 외교적으로 해결하려 한다. 그리고 힘이 한쪽으로 완전히 기울 때는 복종으로 평화가 유지된다.

하지만 서로 갈등이 생길 때 강자는 약자를 당연하게 굴복시킨다. 굴복하려 들지 않으면 당연히 분쟁을 일부러 만들고 분쟁을 빌미로 공격한다. 스스로 강자라 인식할 때 약자를 공격한다. 임진왜란은 그렇게 일어났다. 설마가 사람을 잡는다는 말이 그대로 적중했다.

실제로 일본군은 부산 앞바다로 공격해왔다. 조선쯤은 간단하게 정복하고 명나라로 쳐들어갈 심산이었다. 일본군은 조선을 공격하고 나서 세 가지 문제점이 생겼다. 첫째는 조선의 왕이 한양도성을 버리고 도망을 했다는 것이다. 전혀 예상하지 못한 것이었다. 둘째는 이순신의 출현이었다. 이길 수 없는 큰 산이었다. 셋째는 의병의 등장이었다. 의병은 계산에 없었다.

일본의 계산 착오 중 첫째는 왕이 한양을 버리고 도망갔다는 것이다. 일본 열도에서는 있을 수 없는 일이었다. 성안에서 최후까지 싸우다 전사하거나 패색이 짙어지면 자결을 하는 것이 일본 무사들의 생리였다. 조선의 수도인 한양을 향해 일본 장수들이 경쟁하며 달려간 것은 조선의 왕이 지키고 있는 한양도성을 먼저 점령하기 위해서였다. 왕을 잡거나 죽이면 전쟁이 끝날 것으로 알았다. 하지만 결과는 의외였다. 조선의 왕은 도망했다. 조선의 왕은 자신은 도망을 하면서 조선의 장수들과 병사들은 싸울 것을 독려하는 우스운 풍경을 연출했다.

둘째는 이순신의 출현이었다. 수군에 있어서만은 자신했던 것이 일본군이었다. 전쟁이 벌어지자 의외의 결과가 나왔다. 조선의 육군은 오합지졸이었으나 수군은 강군이었다. 이순신이라는 걸출한 인물이 조선의 바다를 지키고 있었지만, 내륙은 무주공산이어서 걸어가는 속도로 조선은 점령당했다.

셋째는 전쟁 가상도에 전혀 없었던 것이 의병의 출현이었다. 스스로 목숨을 걸고 일어서는 의병은 지형을 이용한 기습공격에 능했고 애국심이 있었다. 예상하지 못했던 세 가지에 의해 일본은 흔들렸다. 일본열도에서는 상상할 수 없는 일이었다. 백성은 점령군이나 통치자의 지배하에 살아가는 존재였다. 지역의 쇼군에게 충성하는 것이 열도의 백성이 살아가는 방식이었다.

전쟁은 강자의 도발이다. 약자가 전쟁을 일으키는 적은 없다. 죽음을 스스로 선택하는 어리석음이기 때문이다. 약자가 평화를 향유하려면 스스로 강해져야 한다. 약자의 평화는 언제고 깨질 수 있다. 적어도 내 나라만은 유지할 수 있는 강군을 길러내야 한다. 류성룡은 문관이었지만 무관의 일까지 했다. 전쟁을 수행하는 계획까지 만들었고 장수들을 추천했다. 조선의 제도를 고치고 새로 만드는데 전력을 다했다. 현장을 찾아가 장수들로 하여금 무기고와 군사 수를 확인하도록 했다. 그리고 상벌을 주었다. 하지만 한 개인의 힘으로는 전쟁 준비가 완성되지 못했다. 류성룡이 뼈아프게 아쉬워한 부분이었다.

03 삼계명

결단의 순간에 망설이지 마라

서애 선생은 선조가 압록강을 건너서 망명하려 할 때 왕의 안위보다
국가의 자존을 위해 단호하게 몸으로 막아섰다. 충성은 왕보다도
나라를 위한 일이었다.

대가大駕가 일보라도 우리 땅을 넘어서면 조선은 우리 땅이 아닙니다

"대가大駕가 일보라도 우리 땅을 넘어서면 조선은 우리 땅이 아닙니다."

"대가이동토일보 조선비아유야大駕離東土一步 朝鮮非我有也"

절박한 상황에 선 임금에게 류성룡은 절규하듯 말했다. 대가大駕는 임금의 가마였다. 임금의 가마가 조선을 벗어나 명나라로 가려는 것을 막아선 사람이 류성룡이었다. 나라를 버리려는 임금에게 류성룡은 간절한 마음으로 말했다. 눈물로 막아섰다. 조선을 가장 먼저 포기한 인물은 조선을 다스리던 왕, 선조였다. 1592년 5월 1일이었다. 일본군이 무서운 속도로 진격해 오고 있었다. 4월 30일에 한양을 버리고

쫓기는 신세로 도망을 시작한 선조가 파주에 있는 관서인 동파관에 도착했다. 실록은 이렇게 그때를 실감 나게 적었다.

답답한 마음으로 류성룡과 이산해를 불렀다.

왕은 초조한 마음으로 가슴을 치며 말했다.

"이산해, 류성룡, 일이 여기에 이르렀으니 내가 어디로 가야 하겠는가? 꺼리거나 숨기지 말고 마음속의 말을 다 말하시오."

실록에는 이름을 직접 부르면서 왕은 울부짖었다고 전했다. 대신에 대한 예우보다 조급한 마음에 말했을 것이다. 실록의 기록은 그래도 왕의 편이었을 것이니 그렇다. 조선의 왕 선조는 살고 싶은 욕망이 나라를 구하고 백성을 구해야 한다는 것보다 앞서 있었다. 자신의 한 몸만이 중요한 사람이었다. 나라를 위하고 백성을 위한다는 조정에서 했던 말들이 허망해지는 순간이었다.

조선의 왕에게는 생각하는 곳이 있었다. 압록강 건너 요동遼東이었다. 국경을 넘어 자신부터 살고 보자는 생각으로 머릿속이 꽉 차 있었다. 선조에게는 한 나라의 국왕이라는 자존감도 없었다. 사는 것이 먼저였다. 의주로 피난 간 선조는 조선을 버리고 수 차례 요동 총독에게 사람을 보내서 요동으로 망명할 것을 요청했다. 조선의 왕의 도주 속도가 너무 빨라 오히려 조선 왕의 의도를 의심할 정도였다. 요동에서는 일본과 합세해서 중원을 침공하려는 걸로 의심했다. 요동으로 오려면 수행원을 100명으로 제한하라는 통보가 왔다. 그리고 양쪽 강가에 정박하고 있는 배를 전부 요동 쪽으로 가져가 버렸다. 오지 말라는 신호였다.

전시에 마련된 임시내각에서도 의견은 분분했고 정파 간의 이해관계도 작용했다. 국가의 위기에도 자신들의 이익을 위해 싸웠다. 우선은 급한 것이 왕이 압록강을 건너 요동으로 피신할 것이냐를 결정짓는 것이었다.

선조가 먼저 입을 열었다.

"만일 불행하여 적세가 온 나라에 가득 찬다면 앞으로 어떻게 해야 하겠는가?"

신하들의 마음을 떠보는 것이었다. 선조는 그중에서 유리한 쪽을 선택하면 되었다. 얄팍한 마음의 술수였다.

윤두수가 말했다.

"수상水上으로 가야 할 것입니다."

신잡이 이어서 말했다.

"현재는 다만 요동으로 건너가는 것, 바다로 나가는 것, 수상으로 가는 것으로 세 계책이 있습니다. 명나라에서는 장전보에 머물러 있기만을 허락했을 뿐이니 요동으로 건너가는 것은 결코 할 수가 없습니다. 의당 정주에 가서 사변의 추이를 살피거나 바다로 나가거나 수상으로 가든지 편의에 따라서 조처하는 것이 옳습니다."

이덕형이 말했다.

"수상은 위험할 듯하니 해로海路가 합당합니다."

압록강을 건너서 갈 것이냐, 바닷길을 선택해서 갈 것이냐를 결정하는 것이었다. 조선의 왕이 도망할 수 있는 명분을 신하들이 알아서 열어주고 있었다.

선조는 은근히 받아들이면서 겁 많은 군주로서 도망을 준비하면서도 두려운 마음의 속내를 비쳤다.

"바다로 나가려 하나 어디로 갈 것인가. 내가 가는 데는 적도 갈 것이다."

윤두수가 다시 말했다.

"강계는 길이 험하니 피란할 만합니다."

이항복도 거들었다.

"강계는 두 강이 앞에 있습니다. 명나라군이 구원하면 적은 반드시 바로 돌아오지 못할 것입니다."

망명을 반대하는 사람이 있었다. 신잡이었다.

"인심이 차츰 안정되는 까닭은 대가大駕가 이곳에 머물고 있어서입니다. 가볍게 움직일 수 없습니다."

이어서 불가함을 다시 말했다.

"도의 인심이 크게 소란한 까닭은 오직 대가가 요동으로 건너간다는 것 때문입니다. 난에 임하여 강을 건너게 될 때 그곳의 인심 또한 헤아리기 어렵습니다."

신잡의 말에 왕은 못마땅했다.

"그 말은 지나치다."

신잡의 말에 제동을 걸었다. 조선의 왕에게는 항전이나 새로운 전략을 만들어 전쟁을 승리로 이끌어가야 한다는 마음은 조금도 없었다. 쫓기는 입장에서 급한 마음에 얼떨결에 나온 말이 아니었다. 자신은 살아야겠다는 마음뿐이었다.

왕의 생각과는 다르게 류성룡이 나섰다.

"아니 되옵니다. 대가大駕가 우리 국토 밖으로 한 걸음만 떠나면, 조선은 우리 것이 아니게 됩니다."

류성룡이 월경越境을 반대했다.

왕이 류성룡의 말에 동의하지 않고 힘을 주어 말했다.

"내부內附하는 것이 본래 나의 뜻이다."

내부內附는 한 나라가 다른 나라 안으로 들어가 붙는 것을 말한다. 내부란 명나라로 도주해 들어가겠다는 것이다.

다시 말하면 명나라의 조정으로 들어가 따르겠다는 말이다. 조선이 명나라에게 완전히 굴복하여 따르겠다는 말이다. 망명정부가 아니라 명나라의 속국으로 안주하겠다는 말이었다. 조선 왕의 입에서 나온 말이었다. 나라를 팔아먹더라도 선조 자신은 살겠다는 절박한 마음이었다. 조선의 왕으로서의 면모와 왕으로서의 지켜야 할 기본을 잃어버린 처사였다. 조정의 일반 대신이 이런 말을 했다면 목을 잘라도 시원찮은 말을 조선의 왕이란 자가 하고 있었다.

류성룡이 다시 힘을 주어 반대했다. 평소의 류성룡답지 않은 모습이었다. 부드럽고 온화하며 논리적으로 설명하면서 주장하지 않는 평소의 태도와는 다른 모습이었다. 류성룡의 단호한 모습에 놀랐다. 백성을 버리고 자신만 살겠다는 모습이 안타까웠다.

류성룡의 단호하고 추상같은 목소리에 움찔했다. 평소의 류성룡답지 않은 단호함에도 놀랐다. 입만 살고 행동할 줄 모르는 조선의 왕은 나약한 모습과 어정쩡한 모습으로 대신들의 말에 하루는 마음이 동쪽으로 기울었다가 하루는 서쪽으로 기우는 사람이었다. 추진력과 명석함이 보이지 않았다. 조선의 왕은 지존이었고, 왕은 실수하지 않는 신 같은 존재였다. 평화 시기에는 지상의 향락과 권위를 누릴 수 있었지만, 전쟁으로 추락하고 추락해서 초라한 겁쟁이에 불과했다.

급할수록, 절박할수록 원칙과 소신이 필요하다

급하다고 기본을 지키지 않으면 전부를 잃을 수 있다. 절박하다고 소신을 지키지 않으면 다 잃을 수 있다. 조선의 왕은 자신의 목숨을 살리기 위한 방법에는 어떤 편법도 받아들일 태세였다. 현명한 왕이라면 명분과 소신을 지키면서 대세를 이끌어 갈 수 있어야 했다. 권력을 장악한 사람으로서 조선의 위기를 타개하기 위해서 강력한 결단력을 보여주어야 한다. 한양을 떠나게 되는 상황이 왔더라도 자신이 앞장서서 업무를 처리하고 타개책을 만들어내야 한다. 그것이 국왕의 면모다.

국왕의 서슬 같은 냉정함으로 상황을 이끌어가야 조정 대신이 따르고, 장수들이 따르고, 백성들이 따르게 된다. 먼저 도망가고, 어찌하면 좋겠느냐며 어린아이 칭얼대는 왕의 모습은 한심스러웠다.

정치는 명분을 잃으면 추진력을 잃어버린다. 또한 용기를 잃으면 무엇도 이루어낼 수가 없다. 최고지도자인 왕이 자멸해버리는 상황에서 무엇 하나 제대로 될 리가 없었다. 류성룡은 압록강을 건너 명나라로 도망가는 것을 막았다. 명분이 필요했고, 전장에서 목숨을 걸고 싸우는 장수들에게 할 말이 있고, 조선의 장수와 병사들이 싸울 수 있는 힘을 주는 것이었다. 또한 백성들이 나라를 위해 일하고 나라를 구할 수 있는 마음을 불러 일깨울 수 있는 최소한의 결기였다.

자신만의 안위를 생각하는 왕에게 충성할 신하는 없다. 차분하게 논리적으로 말하는 류성룡답지 않게 들고 일어나 차갑게 선언하듯 '임금의 가마가 일보라도 우리 땅을 넘어서면 조선은 우리 땅이 아닙니다.' 라고 말한 이유였다.

류성룡의 강력한 반대에 멈칫해서 명나라로 도망가는 것은 거두었지만 조선의 왕은 초조했다. 누구에게 대책을 맡길 수도 없었다. 왕이 탄 대가가 지나갈 때 돌을 던지는 상황까지 벌어졌다. 누구 하나 백성들이 왕에게 돌팔매질하는 것을 꾸짖기도 어려웠다. 백성을 버리고 도망가는 사람과 함께한 사람으로서 명분도 없었다.

조선에는 믿을 만한 사람도 없었고 사태를 수습할 위인도 마땅하지 않았다. 왕은 전쟁 상황을 이끌어갈 믿을 만한 사람을 찾다가 류성룡을 선택했다. 류성룡에게 영의정을 맡겼다. 영의정을 류성룡에게 맡긴 것은 아침이었고 그날 저녁에 류성룡을 다시 파직시켰다. 아침에 임명한 영의정 자리를 저녁에 거두는 사람이 선조였다. 파직 이유는 전쟁이 일어나게 된 책임과 왕을 보필하지 못한 책임이었다. 위기를 극복할 능력을 인정해서 영의정 자리를 맡으라고 한 아침의 생각과 나라를 잘못된 방향으로 이끈 죄로 파직시키는 저녁의 생각이 다른 사람이 다름 아닌 같은 조선의 왕, 선조였다.

선조는 변화가 많은 사람이었다. 마음의 변화가 컸다. 감정적인 성격으로 예측하기 힘들었다. 소신과 원칙이 없어 과감하게 하나의 선택을 밀어붙이는 힘이 없었다. 선조에게는 계책도 배짱도 없었다. 대신들의 의견에 흔들리는 바람 앞에 서 있는 갈대 같았다. 왕가에 태어났다는 이유 하나만으로 왕이 되었고, 겨우 자신의 앞가림을 하는 사람이었다. 그래도 결정권은 왕에게 있었고, 왕을 설득해야 내 소신이 받아들여지고 내가 세운 정책이 결정되었다. 아침 생각과 저녁 생각이 달라지니 힘들었지만 그래도 그렇게 해서라도 조선을 바른 길로 가도록 만드는 것이 조정 대신으로서의 책임이었다.

나라 욕을 한다고 해도 대안이 없었고, 왕을 탓한다고 해봐야 왕을 바꿀 수는 없었다. 가난하고 힘없는 나라를 조금이라도 나아지게 할 수 있는 방법은 왕의 마음을 부국과 부강의 길로 가는 방안을 선택하도록 하는 방법 외에는 없었다. 그것이 조선 관리의 몫이었다. 류성룡의 단호한 결단력은 중요한 고비에서 빛났다.

평양성을 지켜야 합니다

왕이 도망갈 방향을 선택하느라 한바탕 시끄러웠던 다음날 개성에 닿았다. 개성에 도착하자 다시 발길을 재촉해 평양으로 들어갔다. 평양에 도착하자 그나마 안도했다. 방어할 평양성이 있었고, 적이 쳐들어온다고 해도 건너야 할 대동강이 있었다. 든든한 방어벽이 있었다. 성과 강이라는 안전막이 있었음에도 왕은 안도하지 못했다. 더 놀라운 것은 끝없는 도주에 열 올리는 선조의 행태였다. 전쟁이 일어나자 사수하지 못하고 도망한 장수들에 대해 화를 내면서 정작 자신은 도망가는 위인이었다.

일본군이 대동강 강가에 이르자 평양성도 버리고 도주했다. 성을 지킬 것을 명하고 자신은 의주로 도망했다. 어디에서도 싸울 생각이 없었다. 한 나라를 짊어진 책임자로서 왕이 진두지휘하면서 선봉장이 되어 나라를 지키려는 모습은 어디에도 없었다.

류성룡은 평양성을 지킬 것을 주장했다. 영의정 자리에서 파직된 류성룡에게는 어떤 직책도 주어지지 않았다. 그렇다고 손 놓고 있을 수는 없었다. 류성룡은 알아서 일을 찾았다. 동분서주했다. 평양성 주변을 돌며 군량창고와 무기창고 등을 찾아다니며 관리했고, 명나라에 관리를 파견해서 원병을 보내 줄 것에 대해 대신들과 논의를 거듭하면서 사태를 해결하기 위해 현장으로 달려갔다. 누가 시키기 전에 나서서 주도적으로 작은 일이라도 처리했다. 군수물자를 조달하고, 이동시키고, 관리들을 시켜 급한 임무를 해결해 나갔다. 류성룡에게는 직책이 없었으나 할 일을 찾아서 했다.

평양성을 지키고 있으면 명의 원군을 기다릴 수 있었다. 평양성을 지킬 수 있으면 조선의 장수들과 조선의 백성들에게 함께 싸울 것을 내세울 수가 있었다. 나라가 위태로울 때 왕이 직접 나서서 평양성을 지키는 모습을 보여주면 무엇을 해도 강하게 밀어붙일 수 있었다. 전쟁에서 이길 수 있다는 용기를 심어줄 수 있고, 적과 대치해서 싸우고 있는 장수들에게 힘을 실어줄 수 있었다. 그리고 백성들에게 병사로 나서라고 소리칠 수 있고, 백성들이 전투를 지원할 수 있게 하는 명분을 얻을 수 있었다.

류성룡의 바람과는 상관없이 왕은 먼저 평양성을 버리고 다시 더 먼 곳으로 도주를 시작했다. 평양성을 지키라고 당부하면서 조선의 왕은 다시 도망했다. 평양성을 지킬 것을 명받은 장수도 왕과 같이 평양성을 버렸다. 왕이 버린 나라를 어느 누가 지킬 것인가. 전략적인 후퇴가 아니라 분명한 도망이었다. 후일을 위해 도주하는 것이 아니라 혼자만 살겠다는 도주였다.

류성룡의 외침은 왕의 비겁함으로 허사가 되었지만 압록강을 건너 나라를 버리는 것까지는 면할 수 있었다. 천만다행은 평양성을 점령한 일본군 장수 고니시 유키나가의 정착이었다. 평양성을 점령하고는 더 이상 움직이지 않았다. 평양성을 버리고 의주로 도망한 조선의 왕에게 소수 정병을 보내 추격했다면 조선의 왕은 잡혔거나 아니면 압록강 너머로 도망을 했을 것이다.

그렇게 되면 전쟁의 양상은 확실하게 바뀔 수 있었을 것이다. 조선의 왕을 잡았다면 바로 강화협상과 더불어 조선은 일본군에 점령당했을 것이다. 명나라로 도망을 했다고 해도 회복하기 어려운 치명적인 문제를 만들었을 것이다. 하지만 일본군의 추격은 거기까지였다. 반격의 기회가 조선에 주어지는 기회였다. 명분을 얻어 다시 조선은 힘을 얻게 되는 계기를 마련할 수 있었다. 류성룡의 혜안이 빛났다.

04 사계명

옳은 일을 했다고 당장 인정받을 거라고 기대하지 마라

서애 선생은 임진왜란 때 전력을 다해 나라를 구했지만 전란이 끝나고 파직당하는 수모를 겪었다. 당장에 인정받지 못해도 하늘이 알고 땅이 알고 있으므로 역사가 인정할 것이다.

옳음을 비판받을 준비를 하라

내가 옳은 일을 한다고 당장 박수와 갈채를 받을 것이란 생각을 하지 마라. 결코 세상은 호락호락하지 않다. 옳은 일을 한다고 찬사를 받을 것이란 생각은 오산이다.

옳은 일을 하려고 할 때 가장 첫 번째 부딪히는 것이 의심이다. 둘째는 나선다는 말이다. 셋째는 내 의도와는 다르게 흘러갈 수 있다는 점을 명심해야 한다. 감수해야 할 일이다. 내 생각과 다른 사람들을 설득해야 하고 이해시켜야 한다는 점이다. 미래계획과 성과를 내기 위한 작업을 시작할 때 만나게 될 일임을 알고 준비해야 한다. 의심이 두렵고, 나선다는 말을 듣는 것이 두렵고, 내 의지와 상관없이 다른 방향으로 간다고 해도 두려움 없이 추진해야 한다. 분명 힘든 일이다. 그러나 공익을 위해서 사는 사람은 극복해야 한다. 류성룡은 두려움 없이 추진했다. 결과는 예측했던 대로 의심했고, 나선다고 했고, 내 뜻대로 성과를 내지 못하기도 했다.

분명 바른 생각을 가지고 나라를 위해 일을 할 때 만나게 되는 것은 칭찬이 아니다. 공익을 위해 일할 때 첫째로 만나는 것은 의심이다. 무슨 이익을 챙기려고 일을 벌이느냐는 의심이다. 내세운 명분과는 다르게 자신의 이익을 챙기려는 의도가 있다고 사람들은 의심한다. 자신에게 무엇이 유리하기에 일을 의욕적으로 하는지 의심받는다.

류성룡은 관직생활 중 유배를 당하진 않았지만, 재임 중에 수 차례 파직하라는 탄핵을 당했다. 그럼에도 자신의 길을 걸어갔다. 류성룡이 추천한 이순신도 예외가 아니었다. 이순신은 의심을 받았다. 이순신은 목숨을 걸고 조선의 바다를 지켰지만, 의심의 눈초리를 피할 수 없었다. 무모한 상황에서 일본수군을 치라는 명령을 어긴 죄로 국문을 당하는 상황이 만들어졌다. 이순신은 불리한 상황에서 공격을 하면 아군의 피해가 크고 패전할 수 있는 상황이어서 공격하지 않았다. 무모한 희생과 전투에서 패할 수 있는 어려운 상황을 만날 수 있었기 때문이었다.

현장의 상황을 이해하지 못하고 중간에 끼어든 조선의 왕은 정략적인 이해관계로 이순신을 죽이려 한 일본 측의 음모에 속았다. 일본군에게 이순신의 제거는 진정 필요했다. 모든 수단과 방법을 사용하여 제거해야 했다. 바다에서는 이순신을 이길 수 있는 승산이 없었다. 첩보전을 전개했다. 이순신을 죽이기 위한 음모였다. 전황을 정확하게 파악하지 못한 왕은 공격을 명령했다. 이순신은 공격하지 않았다. 지엄한 왕의 명령을 어긴 괘씸죄에 걸렸다. 의심받았다. 조선의 왕에게는 자신의 자존심이 중요했다.

전장의 상황은 현장에 있는 장수가 잘 안다. 멀리 떨어져 탁상공론하는 대신들과 왕이 결정할 일이 아니었다. 더구나 뛰어난 장수의 결정을 받아들여야 했다. 조선의 장수는 목숨을 걸고 있는 전장에 있었고, 조선의 왕은 누구보다도 안전한 곳에서 숨어서 지시했다. 조선의 왕은 목숨을 부지하려 도주한 기억을 잊고 있었다.

이순신과 마찬가지로 류성룡도 의심을 받았다. 곧고자 했고 실제로 곧았고, 옳고자 했고 실제로 옳았던 류성룡의 판단을 무시하고 비방을 하면서 관직에서 수 차례나 쫓아내려고 하였다. 자신의 신념을 관철시킨다는 것이 얼마나 힘든 일인지를 확인할 수 있다. 재상 중에서도 명재상이라는 이름이 따라붙는 사람에게도 탄핵은 있었다.

류성룡이 마지막으로 당한 것은 전쟁의 책임이었다. 임진왜란중인 1593년 4월에 왜는 명에게 조선 8도 중에서 남쪽 4도의 분할을 요구하는 비밀강화 협상을 했고, 명은 한강 이북의 북쪽 4도를 차지하여 요동 방어의 울타리로 사용하려 했지만, 류성룡은 명나라 황제의 기패旗牌 참배를 거부하며 이를 저지했다. 류성룡이 명나라와 일본의 조선 땅 분할 협상을 막았다.

그럼에도 불구하고, 정적들은 류성룡에게 '주화오국主和誤國', 즉 화친을 주장하여 나라를 더럽힌 죄인'이라는 오명을 씌웠다. 평화를 내세워서 나라를 더럽혔다는 누명이었다. 사실 반대파들도 류성룡의 진심을 알고 있었다. 설명이 통하지 않았다. 정파에 의한 반대 의견이 필요했다. 류성룡은 정치적으로나 인간적으로 환멸을 느꼈다.

류성룡은 사퇴를 청했다. 떠나고 싶었다. 그러자 이원익이 말했다.

"지금 정승을 택하는데 누구를 택해도 류성룡을 대신할 수 없습니다."

이항복과 이덕형도 류성룡의 입장을 옹호하며 파직을 반대했다.

"서애는 장점이 너무나 많고 가치가 높아 어떤 하나를 거론해 값을 매길 수 없는 인재입니다."

류성룡은 과연 화친을 맺는다는 명목으로 나라를 더럽혔을까. 당시 조선은 전쟁의 당사자에서 빠졌다. 조선의 왕은 없는 것처럼 취급되었고, 더구나 왕의 명을 받아서 집행하는 권한이 없는 조선의 관리는 인정하지 않았다. 이미 힘없는 조선은 발언권이 없었다. 조선 8도 가운데 한강 이북의 4도는 명나라가 관할하는 조건이었다. 명나라가 일본에게 표면적으로 요구한 사항은 이랬다. 3가지였다.

1. 조선에서 완전히 물러갈 것.
2. 조선의 두 왕자를 송환할 것.
3. 도요토미 히데요시가 이번 전쟁을 공식적으로 사죄할 것.

일본 측이 명나라에게 요구한 사항은 황당했다. 일본의 요구 조건들은 받아들이기 어려운 내용이었다. 7가지였다.

1. 명나라 황녀를 일본 천황의 후궁으로 삼는다.
2. 무역 증서제를 부활한다.
3. 일본과 명나라 양국 대신이 각서를 교환한다.

4. 조선 8도 가운데 한강 이남의 4도를 일본에 이양한다.
5. 조선의 왕자와 신하를 볼모로 일본에 보낸다.
6. 포로로 잡고 있는 조선의 두 왕자(임해군, 순화군)를 석방한다.
7. 조선의 권신이 일본을 배반하지 않겠다는 서약을 한다.

서로 다른 입장을 주장한 내용을 보면 알 수 있다. 해결할 수 있는 것들이 애초에 없는 것들이었다. 일본이 명나라 황녀를 정식 부인이 아니라 후처로 삼겠다는 어처구니없는 내용이었다. 무역 증서제는 일본에서 명나라와 무역하기 위해 온 배라는 것을 증명하는 문서였다. 일본과 명나라의 교역 정상화를 하자는 내용이어서 별문제가 없었다.

조선의 입장에서 황당한 내용은 조선 팔도 가운데 4개 도를 일본에 넘기라는 내용과 다른 항목들이었다. 조선 남부 지역 4도(경상도, 충청도, 전라도, 경기도 또는 강원도)를 넘기라는 요구였다. 다른 것들도 도저히 받아들이기 어려운 내용들이었다. 마음에 들고 안 들고는 조선의 부질없는 생각이었고, 명나라와 일본은 조선의 입장이 그리 중요하지 않았다.

조선을 배제하고 비밀 협상하는 두 나라, 명나라와 왜국이었다. 조선의 왕과 류성룡의 역할과 권한은 애초에 없었다. 류성룡의 역할이 작동할 수 있는 상황이 아니었다. 다른 누가 임무를 맡아서 해도 해결할 수 있는 사항이 아니었다. 그럼에도 류성룡은 자신의 역할을 최대한 활용해서 명과 관계를 유지하면서 조선에 유리한 입장으로 이끌어 나가려 발로 뛰었다. 그래서 조선 분할을 막았다. 류성룡을 주화오국의 책임자로 몰고 가는 것은 순전히 정파 간의 정략적인 계산에 의해서였다. 류성룡이 명나라 황제의 기패旗牌 참배 거부라는 묘수로 조선 분할을 막지 않았더라면 1593년 강화협상을 했던 명과 왜에 의해 한반도가 두 동강이 날 수 있었다.

옳은 일을 한다고 의욕을 보일 때 사람들은 나선다고 한다

계획하고 있는 일이 의도한 대로 흘러가지는 않는다. 한 사람의 인생도 바른길만 선택할 수가 없다. 변수와 위기가 기다리고 있기 때문이다. 국가 운영에 있어서는 더욱 변수와 위기가 잦다. 많은 사람의 이해가 달려있고, 업무수행에는 반드시 반대파가 있기 때문이다. 더구나 선조라는 인간의 사람됨과 변덕스러운 기질은 언제 어떻게 변할지 알 수가 없었다. 상대가 있는, 더욱이 반대자가 있는 국사를 운영하는 것은 언제 어디에서 다른 길로 방향을 틀지 알 수가 없었다.

공무를 집행할 때 나선다는 말을 듣게 된다. 제멋에 겨워 우쭐대며 앞장선다는 말이다. 쉽게 말하면 설치고 다닌다고 한다. 옳은 일을 하면서도 들어야 한다는 것을 미리 계산에 넣어 두어야 한다. 그렇지 않으려면 공직에 나서지 마라. 나 자신만을 위한 영예로운 자리로서 공직을 선택했다면 당장 그만두고 장사나 사업을 시작해야 한다. 장사와 사업에도 공익을 고려해야 하지만 공무를 맡은 사람의 경우는 더욱 강하게 요구된다.

선조 같은 왕에게는 사람을 추천하고, 미래를 계획해서 올리는 것이 나서는 것으로 보였다. 그래서 책임을 물을 것을 각오하고 사람을 추천해야 했다. 오히려 옳음을 비판받을 준비를 해야 했다. 옳은 정책을 펼 때마다 비판하는 반대파가 있었다. 옳은 일을 하고 있다고 옳은 소리를 들을 수 없음을 확실하게 보여준 왕이 선조였다.

류성룡은 엄정한 중립과 나서지 않는 중용을 몸에 익혔다. 다만 필요할 때는 자신의 의견을 강하게 관철시켰다. 하지만 그것도 상대가 받아줄 수 있는 여지가 있을 때 주장했다. 류성룡은 당장의 결정보다 후일과 연계된 결정을 선호했다. 무엇보다 한 번에 관철시키는 것보다 전략적인 계획에 의해 상대가 피할 수 없도록 하는 전략을 사용했다.

류성룡은 달랐다. 평양성에 선조가 머물 때 류성룡에게는 명의 사신을 접대하는 것만으로 제한되어 있었다. 직책 없이 스스로 알아서 할 일을 찾아서 해결해 나갔다. 평양성을 지킬 계책을 마련했고 평양성을 지키기 위한 방안들을 찾아서 현장으로 달려갔다. 관리들을 지휘해서 군수물자를 파악하고 관리하게 했다. 그리고 사람들을 모아 이동시키는 일을 진두지휘했다. 또한 흩어져 있던 군사들을 집결시켰다. 류성룡은 안전한 평양성에 머물지 않고 밖으로 나가 현장을 확인하고 방책을 연구했다. 류성룡이 밖에서 전후좌우를 오가며 평양성을 지킬 방법을 찾고 있었다. 평양성을 버리면 더 이상 좋은 성을 마련할 수가 없었다. 평양성은 꼭 지켜야 할 성이었다.

류성룡의 노력과는 상관없이 평양성은 싸워보지도 못하고 일본군에게 내주었다. 평양성을 비워주어 일본군은 무혈입성을 했다. 한양이 무혈로 점령당했듯이 평양성도 무혈로 내주었다. 싸워보지도 않고 도망한 것은 전쟁 초기 장수들만이 아니라 조선의 왕이 그랬다. 도주에는 누구도 따라올 수 없을 만큼 빨랐다.

임금이 평양성마저 버리고 다시 파천길에 올랐다는 소문이 돌자 민심은 크게 흔들렸다. 도망가는 왕을 믿을 수가 없었다. 먹을 것이 없는 난민들이 군량 창고를 약탈하기 시작했다. 류성룡은 다시 백의종군하는 마음으로 현장으로 나갔다. 군사들을 다시 모았다. 약탈당하는 군량미를 관리했다. 전쟁에서 군량미는 절대적으로 중요한 물자였다. 전쟁 수행에 있어서 기본적인 물품이었다.

상황이 점점 어려워지고 있는 상황에서 왕은 자신의 목숨만을 걱정하며 도망을 하는 상황이었지만 모자라고 어리석은 왕을 욕할 수는 없었다. 왕을 바꿀 수는 더욱 없었다. 왕조국가에서 왕은 하늘 같은 존재로 받아들여졌다.

선조는 전쟁이 일어났을 때 처음에는 당연한 것처럼 한양을 끝까지 지키겠다고 선언했다. 그리고 일본군이 한양으로 진격해오자 바로 도망했다. 평양성에서 안정을 가질 수 있었고, 항전의 기초를 닦을 수 있는 기회가 주어졌다. 왕은 다시 평양성에서 후퇴하지 않을 것이라고 선언했다. 그리고 바로 도주했다. 믿을 수 없는 왕이었다. 그럼에도 왕을 탓할 수가 없었다. 신하 된 류성룡으로서는 설득하고 이해시켜서 왕이 올바른 선택을 하도록 하는 것이 유일한 방법이었다. 다른 방법이 없었다.

류성룡이 살던 시대는 왕이 전권을 가지고 일방적인 결정을 할 수 있는 왕조국가 시대였다. 아무리 내 생각이 옳아도 감정적으로 대립하면 내 의견은 묵살되고 오히려 피해만 입을 수 있음을 누구보다도 먼저 직감하고 있었다. 류성룡은 당장에는 욕을 먹더라도 후일 냉정을 찾고 바라볼 때의 상황을 염두에 두고 정사에 임했다. 류성룡은 옳은 일을 한다고 칭찬받을 거라는 생각을 접어두고 정사에 임한 진정한 관료였다.

05 오계명

현장을 모르고 탁상공론으로 정책을 만들지 마라

서애 선생은 전쟁터를 보고 나서 훈련도감을 개설하고, 전쟁 중임에도 농사지을 둔전 관리에 힘을 쏟았다. 답은 현장에 있다.

칡으로 부교를 만들다

조정의 대신들이 손을 놓고 있을 때 류성룡은 현장으로 달려갔다. 입으로 하는 정치가 아닌 현장에서 발로 뛰는 전란 극복의 방법을 찾았고, 해결해 나갔다. 세상을 변화시키고 위기에서 일어날 수 방법을 실행에서 찾았다. 이론보다 실제 행동을 우선했고, 유교적인 논리보다 현실적인 대안을 찾아내려 애썼다. 류성룡은 현실정치인이었고 현재 필요한 것을 찾아냈다.

류성룡은 과거로 매몰된 조선 사회에 신선한 정치인이었다. 주자학은 공자와 맹자, 그리고 그 이전 살던 시대를 최고의 선으로 본다. 주자학에서의 이상향은 미래가 아니라 과거에 있다. 온고지신溫故知新이란 말이 주는 의미도 과거에 무게가 실려 있다. 하지만 류성룡은 현실과 미래를 더 중요하게 취급했다. 당장의 일을 미래와 연결 지으려 했다. 그래서 먼저 현장에 있었고, 현장으로 달려 나갔다.

명나라 군사가 평양성에서 철수하는 일본군을 추격하자는 건의를 받아들이지 않고 있다가 뒤늦게 출정을 했다. 목적지는 한양이었다. 경기도 땅에 가까워져 왔다. 강이 가로막고 있었다. 만난 것이 임진강이었다. 도강을 준비하지 않은 명나라 군사들은 멈춰 섰다. 음력 정월이었다. 겨울이었음에도 임진강 물이 녹아서 건널 수가 없었다. 명의 제독 이여송은 부교浮橋를 만들 것을 명령했다. 준비되지 않은 상황에서 막막했다. 류성룡은 지역에서 모은 조선의 군사 천여 명을 집합시켰다. 조선군도 명군과 마찬가지로 강만 바라보고 있었다.

먼저 도착해 있던 류성룡이 나섰다. 금교역에서 황해도 수령에게 지시해서 아전들과 일행을 움직였다. 번뜩이는 류성룡의 재기가 살아났다.

류성룡이 지역 책임자인 현령에게 물었다.

"지금 휘하에 몇 명이나 되는가?"

"수백 명에 가깝습니다."

"그러면 서둘러 사람들을 이끌고 산에 올라가서 칡덩굴을 캐서 가져오도록 하게. 내일 보세."

영문을 모르고 현령은 사람들을 이끌고 칡덩굴을 수집해서 강가에 모였다.

류성룡은 사람들을 시켜 칡덩굴로 동아줄을 만들도록 했다. 크기가 서너 아름이 되고 길이가 늘어나 강을 가로지를 만큼 되었다. 강의 남쪽과 북쪽 언덕에 가서 기둥을 세워 마주 보게 했다. 큰 동아줄 열다

섯 가닥을 당겨서 그 사이에 가벼운 막대기를 집어넣었다. 동아줄이 물에 뜨도록 했다. 양쪽에서 동아줄을 당겼다. 그러자 동아줄이 부교처럼 강 표면으로 떠올랐다. 그리고 그 위에 세버들을 얹고 흙을 덮었다. 부교가 완성되었다.

명나라 군사들이 말을 타고 건넜다. 포차와 병기도 모두 뒤따라 건넜다. 위기를 만났을 때 바로 현장에서 해결 방법을 찾아내려는 노력이 남달랐다. 기다리지 않고 바로 방책을 찾아냈고 그 자리에서 해결했다.

한국을 사랑한 미국의 역사학자가 있다. 헐버트다. 1886년 내한한 헐버트는 조선의 역사·문화를 탐구했다. 약소국 한민족에게서 세계적인 우수 발명품을 찾아냈다. 특히 한국인이 사용하고 있는 문자에 관심이 갔다. 그리고 이순신 장군의 위대함과 세계 최초로 철갑선을 만들었다는 사실에 놀랐다. 놀라운 민족이라는 것을 확신하게 되었다.

1899년 6월 미국 월간지 하퍼스 매거진Harper's Magazine에 '조선의 세계적 발명품'이라는 제목으로 글을 발표했다. 조선의 세계적인 발명품을 역사상 최초로 국제사회에 소개했다. 헐버트는 여기에서 금속활자, 철갑선, 현수교, 폭발탄을 조선이 발명한 세계 최초의 발명품이라고 발표했다. 이른바 조선의 4대 발명품으로 소개했다. 세계 최초의 현수교, 즉 줄다리는 류성룡의 칡넝쿨로 만든 줄다리를 소개했다. 칡넝쿨을 꼬아서 거대한 다리를 만들었고, 그것도 전시상황 속에서 즉흥적으로 재기를 발휘해 만들었다. 칡으로 부교를 만들었고 부교는 줄다리였다.

기다리지 마라. 현장에서 방법을 찾아라. 기다릴 시간에 대안을 생각해 내는 것이 류성룡의 인생철학이었다. 임진왜란은 초기에 치열했지만 일본군이 한양에서 철수하면서 소강상태에 빠졌다. 명나라 군사는 싸우는데 소극적이었으며 조선의 군사는 훈련되지 않았다. 모든 것이 부족하고 준비하기에는 어려움이 있었다. 먹고 살 것이 부족한 상황에서 군사를 모집하는 것도, 훈련하는 것도, 훈련 시킬 군사도 없었다. 군비 조달도, 군수물자를 마련하기도 어려웠다. 그럼에도 류성룡은 움직였다.

적이 버리고 간 배를 모아 한강에 다리를 놓다

일본군이 한양을 점거한 지 2년이 되었다. 전쟁의 피해로 삼천리강산이 쓸쓸했다. 백성들은 농사를 짓지 못했다. 굶어 죽는 사람이 속출했다. 한양에서 살아남은 사람들은 동파로 몰려들었다. 류성룡은 탄식했다. 마침 군량미가 남쪽에서 동파로 이송되었다. 군량미는 다른 용도로 사용할 수가 없었다. 명나라 군사에게 전달할 예정이었다.

류성룡은 장계를 만들어 왕에게 올렸다. 지금 당장 굶어 죽어가고 있는 백성들에게 쌀을 제공해줄 것을 청하였다. 그리고 명나라 장수에게 사정을 이야기하며 부탁했다. 군량미 30석을 얻어서 백성들에게 나누어 주었다. 솔잎 10에 쌀 1을 넣어서 먹도록 했다. 그것도 턱없이 부족했다.

류성룡의 기록에는 이런 기록도 있다. 어느 날 큰비가 내렸다. 굶주린 백성들이 내 숙소 옆에 모여 신음소리를 내는데 차마 들을 수가 없었다. 이튿날 아침에 일어나 보니 여기저기 죽은 사람이 매우 많았다.

전쟁은 무서웠다. 죄 없고 힘없는 사람들부터 죽었다. 한양을 수복하였을 때 류성룡이 본 한양에 남아있던 사람들의 풍경은 더욱 스산했다. 백 명에 한 명이 살아있을까 말까 하는 형편이었다. 살아남은 사람은 모두 굶주리고 병들어 얼굴빛이 귀신과 같았다.

음력 4월 볕은 따뜻했다. 일본군이 떠나간 한양은 가혹하리만큼 처참했다. 죽은 사람과 말의 시체가 곳곳에 드러나 있었고, 썩은 냄새가 한양 성안에 가득했다. 길가는 사람들은 코를 가리고 지나가야 했다. 관청과 민가는 다 사라졌다.

류성룡은 당찼다. 기가 죽거나 포기할 상황에서도 집요하게 사태를 헤쳐나가려 방법을 찾고 실행했다. 한양에 먼저 도착한 류성룡은 한양의 무너진 모습과 죽고 병들고 굶주린 사람들을 보고 눈물을 흘렸다. 그러면서도 다시 마음을 굳게 잡고 명나라 장수를 찾아갔다. 명나라 장수에게 류성룡이 말했다.

"지금 적병이 물러갔으니 반드시 이곳에서 멀리 가지 못했을 것입니다. 군사를 출동시켜 급히 추격하도록 합시다."

"내 생각도 진실로 그러합니다. 급히 추격하지 못하는 것은 한강에 배가 없기 때문입니다."

명나라 장수는 변명을 늘어놓았다.

류성룡이 말을 받아서 바로 말했다.

"만약 장수께서 일본군을 추격하고자 한다면 내가 먼저 강가에 나가서 배를 마련하도록 하겠습니다."

"좋습니다."

류성룡의 제안에 명나라 장수도 응했다. 류성룡은 한강으로 나갔다. 류성룡은 이미 하루 전날 관리들을 시켜 일본군이 떠나간 후에 강에 떠 있는 크고 작은 배들을 급히 거두어 한강에 모아 놓도록 조치를 했었다. 이미 모아 놓은 배가 80척이나 되었다. 류성룡은 미리 예견하고 준비하는 사람이었다. 류성룡은 부분보다 전체를 읽어내는 탁월한 능력의 소유자였다. 류성룡은 급히 명나라 장수에게 전갈을 넣도록 했다. 명나라 장수 이여백이 군사 1만 명을 거느리고 강가로 나왔다. 명의 군사가 다리의 반쯤을 건너자 명의 장수 이여백이 갑자기 몸이 아프다며 진영으로 들어가 버리며 한마디 했다.

"성안으로 들어가 병을 고치고 나서 추격하겠다."

장수가 진영으로 들어가 버리자 강을 반쯤 건너던 병사들도 도로 강을 건너왔다. 남의 나라 전쟁에 명나라 군사들이 죽음을 무릅쓰고 전쟁을 치를 이유가 없었다. 전쟁 중에 전투를 할 조선의 병사는 적었고, 명나라 군사는 싸울 의사가 없었다. 전쟁을 수행하는데 어려움이 많았다.

류성룡이 땅을 치며 한탄한 것이 있었다. 일본군이 전의를 상실한 채 퇴각할 때 치지 못한 것이었다. 하나는 평양성에서 일본군이 도망하듯 남쪽으로 갈 때 쳤으면 전란은 쉽게 끝났을 것이고, 또 한 번은 일본군이 한양에서 퇴각할 때 공격했으면 전란은 길어지지 않았을 것으로 보았다. 하지만 명나라의 군사는 움직이지 않았고, 조선의 군사는 약했다.

전쟁 중에 훈련도감을 만들다

류성룡은 전장터를 찾아다니면서 지쳤다. 병을 얻어 누워있었다.

명나라 장수 탁상지가 위문하러 류성룡을 찾아왔다. 류성룡에게 제안을 했다. 류성룡의 마음을 흔들었다.

"조선은 지금 국력이 약합니다. 적군이 아직 조선 안에 있으니 군사를 교련하여 적군을 방어하는 것이 가장 시급한 일입니다. 명나라 군사가 주둔하고 있을 때 군사교련을 익혀보십시오."

류성룡도 경황이 없어서 생각하지 못한 일이었다.

탁상지가 이어서 말했다.

"한 사람이 군사훈련을 받으면 열 사람에게 가르칠 수 있고, 열 사람이 백 사람을 가르치게 되어 몇 해 동안에 정련된 군사가 되어 나라를 지킬 수 있을 것입니다."

류성룡은 명의 장수 탁상지의 제안이 고마웠다. 그리고 탁상지는 10명의 교련사를 보내 주었다. 진법을 가르치고, 창술 검술 낭선 등의 기술을 가르쳤다. 낭선狼筅은 대나무 가지에 세모꼴의 날카로운 쇠를 달아 사용한 창이다. 류성룡은 군사를 모아 군사훈련을 시켰다. 장계를 올려 훈련을 계속할 것을 제안해 훈련도감을 설치하게 되었다. 첫 책임자로 좌의정으로 있던 윤두수를 임명했다.

류성룡은 현장에서 동기부여를 받고 현장에서 바로 실행할 수 있는 방안을 만들었고 실행했다. 그것이 류성룡의 가장 두드러진 특징이었고, 류성룡을 조선에서 필요하게 만드는 힘이었다. 선조의 명에 의해 류성룡은 윤두수가 맡았던 훈련도감 일을 맡았다. 훈련도감에 참여하여 훈련을 받을 사람을 모집했다. 용산 창고에 있는 당속미 1천석을 풀었다. 당속미는 명나라에서 전쟁 원조로 보내온 좁쌀이었다. 훈련도감에서 훈련을 받을 사람을 모집하면서 일 인당 하루 곡식 두 되를 주도록 했다.

군사훈련을 받고자 하는 사람에게 일 인당 곡식 두 되를 준다는 조건을 달았다. 소문이 퍼지자 먹을 것이 없던 사람들이 훈련에 참여하겠다며 모여들었다. 곡식 두 되로 훈련생을 넘치도록 모집했다. 모집에 응하는 사람이 늘어나 감당할 수가 없어 시험을 치를 정도였다.

큰 돌을 들어 올릴 수 있는 사람을 합격시켰고, 높이 10척이나 되는 흙담을 뛰어넘을 수 있는 사람을 합격시킬 정도로 모집인원이 넘치는 성공을 거두었다. 어느 모집 공고에도 응하지 않던 사람들이 류성룡의 재치 하나로 모여들었다. 천여 명을 모집해서 훈련 시킬 수 있었다.

류성룡과 이순신은 닮은 점이 있었다. 강제로 백성을 동원하지 않고 백성에게 편의를 제공하면서 나라에 이익에 되도록 했다. 자기주도성을 회복시키는 동기부여 리더십이다. 류성룡이 당속미로 훈련원을 모집했다면 남해에서 이순신은 해로통행첩을 만들어 시행했다.

이순신은 명량해전에서 13척의 배로 133척의 일본군을 수몰시킨 후 통제영 후보지를 찾고 있었다. 당장 급한 것이 군량미였다. 군량이 확보되지 않으면 어떤 것도 무의미했다. 이순신은 목포 위쪽에 있는 발음도에 들러서 새로운 통제영 후보지를 고하도로 정했다. 해안 인근 9개 고을을 조선수군의 식량공급지역으로 정해달라는 장계를 올렸다. 선조는 묵살했다. 군량미 없이 군사를 이끌 수는 없었다. 선조는 도움은커녕 방해를 하는 모양새였다 막막한 상황이었다. 중앙에서 군량미를 제공해줄 리도 없었다. 처지가 딱했다.

해결책은 언제나 가까운 곳에서 나온다. 되는 조직은 상의하달上意下達이 잘 되는 조직보다 하의상달下意上達이 잘 되는 조직이다. 하의상달은 덕장의 품성에서 나온다. 이순신은 덕장보다는 지장과 용장을 겸비한 인물이었다. 그러면서도 하의상달에는 강했다. 들을 줄을 아는 장수였다. 이순신 밑에서 일하던 이의온이란 스무 살 먹은 젊은 청년이 제안했다. 청년은 조선 중기 대학자인 이언적의 손자였다. 이순신이 추천해준 사람에게 감사장까지 썼던 매우 능력 있는 군수참모였다.

이의온이 제안한 것은 해로통행첩이었다. 바닷길을 안전하게 통행할 수 있도록 안전을 보장해주는 조건으로 해로통행첩을 발행하자는 제안이었다. 해로통행첩을 받으려면 큰 배는 쌀 세 가마, 중간 배는 쌀 두 가마, 작은 배는 쌀 한 가마를 거두었다. 불과 10일 만에 1만 석을 거두었다. 이순신은 고하도에서 배를 무려 53척을 새로 건조할 수 있었다.

수군을 2천명으로 늘렸다. 어업을 생업으로 하는 사람들에게 안전한 어업활동은 필수였다. 적으로부터 안전하게 보호받을 수 있으니 어로 활동이 자유롭고, 피난민들이 적으로부터 안전하게 보호받을 수 있으니 해로통행첩을 받으려는 사람들로 넘쳤다. 다시 고금도로 통제영을 옮겨 남해를 조선 수군이 다시 확보하는 기반을 만들어준 것이 해로통행첩이었다.

이순신과 마찬가지로 류성룡은 군사를 모집했다. 또한 조총을 만들어 조총 사격훈련을 실시했다. 마침 일본군 진영에서 화약을 만들던 대풍손이란 사람을 이용했다. 적을 도운 혐의로 죽이려 했으나 류성룡은 대풍손을 이용했다. 죄를 면해주는 조건으로 화약의 원료인 염초를 굽도록 했다. 하루 만에 화약을 만든 것이 몇십 근이나 되었다.

죽을 힘을 다해 화약 만드는 일에 열성이었다. 류성룡은 명분보다 실리를 얻어내는 지도자였다.

군량미를 확보할 둔전을 제안하다

조총훈련을 하면서도 등급을 매겨서 상벌을 실시했다. 한 달 후에는 조선군은 투항한 일본군이나 중국 남방군의 조총을 잘 쏘는 사람만큼 쏘았고 어떤 사람은 그보다 나았다. 상과 벌을 함께 시행해 경쟁을 유도했다.

류성룡은 조선의 문제점을 알고 있었다. 류성룡은 혁명적인 변화를 꿈꾸기보다는 안정 속에서 개혁을 선호하는 사람이었다. 조선의 국교인 유학이나 군주제에 대한 문제를 제기하지 않았다. 류성룡의 관심은 부강한 조선을 꿈꿨다. 조선이 가지고 있는 문제점을 개선하고 개혁하는 것까지가 류성룡의 목표였다. 임진왜란이라는 큰 전란을 맞이해서 시급한 것은 군사양성이었다. 명나라 군사에 의지해서 전쟁을 치른다는 것이 얼마나 허망하고, 실질적인 전장의 주도자가 될 수 없음을 뼈저리게 느꼈다. 지휘권은 물론 전쟁의 화해협상에서도 조선은 배제되었다. 조선이 약하기 때문이었다.

강군을 양성하기 위한 방법으로 조선에 훈련도감을 만들었다. 전쟁 전에 이미 있었고, 이미 양성되어 국토를 방위하는 강군으로 양성되었다면 왕이 도망하고 전쟁 초기에 연전연패하는 수모를 겪지 않았을 것이다. 그래서 생각해 낸 것이 둔전제도였다. 훈련도감에서 관리하는 둔전을 만들어 지속적이고도 안정적인 지원으로 조선 강군의 면모를 보여줄 수 있기 때문이었다. 둔전제도가 새로운 것은 아니었지만 중요한 것은 실행에 있었다.

류성룡은 조선의 왕에게 건의서를 보냈다.

"군량을 조치하고 더욱 군사를 모집하여 1만 명이 다 차면 오영五營을 설치하고, 영마다 각각 2천 명을 소속시켜서 매년 절반은 성안에 두어 훈련을 시키고 절반은 성 밖에 나가서 넓고 비옥한 땅을 선택해서 둔전을 설치하여야 합니다. 곡식을 저장토록 하되 번갈아 교대를 시키면 몇 해 후에는 국가의 근원이 튼튼해지고 국가의 근본도 견고하게 될 것입니다."

조선이 부국과 강국으로 가는 길을 제안했음에도 조선의 왕은 받아들이지 않았다. 이순신이 수군을 키우기 위해 둔전을 요구했을 때 조선의 왕이 응해주지 않았듯이 류성룡의 제안을 받아들이지 않았다. 류성룡의 제안을 선조가 직접 챙기지 않고 병부로 내려 보내놓고는 뒷짐을 지고 있었다. 결국은 반대한 것과 다름이 없었다. 조선의 중요 결정의 정점에는 조선의 왕이 있었다. 누구도 넘볼 수 없는 신성불가침 영역이었다. 왕의 결정에 조선의 명운이 걸렸다. 조선의 왕, 선조는 없는 것이 더 조선에 이익이 되는 존재였다.

류성룡의 제안은 현실적이었다. 명분보다는 실리를 챙겼고, 무엇보다도 대안을 함께 마련하여 정책 제안을 했다. 비판하는 것은 누구나 할 수 있었다. 하지만 대안을 내놓고 현재를 미래로 이끌어가는 능력은 아무에게나 있지 않았다. 류성룡에게는 미래전략을 구상하는 능력이 있었다. 훈련도감을 제안해서 만들고, 책임자로 자리를 잡고, 훈련도감을 능숙하게 운영하고 이끌어갔다. 그리고 군사를 지속적으로 길러내기 위한 둔전 설치와 둔전 운영 방법까지 만들어 제시했다. 시의 적절한 방안을 조선의 왕은 받아들이지 않았다. 안 되는 핑계를 먼저 생각하고 있었을 것이다. 전향적인 자세로 되는 방법을 찾아내는 것이 지도자의 덕목이다.

조선의 왕, 선조는 시야가 좁았다. 대국적인 차원에서 국가 운영을 하는 인물이 아니라 일신의 안위를 걱정하는 범부에 지나지 않았다. 조선을 이끌어갈 인물이 아니라 조선을 멈추게 하는 인물이었다. 류성룡이 제안하여 국리민복의 정책이 실행된 것은 전쟁 수행에 도움이 되었고 백성의 아픔은 줄어들었다. 하지만 왕이 아닌 조정 대신의 힘은 조선을 개혁하는데 벅찼다.

무역시장을 열다

조선은 해양 국가의 면모를 갖추고 있었다. 지리적으로는 3면이 바다였다. 북쪽으로는 대륙과 이어져 있다. 대륙과 해양을 함께 품어 안은 지리적으로 뛰어난 곳에 자리하고 있었다. 힘이 없으면 오고 가는 다리 역할로 강국에 눌려 피폐해지고, 힘이 강하면 대륙과 해양을 잇는 중계무역이나 문화 중심이 되어 문화전파의 교량이 될 수 있는 땅이다.

한민족은 역사의 시작과 함께 대륙과의 교류로 선진문물을 주고받았고, 해양으로는 중국과 일본은 물론 동남아까지 무역로를 만들어 사용해왔다. 신라 때 장보고의 황해무역이 세계 무역의 중요한 역할을 했고, 고려 시대에는 육로 도로망과 해로망이 발달해 있었다. 고려는 수도 개경을 중심으로 거미줄 같은 육로와 수로를 만들었다. 고려 시대는 고려에서부터 중앙아시아를 거쳐 유럽까지 활발하게 움직이는 도로가 있었다. 육로를 제대로 활용하지 않은 조선시대와는 전혀 다른 모습이었다.

고려 때는 전국에 22개의 역로망이 있었으며 역참이 635개나 있었다. 역참에는 말과 숙소가 마련되어 있었고, 관리뿐만이 아니라 백성에게도 주요한 중개역할을 했다. 이동 중에 쉬어갈 수 있는 숙박시설과 식당이 있어 유용한 공간이었다. 신라와 고려는 세계적인 무역국가 중 하나였다. 수레가 양방향으로 지나갈 수 있을 정도로 넓고 활발한 인적, 물적 교류의 핵심역할을 수행하는 도로였다. 바다로도 해로가 중국과 일본은 물론 동남아까지 연결되어 있었다. 고려의 국제무역항 벽란도碧瀾渡가 컸다.

신라는 동북아는 물론 중동지역까지 알려진 해상무역 국가였다. 신라는 국제무역 국가였고. 경주는 전성기에 100만 명의 인구를 보유한 거대 도시였다. 삼국유사 진한辰韓조에 기술돼 있는 신라 전성기의 모습에 대한 기록을 보면 알 수 있다. 경중京中에 17만8963호, 1360방, 55리와 35개의 금입택金入宅이 있었다고 기술되어 있다. 금입택은 금박으로 기와를 한 집이다. 인구수를 계산해보자. 17만8963호에 5~6명의 가족이 살았다고 하면 경주의 인구는 100만 명이다. 조선시대 수도였던 한양의 최대 호수는 보통 4만~5만 호로 본다.

고려도 마찬가지였다. 고려는 소강국이었다. 무역으로 활발한 국제국가로서의 역할을 수행했다. 바다무역은 활발했고, 대륙으로 이어지는 길은 뻥 뚫려있었다. 거침없이 새로운 기술을 받아들였고, 고려의 기술이 대륙으로 흘러들었다. 활달한 국가였다.

하지만 조선은 건국과 더불어 금해禁海 정책과 공도空島 정책으로 제자리걸음을 하고 있었다. 어떤 면에서는 과거로 회귀하는 나라였다. 금해禁海는 바다로 나가는 것을 막은 정책이었고, 공도空島는 섬을 비워두는 정책이었다. 작은 나라에, 단위면적당 농산물의 수확량이 적은 상황에서 금해정책은 가난을 만들었다. 수출과 수입이 차단된, 세상으로부터 깜깜한 조선이었다. 더구나 상공정책을 죽여 조선은 먹고 살기가 막막한 나라였다. 병들어가고 있었다. 거기에 외부와의 전쟁이 없어서 국력의 상징인 국방력 강화는 거의 제쳐 놓았다.

조선은 개국과 더불어 잠자는 나라로 변모해가고 있었다. 조선에는 어떤 산업도 살아날 수가 없었다. 세계가 발전하고 있을 때 조선은 긴 잠에 빠져들고 있었다. 기본적으로 유교가 가진 공업과 상업의 적막함과 노동 경시, 그리고 신분 차별이 큰 짐이 되었다. 여기에 개국하고 나서 실시한 금해정책과 공도정책은 치명적인 문제를 만들었다. 기본적인 조선의 정책은 대부분 조선 초에 마무리되었다. 명나라에 대한 지극한 사대까지도 조선 초에 이루어졌고, 정착되었다.

무려 200년 동안 조선은 긴 침묵에 잠들어 있었다. 다른 나라로 이동하는 것 자체를 차단해 버린 쇄국은 조선 초에 이루어졌다. 신라 사람들은 외국으로 유학을 다녀와서 바깥세상이 어떻게 돌아가는지 파악할 수 있었다. 그러나 외국으로 유학생 한 명도 가지 않는 나라, 무역이 원천 금지된 나라가 조선이었다.

조선말 대원군의 쇄국은 선언적인 의미가 있었을 뿐 쇄국은 이미 조선 개국의 산물이었다. 그래도 신기한 것은 워낙 뛰어난 민족이어서 사라지지 않고 살아남았다는 점이다. 끈질기고 집요하며 머리는 명석하고 무엇보다도 부지런했다. 부지런함에도 가난을 전전했던 이유는 백성을 먹여 살릴 산업이 존재하지 않아서였다. 오직 농사에 매달린 나라가 조선이었다. 조선이 가난한 원인은 여러 가지가 있지만 머리가 좋고 부지런한 사람들에게 오직 농사 외에 할 것을 봉쇄했기 때문이었다.

세계에서 가장 가난한 나라가 조선이었다. 먹고 사는 것을 조선 500년 동안 해결하지 못했다. 창의적인 사고와 기발한 착상은 아랫것들이나 하는 일이었다. 생산하고 만드는 공업은 천대받았고 물적 교류를 하는 상업은 상것들이나 하는 짓이었다. 모든 노동행위는 고고하고 학식 있는 선비들은 하면 안 되는 일이었다. 선비는 굶어 죽어도 밭일을 하지 않아야 하고, 양반은 비가 와도 뛰어서는 안 되며 양반은 물에 빠져서도 헤엄을 쳐서는 안 되는 존재였다. 행동력을 철저하게 무시하고 경박한 것으로 몰아세운 것이 조선이었다. 조선이 잘 살 수 있다면 하늘이 놀랄 일이었다. 노동의 무시는 지나침을 넘어 무능으로 몰아붙였다. 한민족의 역사에서 한글 창제를 빼면 조선 500년은 정체였다.

유럽이 깨어나고, 미국이 깨어나고, 옆에 있던 일본마저 깨어나고 있을 때까지 조선은 움직이지 않았다. 길고 긴 우물 안 생활이 이어졌다. 우물 안에서 오직 기대한 것은 명나라뿐이었고, 유일한 선진국으로 따라잡을 생각도 못했다. 조선은 결국 창조 능력을 결박당한 존재로 일본의 침공을 받았다. 일본은 막 유럽의 문물인 조총을 만났다. 원래 한민족은 선진국이었다. 그것을 막은 것이 바로 금해정책이었고, 지나치게 주자학을 중시한 것이 문제점이었다. 고려 때까지 국제국가의 면모를 잃어본 적이 없었다.

조선에 들어와서 쇄국이 무엇인지 자각조차 하지 못하고 쇄국을 선언했다. 세종이란 걸출한 왕이 초기에 있어서 반딧불이처럼 반짝 타올랐다. 하지만 근원적인 제도가 문제가 되어 위대한 발명품들은 상업화되거나 대중화하지 못했다. 관 주도에 머물러 있다가 사라져버렸다. 세종 때 이미 조선을 잠들어가게 하는 제도가 완비되었다. 조선은 초기에 이미 동맥경화상태로 가는 위험한 길로 접어들고 있었다. 금해정책과 주자학이 가진 근원적인 문제인 상공업의 하대와 노동의 신선함을 무시하는 폐쇄적인 면이 조선을 쇄국으로 몰아가는 징조들이었다. 무역이 사라진 조선은 미래가 암울했다.

이성계가 나라를 열고 다시 긴 평화가 있었다. 평화는 위험한 평화였다. 전쟁을 준비하지 않은 평화는 참혹하게 무너지고 만다. 결국 큰 전쟁이 일어났다. 전쟁이 일어났는데 물자가 없었다. 먹을거리가 없었고, 무기를 만들 산업이 무너진 상태였다. 은둔의 나라에서 깨어있는 몇 안 되는 선각자 중 한 사람인 류성룡은 생각을 바꾸었다. 조선의 정책에 위배되는 것이었지만 백성을 살리고 조선을 살리기 위해 당시까지 금지되어 있던 국경 무역을 열었다.

류성룡의 건의로 개설된 무역시장이었다. 전쟁이 길어지자 기근이 심해 굶어 죽는 백성이 많아지고 인육까지 먹는 사람들이 생길 정도로 백성들의 삶이 처절할 만큼 참혹했다. 류성룡은 압록강에 국제무역 시장인 중강개시를 열었다. 정책을 주도하며 바꾸어 간다는 것은 모험이었다. 정책을 제안한 책임은 정책을 제안한 사람에게 몰아가는 선조의 독특한 성격 때문이었다.

정책의 최고 책임자로서 새로운 세계를 열어가려는 의지가 있다면 선조와 반대로 해야 한다. 새로운 정책을 입안한 것에 대해 상을 주어야 한다. 새로운 제안은 겪어보지 못한 세상을 가야 하는 모험이기 때문에 결과에 대한 책임은 묻지 않아야 한다. 그래야 새로운 제안이 나오고 발전할 수 있다. 모든 개혁에는 실패에 대한 두려움이 동반된다. 두려움이 있는 길을 가고 안 가고는 제안자의 책임이 아니라 정책결정자의 몫이다. 선조는 이것을 회피했다. 새로운 세상을 열 수 있는 가능성을 막아버리는 결과를 낳았다.

하지만 류성룡은 적극적으로, 전향적으로 새로운 전략을 내놓았다. 다른 사람과는 다른 점이다. 국제무역 시장을 개설하자는 생각은 모험이었다. 문제가 생기면 류성룡에게 책임을 물을 것이기 때문이었다. 하지만 류성룡은 결국 국제무역 시장을 열어 조선의 쇄국을 조금이나마 열었다. 당시 조선은 상업을 억제했으며 사사로이 국제무역에 나섰다가 발각되면 사형까지 시키는 나라였다.

중강개시中江開市는 의주의 대안인 중강에서 열렸던 중국과의 국제무역이다. 류성룡의 제안에 의해서 장이 열렸다. 폭발적인 반응이 왔다. 무역이 살아나고 조선에 부족한 것이 유입되기 시작했다. 전란으로 조선의 기근 구제와 군마軍馬 조달이 일차적인 문제였다. 조선에서는 면포 1필 값이 피곡으로 1두도 되지 않는데 중강에서 팔면 쌀 20여 말을 얻었다. 은 구리 무쇠로 교역하는 자는 10배 이상의 이익을 얻었다.

실록에는 중강개시는 비록 조선의 요청에 의해 생긴 것이지만 시행한 지 여러 해 동안에 중국과 우리 백성들이 다 같이 이득을 보았다는 기록이 있다. 하지만 무역 시장은 전쟁이 끝나고 나자 다시 문을 닫아버렸다. 조선은 조선 밖으로 나갈 수 있는 길이 다시 막힌 나라로 되돌아갔다.

류성룡은 전방위적으로 조선의 미래를 위해 계획했고, 이끌어갔다. 류성룡이 제안한 것들은 미래지향적인 것들이 대부분이었다. 하지만 류성룡의 실각과 더불어 류성룡이 계획한 것들은 사라졌다. 훈련도감의 둔전관리문제도 사라졌고, 대륙과 연결지점에 개설된 국제무역 시장도 문을 닫았다. 조선이 만든 조총도 무시되고 다시 활로 대체되었다. 농민들의 안정과 관리의 수탈을 막기 위해 실시되었던 대동법도 다시 원점으로 돌아갔다.

06 육계명

고정관념을 깨지 않고 세상에 인재가 없다고 하지 마라

서애 선생은 미관말직에 있던 이순신과 권율을 발탁하여 위기의 나라를 구했다. 고정관념을 깨야 현자를 구할 수 있다.

평화의 시기에 전쟁을 준비하다

조선은 위기였다. 조선은 안으로 썩어가고 있었고, 밖에서는 일본이 전쟁을 준비하고 있었다. 나라가 어지러워졌고 위험수위가 높아지고 있었다. 전쟁이 날 것은 기정사실화 되어가고 있었다. 그것을 부정하고 싶은 사람은 군왕인 선조였다. 전쟁 준비를 하기 위해 성을 쌓고, 군사장비를 점검하려 했지만 평화에 익숙한 사람들은 말이 많았고 행동은 지지부진했다. 그것도 준비를 하다 멈추었고, 다시 상황이 급박해지자 다시 박차를 가했지만 치열하게 준비하는 사람은 조선에 몇 명 없었다. 류성룡은 손을 놓고 방조할 수가 없었다.

내우외환의 급박한 상황을 읽고 인재를 찾은 사람이 류성룡이었다. 류성룡은 세상을 이끌어가는 것이 결국은 사람이란 것을 누구보다도 먼저 깨닫고 있었다. 사람이 만든 문제를 사람이 다시 해결해야 한다는 신념으로 대했다. 류성룡의 빛나는 점은 사람을 현재의 직위나 직책보다 사람됨을 보는 것이었다. 탄탄하게 다져온 통찰력과 직관력으로 심중을 읽는 능력이 있었다.

류성룡은 신념을 가지고 나라와 백성을 위하여 이순신을 추천했다. 정읍 현감 이순신을 남해를 방어하는 장수로 임명하도록 천거한 사람이 류성룡이었다. 류성룡은 육군 출신의 종6품 정읍현감으로 있던 이순신을 무려 7계급 특진을 시켜 조선 수군의 장수인 정3품인 전라좌수사로 강력하게 천거한 것은 고정관념의 틀을 깬 창의적인 인사였다. 말단 행정관인 사람을 어떻게 전라좌수사를 시키느냐는 반대가 빗발쳤지만 류성룡은 선조를 설득했다. 선조는 끝내 전라좌수사로 임명을 했다. 이순신을 남해의 장수로 임명하는데 결정적인 역할을 한 사람은 누가 뭐라고 해도 류성룡이었다. 류성룡뿐만이 아니라 선조도 일본의 침공을 예견하고 있었음을 확인할 수 있는 임명이었다.

임진왜란이 일어나기 한 해 전에 류성룡은 좌의정에 올랐고, 이조판서를 겸했다. 이순신의 기용은 류성룡의 천거가 있었기에 가능했다. 류성룡은 소신정치를 폈다. 하지만 류성룡의 장점은 강력하게 주장하지 않는 데 있었다. 강력하게 주장하지 않아 자신의 소신을 더욱 발휘할 수 있었다. 그리고 중용될 수 있었다. 상대를 알면 주장할 필요가 없다. 얼마만큼 받아들여 줄 것인지는 결정자가 이미 마음으로 정하고 있기 때문이다. 더구나 결정권자로서 확고하게 마음을 먹고 있는 상황에서 주장해봐야 결과는 믿음만을 잃게 되는 것을 알고 있었다. 한두 번 만나서 담판을 짓는 것이 아니라 매일 만나는 사람들이었다.

어찌 보면 가족보다도 더 많은 시간을 함께하는 사람들이었다. 만나면 국사를 논하고, 때론 토론으로 때론 논쟁처럼 때론 강하게 때론 부드럽게 국사를 논하는 사람들이었다. 안색만 봐도, 음성의 느낌만으로도 기분을 알 수 있는 사람들이었다. 강하게 주장해서 먹혀 들어가는 것이 아니었다. 상대의 마음, 즉 왕의 마음을 알고 있는 사람으로서 결정의 선택 정도를 가늠 못할 리가 없었다.

조선의 바다를 지키게 한 이순신의 천거와 함께 내륙의 조선 땅을 지키게 한 권율의 천거도 류성룡이 했다. 바다와 육지를 수호한 인물들의 발탁을 류성룡이 맡았다. 권율은 독특한 인물이었다. 원래 권율은 무인이 아니라 문인이었다. 권율 집안은 조선에서 군왕을 제외한 최고 권력자의 아들이었다. 아버지는 명종 때 우의정을 지내고 선조 초에 영의정을 지낸 권철로 명문가 출신이었다. 권철은 4명의 아들을 두었다. 권율은 권철의 막내아들이었다. 막내아들로 태어나 막내아들답게 살았다. 좋게 말하면 풍운아였다. 과거시험 공부도 하지 않고 과거시험을 볼 생각도 하지 않고 소일했다. 40세가 되도록 한량으로 살았다.

권율은 딸이 장성해 출가를 시켰는데 사위가 '오성과 한음 이야기'로 잘 알려진 이항복이었다. 사위가 과거시험에 합격해 벼슬길에 나간 후에야 권율은 정신을 차렸다. 진정 놀기에 전념했던 권율의 인생을 바꾸어놓은 것은 아버지의 타계였다. 아버지 권철이 죽음을 맞이한 임종 자리에서의 말 한 마디가 권율의 뒤통수를 내리쳤다.

"내가 널 낳았구나."

많은 의미가 있었다. 꾸짖는 말도 아니고 나무라는 말도 아니었다.

여러 자식이 있지만 제멋대로 살아가는 막내아들에 대해 마음을 담아서 한 말이었다. 나이 40세가 넘었음에도 세상일에 관심이 없이 살아가는 자식을 바라보는 아비의 마음이었다. 권력에 대한 애착도 없고, 어쩌면 풍류를 즐기며 사는 도인 같기도 하고, 어쩌면 아무것도 하는 일 없이 세월만 보내고 있는 자식에 대한 안타까운 심정이기도 했다. 마지막 가는 길에 자식을 바라보는 소회였다.

권율에게는 충격적인 말이었다. 권율에게는 자책이 있었다. 놀고먹으며 살아온 과거가 채찍이 되어 자신을 후려쳤다. 귀에서 번쩍 번개가 쳤다. 천둥이 치는 소리를 들었다. 사위가 벌써 과거시험에 붙어 집안의 경사였다. 권율은 정신을 차리고 마음을 다잡았다. 과거 공부를 시작했다. 한량으로 인생을 낭비하던 사람이 갑자기 과거 공부를 하는 것도 그렇고, 이미 사위를 본 나이에 인생 공부가 아닌 과거 공부를 하는 것도 특별했다. 그리고는 합격했다. 놀라운 정신력이었다. 이미 한량으로 장안에 소문이 나 있는 상태에서 과거시험을 보았는데 합격했다니 놀라운 일이었다. 당연히 장안의 화제였다. 세상 사람들은 이렇게 말했다.

"이항복의 장인이 과거 급제했다!"

"영의정 권철의 막내아들로서 공부와 담쌓고 살던 권율이 46세에 과거급제!"

남의 이야기를 좋아하는 사람이 입방아를 찧었다. 물론 화젯거리가 되었다. 권율의 나이가 46살이었다. 늦은 나이에 과거에 급제한 것도 드문 일이었고, 시대의 한량으로 알려진 영의정의 아들이 공부와 담을 쌓고 살다가 뒤늦게 과거시험 공부를 시작해서 붙었다는 것도 이야깃거리가 되었다. 또한 이미 과거에 급제해 벼슬길에 나가 있는 이항복의 장인이라는 것도 말 많은 사람들의 화젯거리였다.

권율은 문과에 급제한 사람이지만 무인 같은 기질이 있었다. 호쾌하고 장대한 면을 가지고 있었다. 세상을 누리고 즐기면서 세상에 대한 이해도 누구보다 빨랐다. 권율은 호조정랑 자리에 있었다. 호조정랑은 정5품으로 문관직이었다. 권율에게는 당연한 관직이었다. 문과로 급제했으니 문과 업무를 보는 것이 당연했다. 권율의 아버지도 문관이었고, 사위 이항복도 문과였다.

장수에는 용장勇將이 있고, 지장智將이 있고, 덕장德將이 있다. 지휘 능력과 지휘 방법에 따라 장수의 능력도 달라진다. 장수가 칼과 창을 잘 다루어서가 장수가 아니다. 활을 잘 쏘거나 말을 잘 타서 장수가 아니다. 장수는 직접 전투를 하기보다 지휘관으로 전장을 지휘하는 인물이다. 무예보다 앞서야 하는 것이 담력과 지휘 능력이다. 군사의 사기를 올리고, 적진으로 나가 싸우도록 하는 능력인 용병 능력이 필요하다.

서애 류성룡은 도성 수복 후 돌아와서 장군다운 장군 구하기가 어렵다는 감회를 감사感事의 시로 남겼다.

"왜란 초기를 곰곰이 생각해보니 단속을 잘한다고 했으나 세밀하지 못했었네.

조정에는 기린의 탈 쓴 나귀들만 앉아 있었고, 변방에는 썩은 나무 같은 사람이 허다했네.

인정人情은 각양각색이었고, 세론世論은 번복되기 일쑤였네.

나라의 기강이 무너지고 보니 만 가지 계책이 다 허사였네.

일천 병졸이 급한 게 아니라 능한 장수 한 사람 구하기가 실로 어려웠네."

류성룡의 인재 발탁과 인재관

류성룡의 눈에 띈 인물이 있었다. 권율이었다. 늦은 벼슬길에 올라온 인물이었고, 장부다운 기개가 있는 인물이었다. 권율에게는 사람을 다룰 줄 아는 지휘 능력이 있었다. 권율은 호조정랑 자리에 있었다. 호조는 지관地官·지부地部라고도 했다. 지금으로 말하면 산업자원부에 국가의 재정을 보는 기획재정부와 국세청, 국토교통부에 조달청 등을 합해 놓은 것 같은 부서였다. 한 마디로 국가재산과 재정을 관리하는 부서였다.

국방업무와는 직접적인 관계가 적은 부서였다. 성을 쌓고 무기를 관리하는 일은 했지만, 전장에 나가 전투를 하고 전장을 지휘하는 장수와는 관계가 거의 없는 부서였다. 정5품 좌랑으로 근무 중인 권율을 정3품인 의주목사로 천거했다. 파격이었다. 임진왜란이 일어나기 직전이었다. 하지만 권율은 문관이었다. 권율에게 임무가 주어졌다. 의주목사였다. 목牧은 군사적으로 중요한 8곳, 광주·충주·청주·전주·나주·진주·상주·황주의 군사책임자로 보면 된다. 대부분 군사책임자인 목사를 파견하지 않았고 부사만 파견했지만 시국이 위태로워지자 목사를 파견했다. 그 자리에 문관인 권율을 파견했다. 목사는 주州의 군정軍政을 관장했다.

권율은 문관으로 임명된 사람이었다. 호조정랑은 정5품이었고, 의주목사는 정3품 외직이었다. 4단계의 파격 승진이었다. 목사는 관찰사 밑에서 크고 중요한 고을의 각 목을 맡아 다스리는 관리였다. 목사의 특이한 점은 병권을 가졌다는 점이다.

파격적인 인사였다. 더구나 품계도 파격적이었다. 정5품의 정랑자리에서 4단계나 오른 정3품의 자리였다. 업무로 보나 품계로 보나 파격적인 인사였다. 인사의 중심에 류성룡이 있었다. 전투경험이 전무한 권율이었으나 류성룡은 강력하게 추천했다. 담대함은 아무나 가지는 것이 아님을 류성룡은 알고 있었다. 배짱이야말로 타고나야 하는 것이며 교육으로 길러질 수 없는 것이다. 무관이라고 해도 담력이 있는 사람은 그리 많지 않았다. 류성룡은 권율의 배짱과 담력을 믿고 있었다.

권율은 임진왜란 직전 죄를 뒤집어쓰고 파면될 위기에 있었다. 임진왜란에서 장수로서 전과를 올릴 수 없는 상황이었다. 늦은 나이로 과거에 급제해서 벼슬을 하는 권율에게 위기가 다가왔다. 위기를 넘기고 자리 잡은 권율을 류성룡이 매의 눈으로 꿰뚫어보고 보직을 바꾸었다.

임진왜란 한 해 전인 1591년 류성룡의 추천을 받은 권율은 호조정랑에서 의주 목사로 전격 발탁되었다. 늦은 출세로 소문이 났다. 술을 좋아하고 풍류를 즐기는 한량 같은 사람이라는 이야기가 돌고 있었다. 문관 출신이어서 부하들 중에는 권율을 무시하는 사람도 있었다. 임진왜란이 일어나기 바로 직전인 1592년 봄, 북경에 간 역관들에게 나쁜 소문이 돌았다. 역관들이 요동 지역을 어수선하게 했다는 말이 나와서 국문이 있었다. 권율에게도 사건의 불똥이 번졌다. 권율은 소문이란 유탄에 맞았다. 결국 파직당했다. 그런데 바로 임진왜란이 터졌다.

류성룡은 파직까지 당한 문제가 있는 권율을 추천했다. 류성룡의 추천은 받아들여져서 다시 기용되어 전라도 광주 목사에 임명되었다. 그리고 임지로 내려가 부임했다. 류성룡의 추천으로 문신에서 현장의 장수로 칼을 쥔 권율은 임진왜란의 전장에서 맹활약을 했다. 육상 전투에서 3전 전승을 거뒀고, 행주산성 전투에서는 1만의 병력으로 3배인 3만여 명의 일본군을 물리친 장수로 변신했다.

더디게 자라는 시냇가의 소나무는 울창하게 늦게까지 푸름을 머금는다.

지지간반송 울울함만취

遲遲澗畔松 鬱鬱含晚翠

권율의 호는 만취당晚翠堂이다. 만취晚翠는 늦은 만晚에 물총새 취翠다. 취翠는 물총새를 말한다. 물총새의 초록색을 소나무와 비유해서 하는 말이다. 늦게 자라는 소나무는 가을이 가고 겨울이 와도 늦게까지 푸르다는 의미다. 권율 자신의 인생을 그대로 담은 호다. 반듯한 처세를 하는 류성룡과는 다른 차원의 인물이었다. 자신과는 다른 사람에게도 마음의 문을 열고 사는 사람이 류성룡이었다. 관대했다. 반면 권율은 호방하고 풍류를 즐기며 사내다운 면모를 가진 인물이었다. 하지만 출세와는 다른 길로 인생을 즐기고 있었다. 류성룡의 예리한 눈에 띄었고, 놓치지 않았다. 나라를 구할 인재로 붓을 만지던 사람에게 칼을 쥐어주며 지휘권을 쥐도록 했다.

인재 등용은 등용되는 사람의 문제가 아니라 등용하는 사람의 정체성이 중요하다. 어떤 직에 어떤 사람을 등용해서 적소적재에 기용할 것인가를 결정하는 것은 임용권자의 능력에 달려있다. 류성룡은 자신이 살아온, 자신이 가진 세계관으로 사람을 보았고 사람을 찾았다. 류성룡의 날카로운 시선은 적중했다. 인재가 능력을 발휘하는 것은 인재를 활용하는 사람에게 달려있다. 인재를 활용하는 발탁자의 가치관이 대부분을 좌우한다.

명장 밑에 약졸 없다. 명장이 약졸을 강병으로 만든다. 인재는 어느 시대에나 있다. 인재가 없는 것이 아니라 인재를 찾을 줄 모르는 것이고, 인재가 없는 것이 아니라 인재를 활용할 줄 모르는 것이다. 류성룡은 인재를 찾을 때 사람을 봤다. 사람이 가진 본성을 볼 줄 아는 놀라운 통찰력을 가졌다. 위기의 상황에서 반대를 극복하고 인재를 등용했다. 류성룡은 소신이 뚜렷한 사람이었다.

07 칠계명

능력을 보지 않고 신분과 학력을 이야기하지 마라

서애 선생은 나라를 구하는 데 신분의 차이를 떠나서 누구든 공을 세우면 등용했다. 신분과 학력으로 편을 가르면 나라가 결딴난다.

조선은 노예국가였다

조선은 애초에 출발이 잘못된 나라였다. 조선은 사람을 사람 취급하지 않은 대표적인 나라였다. 우선 조선은 노예국가였다. 노비는 노예다. 주변 국가에서 자국민을 노예로 삼는다는 비판을 들었지만 고치지 않았다. 조선은 한 마디로 관료만이 살아남을 수 있는 국가였다. 양반이라는 특수층에게만 특권이 주어졌다.

조선은 건국에서부터 뒤틀어지기 시작했다. 사람을 사람답게 취급하지 않는 정책 때문이었다. 조선 백성의 반을 노예로 만들어 국가를 운영한 나라였다. 그리고 조선 백성의 반에게 인간적인 권리를 박탈한 나라였다. 조선 백성의 반인 여성에게 사회진출권을 박탈한 나라였다. 백성의 반을 노예로, 백성의 반은 사회진출권을 박탈했다. 남은 것은 25%였다.

그것도 제도적으로 무시된 서얼의 사회진출권 박탈과 상공업에 종사하는 사람들을 천민부락으로 만든 것을 포함시키면 조선은 사람 사는 나라가 아니라 인권이 없는 나라였고 사회권이 없는 나라였다. 신라와 고려도 신분국가였다. 하지만 노비가 10%대였다. 여성에 대한 사회진출권이나 차별이 적었다. 조선은 학자에 따라 다르지만 많게는 노비를 전체 백성의 70%까지 보는 학자도 있다. 천민까지 합할 때 그렇다. 동아시아의 왕조국가들이 왕가의 특권과 권력자들의 특권을 인정했지만, 조선은 다른 나라보다도 더 강한 신분정책을 선택했다.

임진왜란이 발생해 초기에 연전연패를 한 것에는 여러 요소가 있었지만, 중요한 이유는 군인이 없어서였다. 조선의 백성 중에서 절반인 노비를 빼고, 다시 조선의 백성 중 절반인 여성을 빼고 남는 백성 중에서 양반을 또 빼면 남는 사람이 소수였다. 더구나 군역을 대신할 수 있는 제도를 마련하면서부터 조선은 군대가 존재하지 않는 나라가 되었다. 군대가 있어도 장부로만 있을 수밖에 없는 구조적인 문제가 있었다.

류성룡은 전란 중에 면천법 실시를 주장했다. 그리고 실시했다. 놀라운 효과를 보았다. 조선 백성의 반이 노비, 즉 노예로 사는 사람들에게 노예를 면할 수 있는 법이 시행되자 조선 백성의 반인 노비들이 환호했다. 사람들의 마음이 확 변했다. 개벽된 세상을 만나는 것과 같은 기분이었다. 노비로 사는 것은 사람으로서의 기본적인 권리를 잃어버린 짐승 취급의 삶이었다. 다른 나라에서 쳐들어오거나 나라가 망하거나 노비에겐 중요하지 않았다. 나라가 망하면 오히려 새로운 세상이 올 것이라는 생각을 가진 사람들이었다. 세상이 뒤집히길 바라는 사람들이었다. 한 많고 설움 많은 인생의 대표적인 사람들이 노비였다. 노비는 사고파는 물품이었다. 노비들이 달라졌다. 백성의 반이 환호하는 정책을 펼친 사람이 류성룡이었다.

세종에 의해 종모법從母法이 시행되었다. 종부법은 자식이 태어나면 아버지의 신분을 따른다는 법이었다. 태종은 대신들의 반대에도 불구하고 종부법을 실시했다. 종부법은 아버지의 신분에 의해 결정되니 어머니가 노비라고 해도 아버지의 신분을 따르는 법이었다.

노비의 폭증은 종모법으로 복귀한 이유 때문이기도 하지만, '노취양녀奴娶良女' 묵인과 함께 노비종모법이 '일천즉천'으로 경국대전에 법제화되었기 때문이다. 즉 양천교혼良賤交婚의 소생 모두가 노비화 되는 제도가 마련됨으로써 양인과 천인을 결혼시키는 방법으로 광범위한 노비 증식이 이루어지게 되었다. 그리고 세종 시기에 노비종모법으로 전환하자는 결정은 있었으나 세종은 부왕의 결정을 번복하는 것이 부담스러워 실제로 시행하지는 않았다. '양천교혼' 묵인의 단초는 죄인을 전 가족과 함께 변방으로 강제 이주시키는 형벌인 전가사변全家徙邊'에 의해서였다. 계유정난 이후인 수양대군의 치세 때의 일이다. 노비종모법 시행 또한 세조 때 이루어졌으며 경국대전의 골간 역시 세조 시기에 이루어졌다. 조선의 노비 폭증은 세종과 세조의 합작품이라고 볼 수 있다. 세종이 노비종모법을 선택한 것은 여자 노비가 태종이 정한 노비종부법에 따라 아이의 면천을 위해 아버지를 무조건 양인이라고 지목함으로써 부자 관계가 혼란해지는 것을 막기 위한 윤리적인 동기에서 비롯되었다고 하지만 결과적으로 노비를 양산하고 말았다.

그리고 반역으로 집권한 세조는 지배층 회유의 수단으로 양천교혼 등으로 노비 증식을 묵인해 줄 필요가 있었다.

양인 남자와 천인, 즉 노비를 첩으로 삼아서 태어난 아이는 노비를 면하게 된다. 아버지의 신분을 따르는 종부법을 선택할 경우 노비 숫자가 차차 줄어드는 반면 종모법을 실시하면 노비 숫자가 크게 늘어나게 된다. 허균이 쓴 소설의 주인공 홍길동이가 아버지를 아버지라 부르지 못하고 형을 형이라 부르지 못한 것도 종모법을 따른 시대상을 반영한 것이었다.

조선 관리들의 행태를 보면 인본은 간데없다. 자신의 씨를 가진 자식마저도 노비가 되는 어처구니없는 선택을 한 사람들이었다. 태어난 아이는 종모법에서 어머니의 신분을 따른다면 자신과 종 사이에서 태어난 자식도 종이 되는 어이없는 일이 벌어짐에도 강하게 종모법을 주장한 인물들이 바로 조선의 양반관료들이었다. 이유는 노비를 재산 증식으로 보았기 때문이었다. 여자 노비가 낳은 아이는 무조건 자신의 재산으로 편입되기 때문이었다. 사람을 재산으로 본 왕가와 양반들의 욕망이 만든 법이었다. 그러나 그들은 관료들과 비첩과의 사이에서 난 아이가 무조건 노비로 편입되지 않도록 예외를 만들어 놓았다. 관료나 사대부 등 지배층, 법전의 표현으로는'대소인원' 자녀의 노비화를 막는 예외는 경국대전의 형전刑典 '천첩자녀조賤妾子女條'에도 반영되어 있다.

조선시대에는 노비를 인권을 가진 사람으로 취급하지 않았다. 노동력의 단위로 취급했다. 류성룡은 문제가 되던 노비제도를 고쳐서라도 전란을 막으려 했다. 양반들에게는 노비제도의 철폐는 양반세계의 몰락을 예고하는 것이었다. 조선 신분제 사회에서 부를 상징하는 것은 두 가지였다. 하나는 토지였고 하나는 노비였다. 토지의 보유 정도와 노비를 거느린 수가 재산의 대부분이었다. 일반적으로 노비에 대한 인권은 인정되지 않았다.

류성룡은 달랐다. 류성룡은 현실적인 면을 중요하게 여기는 사람이었다. 조선의 위기를 넘기 위해서 필요한 조치였다. 말 그대로 천한 노비의 신분을 면해주는 제도였다. 실시는 위기 타개책으로 사용했다. 면천법은 군에 입대해서 공을 세우면 노비를 면해주는 제도였다. 전란 극복이라는 시대적인 필요에 의해서이기도 했지만, 류성룡은 주자학뿐만이 아니라 주자학을 비판한 양명학을 공부한 영향도 있었다.

류성룡은 젊은 날에 유학 중에서도 폐쇄적인 주자학보다는 실용적인 양명학을 접했다. 류성룡은 17세 어린 나이에 처음으로 양명집을 읽었다. 주자학과는 다른 열린 세계를 가진 유학이었다. 주자학은 사람의 신분 차이를 하늘의 뜻이라고 하고, 양명학에서는 사민평등을 주장했다. 모든 사람은 신분에 상관없이 평등하다는 내용이었다. 당시 조선에서는 양명학은 이단으로 취급되었다. 감수성이 예민한 어린 류성룡에게 양명학은 자신이 공부하고 배워온 것과는 다른 세상이었다. 어린 나이에 평등이 머릿속에 어두운 하늘에 빛나는 별처럼 박혔다.

인권도 중요하지만 류성룡에게는 전란 극복을 위한 조선 인구의 반을 차지하고 있는 사람들의 실질적인 힘이 필요했다. 양명학에서 주장하는 것은 실사구시다. 실사구시實事求是는 사실에 입각하여 진리를 탐구하려는 태도로 눈으로 보고 귀로 듣고 손으로 만져 보는 것과 같은 직접적인 실험과 연구를 거쳐 부정할 수 없는 객관적 사실을 통한 판단과 해답을 얻고자 하는 것이 실사구시다. 요즘으로 보면 과학적인 사고로 사물을 보고 세상을 이해하는 학문이었다. 류성룡은 현재의 위급한 전쟁 상황을 극복하는 것이 우선 과제였다. 그리고 사람이 사람을 지배하고 물건 취급하는 노비에 대한 연민의식이 마음 깊이 깔려있었다.

노비에게 자유를!

노비에게 자유를!

조선이 살아날 방도로서 필요성을 주장했다. 류성룡은 2개의 방법을 주장했다. 하나는 속오군束伍軍의 설치였다. 속오군은 신분, 출신, 빈부와 관계없이 군인으로 뽑는 제도였다. 속오군제의 실시는 양반들을 징집하기 위한 방편이었다. 당시 조선은 양반의 자제는 군대에 가지 않았다. 그리고 노비도 군대를 면제받았다. 노비는 인권이 없는 사유재산으로 인정되어 군 입대를 하지 않았다. 양반과 노비 모두 군 입대를 시키기 위한 제도 신설이었다. 절대 부족한 조선의 군대를 모집하기 위해서였다.

조선 인구의 반을 차지하고 있는 노비를, 전쟁을 치를 병사로 양성하는 것이 절대 필요했다. 그리고 양반의 자식들을 입대시키는 속오제를 실시했다. 당연하게 양반들의 반대가 있었지만 관철시켰다. 속오군제는 병농일치제였다. 평상시에는 농사와 무예훈련을 병행하다가 전쟁이 일어나면 소집해 국토 방어에 동원되는 체제였다. 겨울철 농한기에 속오군을 소집해 진법훈련과 포술·검술 등 무예훈련을 실시하고, 매년 1회씩 도 전체의 병력을 소집해 진법훈련을 시행했다.

류성룡은 이번에는 노비 등용 문제를 꺼내 들었다. 예상했던 대로 거센 반발이 있었다. 류성룡은 물러서지 않고 현재 상황과 군사들의 필요성을 역설했다. 양천良賤의 문제보다 현실 타개책의 하나로 들고 나왔다. 이른바 면천법이었다. 노비도 군 입대를 시켰다. 그리고 전쟁 시 공을 세우면 면천, 즉 노비를 면해주는 제도였다. '일본군의 수급을 하나 베어오면 천민도 양민이 될 수 있다. 또한 일본군의 수급 3~5급을 베어오면 천민에게 관리가 될 수 있는 자격을 주겠다.'고 약속했다.

면천법의 효과는 즉각적으로 나타났다. 평생을 천민으로 살아온 사람에게 천민을 면할 수 있다는 면천법은 하늘의 법이었다. 조선 사회의 반대 세력이 노비였고 무려 절반의 백성이 노비였다. 조선 백성의 반을 노비로 만들어 놓고 백성을 위한다는 말은 말장난에 불과했다. 왕가와 사대부들의 이익과 영화만을 위하여 존재한 것이 조선의 제도였고 현실이었다.

류성룡이 혁명적인 면천법의 실시를 주장하고 관철시키자 조선 백성의 반인 노비들은 환호했고 소수의 특권을 계속 주장하는 사대부들은 혀를 찼다. 세상이 뒤집어질 것을 기다려왔던 노비를 비롯한 천민들은 힘을 얻었다. 하늘의 법을 따라 스스로 징집에 응했다. 조선의 노비보다는 일본군의 사람대접에 일본군에 붙어서 일하던 천민과 노비들이 조선으로 돌아섰다. 사회 불만 세력인 조선 인구의 반이 다시 조선의 편으로 돌아선 것을 의미했다. 천민과 노비들이 일제히 조선군에 입대했다. 일본군의 목을 베어들고 조선 군영을 찾는 사람도 있었다. 전국 각지에서 의병들이 벌떼처럼 일어났다. 나라를 등졌던 사람들이 나라를 위해 싸우겠다고 몰려들었다.

목숨을 걸고 면하고 싶었던 것이 신분의 굴레였다. 자신은 노예로 살 수 있지만 자신이 낳은 자식을 대를 이어 노비로 만드는 슬픈 일은 받아들일 수 없었다. 노비라는 이름을 가진 사람들은 평생 자유를 잃고 오직 할 수 있는 것은 노동뿐이었다. 노동이 천시된 이유 중에 중요한 요인 중 하나는 노동력을 노비에게서 이끌어냈기 때문이었다. 조선의 노동력은 노비의 노동력이 상당 부분을 차지했다.

류성룡은 조선을 구할 사람들은 결국 조선 사람밖에 없음을 알았다. 조선을 이끌어가고 있는 사람들이 조정 대신이나 양반이 아니라 노동력을 제공하고 있는 사람들에 의해서 유지되고 있음을 깨달았다. 조선에 양반은 사라져도 조선은 유지되지만 생산을 담당하고 있는 양인들과 노비가 없다면 조선은 무너진다는 엄연한 현실을 알고 있었다.

면천법에 반대하는 사람들을 설득했다.

"조선은 양반에 의해서 유지되고 있는 것이 아니라 노비들이 있기에 유지되고 있는 것입니다. 양반은 없어도 조선은 존재하지만 노비들이 없으면 조선의 생산물은 존재할 수 없습니다. 그릇 하나를 만들고 소쿠리 하나를 만드는 것도 힘없고 하소연할 곳 없는 백성들에 의해 나옵니다. 쌀도 보리도 좁쌀 한 움큼도 백성들의 노고로 만들어지고 있습니다. 벼슬을 가진 사람들이 백성들의 아픔을 열어주어야 합니다."

"그렇다면 양반들은 노비 없이 무엇으로 산단 말입니까?"

"백성들의 희생을 밟고 목숨을 부지하고 있는 사람들이 양반들입니다. 대신들은 백성들에게 무엇을 해 줄 것인가를 고민해야 합니다. 그리고 무엇보다 조선을 구할 사람들은 결국 조선 사람밖에 없습니다.

결국 조선 사람의 대다수인 백성들이 나라를 구할 수밖에 없습니다. 백성들의 힘을 얻을 수 있는 시급한 정책이 바로 면천법입니다."

류성룡은 대신들을 설득했다. 대신들을 설득하지 않고는 어떤 좋은 정책도 채택이 될 수 없었다. 대신들의 지지 없이 이루어질 수가 없었다. 정당한 것이라고 해도 반대에 부딪히면 다수의 반대로 허사가 되고 만다. 대신들에게는 나라의 위기를 면할 수 있게 해 줄 사람들이 바로 백성으로 그중에서도 노비들의 힘이 필요함을 역설했다. 그리고 애국심을 끌어들여 양반들의 마음을 움직였다. 조선을 위기에서 구하려면 군사가 필요하고, 군사를 모으려면 필요한 것이 현실적으로 면천법임을 역설했다. 다른 선택을 할 수 있는 대안이 없음을 인식시켰다.

양반들의 입장에서 미운 오리 새끼처럼 류성룡이 미웠지만 받아들일 수밖에 없었다. 더구나 양반의 자제도 군대에 입대하도록 한 사람이 바로 류성룡이었다. 미웠지만 미워할 수만은 없었다. 위기에서 벗어나는 필요한 조치였다. 면천의 조건은 적의 머리를 베어온 자에게만 허용되었다.

강제를 통해서 이루어지는 정책은 언제나 실패하고 만다. 정책의 핵심은 자발적 참여를 유도하는 정책이어야 한다. 왕과 조선의 양반들이 백성들에게서 이익을 가져갔다면 백성들에게 이익을 돌려주어야 한다. 이익이 구체적일 때 백성은 마음을 열고 받아들인다. 류성룡은 직접적인 이익을 주고 자발적으로 참여하도록 하는 정책을 사용했다. 오래 유지될 수 있고 스스로 선택할 수 있도록 해 강제가 없어 문제가 발생할 여지가 현저하게 줄어드는 것이다.

조선에는 군사는 있으나 싸울 군사는 없었다

조선에는 분명히 군사는 있는데, 존재하지 않았다. 놀라운 현상이 군사는 있는데, 싸울 줄 아는 군사가 없었다. 조선은 빈껍데기였다.

조선의 군사는 군사훈련을 받아본 적이 없는 군인들이었다. 싸워 본 적이 없는 군인이 전쟁에서 이길 수 있을까. 초기에 벌어졌던 전투를 보면 확인된다. 용인전투에서 동원된 군인은 8만 혹은 5만 정도였다. 근왕병 대다수가 바로 정군이었는데 용인전투에 참가한 군사가 바로 정군이었고 조선의 정예군이었다. 일본군 장수 와키자카 야스하루가 지휘한 일본군은 고작 1600여 명이었다. 조선군과 일본군이 붙었다. 결과는 조선의 참패였다. 전멸에 가까운 참패를 했다. 조선군의 훈련과 전쟁수행능력을 짐작할 수 있다.

임진왜란 전후 실록의 조선 인구 통계는 아래와 같다.

1519년(중종 14) : 374만 5,481명

1531년(중종 26) : 396만 5,253명

1543년(중종 38) : 416만 2,021명

1639년(인조 17) : 152만 1,265명

1669년(현종 10) : 516만 4,524명

1672년(현종 13) : 469만 5,611명

1675년(숙종 1) : 470만 3,505명

1705년(숙종 31) : 613만 8,640명

영조실록에 한성부漢城府로 하여금 병자호란丙子胡亂 이후 호구戶口의 가감加減된 수효를 써 들이라고 명하였다. 숭덕崇德기묘년에 호수가 44만 1천 8백 27호, 인구가 1백 52만 1천 2백 65명, 그

후에 점점 수가 늘어서 당저當宁 임자년에 이르러 호수가 1백 71만 3천 8백 49호, 인구 7백 27만 3천 4백 46명이었다고 기록되어 있다.

임진왜란과 가장 근접한 시기의 통계는 중종 38년의 416만 명이라고 하지만 3년마다 제출하는 호구단자에는 세금을 내지 않기 위해 기록되지 않은 인구가 너무 많았기 때문에 임진왜란 당시 조선의 실제 인구는 대략 1,000만 정도로 추정한다. 근거는 1626년 호패청의 기록에서 16세 이상의 양인 남성에게 발급된 인구가 226만이었다. 임진왜란으로 감소한 인구가 약 30년간 회복되었을 것을 감안하면 1626년의 인구가 임진왜란이 일어난 1592년과 비슷할 것으로 추정했을 때를 가정한 인구다. 호패법에 따라 군역과 납세를 위한 성인 남성에게만 지급되었다. 여성을 남성과 동수로 보았을 때를 합치면 약 450만, 호패가 지급되지 않는 미성년자와 노령층을 합치면 약 800만, 기타 나라에서 파악하지 못한 인구를 약 200만 정도로 잡으면 1,000만 명으로 추산된다.

1,000만 명이나 되는 인구에 왜 싸울 군사가 없었을까. 더구나 호패를 찬 성인 남자만 해도 226만 명이었다. 대충 성인 남자의 반은 노비였다. 113만 명이나 남는다. 여기에서 양반 자제는 군대에 가지 않으니 빼도 100만 명이나 된다.

재미있는 일은 아니지만 조금만 더 살펴보자. 1509년의 조선 병력은 정군正軍이 17만 7,322명, 잡군雜軍이 12만3,958명으로 모두 30만 1,280명이었다.

류성룡이 48세 때인 1589년에 잠시 병조판서를 맡았는데, 당시의 병력수를 35만 명으로 파악하였다. 팔도군안八道軍案에 "내가 평일에 관직을 역임하면서 문관으로 오래 있었고 무관을 지낸 일은 극히 짧았다. 후에 판서가 되어서는 겨우 1개월 있다가 전임되었다. 그때에 팔도八道의 군안軍案을 작성하였는데, 중앙 및 지방을 통틀어 여러 가지 종류의 군사 수가 모두 35만여 명이었다."

그 많던 군사는 어디로 갔을까. 임진왜란이 일어나고 다음 해 1593년 1월 11일 기록에 보면 조선의 병력은 그래도 17만 2,400명으로 나와 있다. 이들은 또 어디로 갔을까. 기록에 적혀있는 내용을 보면 가관이다. 의병을 제외하면 15만 명으로 나와 있다. 1594년 4월 기록에는 군적 상 조선군 전체 군인 수 14만 5,620명으로 나와 있다.

"적의 향방에 따라 기회를 보고 진격하므로 주둔하거나 가는 곳을 확실하게 지적할 수 없으며 또한 군사의 수효도 첨가되거나 나누어져서 많고 적음이 일정하지 않다."

병사의 수도 확인하지 않고 장수가 통솔하는 나라가 있을까. 위급한 상황이라 중복집계 되거나 가감은 있을 수 있다고 해도 어이가 없다. 초기에 무너졌던 경상도의 군인 수를 보면 새로운 느낌을 받게 된다. 같은 1593년 1월 11일의 기록이다. 경상도 총 군인수가 7만 7천 명이다.

경상좌도 안동부 순찰사 한효순의 군사 1만 명

울산군 절도사 박진의 군사 2만 5천 명

경상우도 진주 순찰사 김성일의 군사 1만 5천 명

창원부 절도사 김시민의 군시 1만 5천 명

경상도에만 6만 5천 명의 육군이 있었다. 그러나 이들이 치열한 전투를 벌였다는 기록은 별로 없다. 이들은 실제로 있었을까. 경상도와는 너무 다른 군인 수가 나온다. 전라도에는 육군은 없고 수군만 있다. 전라도 군인 수는 25,000명이다.

순천부 좌수사 이순신의 수군 5천 명

우수사 이억기의 수군 1만 명

각처에 주둔한 조비군措備軍 1만 명

전라도는 살아있었다. 실제 군인 수였다. 예상을 뒤엎는 것은 전라좌수사인 이순신의 수군이 5천인데 비해 전라우수사인 이억기의 수군은 1만 명이었다. 실록의 기록이니 무시할 수 없는 기록이다.

조선 수군을 제외한 육군은 사라지고 없다. 조선의 군사가 싸운 기록은 전쟁 2년이 지나면서 확연히 줄어든다. 조선의 정병이 15만 명임에도 싸울 군사가 없었다고 한다. 평양성을 수복할 때도 명나라 군사가 앞장섰고, 조선의 군사에 대해서는 거의 언급이 적다. 한양을 회복할 때도 명나라 군사는 있고 조선의 군사는 거의 나오지 않는다. 어찌 된 일일까. 정병 15만 명에 의병이 수만 명이 넘었다. 다시 이야기하지만 이들은 도대체 어디로 갔을까. 조선은 수치로는 있고, 실제로는 없는 나라였다. 정확하게는 조선 임진왜란이 일어난 동안에는 그랬다. 다른 왕에게서는 확인할 수가 없다. 조선은 명분은 있고, 실제 군사력은 없는 나라였다.

지휘관 하나가 전장의 승리를 만든다

류성룡은 자발적인 군 입대를 유도했고, 주효했다. 군 입대를 자원하는 사람이 늘었다. 훈련도감을 신설했을 때 확인되었듯이 다 받아들일 수 없을 정도로 모여들었다. 단지 먹을 것을 제공한 것만으로도 자원입대가 넘쳤다. 조선은 활기 넘치는 나라였어야 했다. 조선을 침체의 수렁으로 빠져들게 한 것은 왕과 조정의 양반사대부들이었다. 정책의 실패가 주요 원인이었다. 머리가 명석하고 지칠 줄 모르는 끈기를 가진 사람들을 가진 인적자원의 나라에서 인적자원을 운용할 어떤 정책도 개발되지 않았다. 위정자들에 의해 조선은 약소국으로 전락했다.

조선은 임진왜란이 일어나자 허둥댔다. 문화적으로 일본을 압도했고 군수산업도 일본을 압도했다. 대포와 같은 무기가 이미 오래 전에 개발되어 있었다. 일본의 무기체계보다 한 단계 위였다. 거기에 조선 수군의 함선도 일본의 배와는 비교가 되지 않을 만큼 뛰어난 배였다. 조총이라는 그리 뛰어나지 않은 무기 하나에 겁먹은 것이 패인이었다. 체격도 조선군과 일본군은 비교가 되지 않았다. 월등한 체격조건을 가진 것이 조선군이었다. 기본 체력이 일본보다 대부분 압도했다. 그럼에도 패배를 한 것은 준비하지 않은 위정자들의 나태함에 있었다.

모두가 물러나서 손 놓고 있을 때 나선 사람이 류성룡이었다. 많은 군사가 사라졌음을 탓하지 않고 양반의 자식들을 군에 입대시켰고, 천인이라 무시 받는 노비들을 군인으로 받아들여 공을 세울 경우 면천까지 시켜주었다. 반대하는 양반 관료들을 설득해서 기어이 군인 수를 늘리고 사기를 불러일으켜 위기의 조선을 되찾는 데 공을 세웠다.

류성룡의 판단으로 지휘관 하나가 전장의 승리를 만들어낸다는 공식을 가지고 있었다. 도체찰사라는 문관으로서 전장을 지휘하는 역할을 충실하게 수행했다. 조선은 위기였지만 위기에서 구해내는 데 일등공신이었다.

류성룡이 천거한 이순신도 어려운 여건에서 승리를 만들어낸 인물이다. 전쟁이 일어났는데 자원입대할 사람은 그리 많지 않다. 조선 육군보다 열악한 것이 조선 수군 모집이었다. 조선 수군도 기본적으로는 정병과 같은 제도로 정병 대상자 중 일부를 수군으로 편제하는 식이었다. 수군은 대표적으로 기피하는 군대였다. 고되고 열악한 근무조건으로 아주 인기가 없던 군역이었다. 수군으로 편입될 경우 돈을 주고 빼는 일이 비일비재했다. 인원이 모자라서 양천불명자나 죄인으로 충당하는 경우도 있었다.

이순신은 인기 없는 수군을 이끌고 전장을 승리로 이끌었듯이 류성룡도 비난과 질책만 있는 전장을 뛰면서 지도하고 이끌어갔다. 장수 한 사람이 전장을 승리로 이끌고 위정자 한 사람이 나라를 바른길로 이끌어갈 수 있음을 보여 주었다.

이순신에 의해 조선 수군의 빛나는 위업은 이순신이 타계하고 다시 천민 같은 수군으로 전락했다. 조선 후기에는 수군이 칠반천역七班賤役 중 하나로 천시되었다. 또한 류성룡이 파직되고 나서 양반 자식을 군대 보내고, 노비를 면천하는 법이 사라졌다. 시대를 바른 방향으로 이끌어갈 수 있는 사람이 사라졌고 이해가 맞아떨어졌기 때문이었다. 다시 양반사대부들의 이익을 위해 환원했다.

다시 구시대의 방법으로 돌아간 결과는 참혹했다. 임진왜란이 끝나고 30년 후에 다시 전쟁이 일어났다. 청나라의 침입이었다. 준비하지 않은 것은 그대로였다. 전쟁이 일어나자 조선의 왕은 역시 도망갔다. 선조가 아니고 인조였다.

선조를 이은 광해군이 다시 쫓겨나고 인조가 등극했다. 청나라에서 쳐들어오자 인조는 세자를 전주로 보내고 자신은 강화도로 달려갔지만 임진왜란과 달리 의병이나 근왕병도 달려오지 않았다. 임진왜란 때 류성룡은 일본군의 머리를 베어오는 천민들은 양인良人으로 신분을 상승시켜주는 면천법을 통과시켜 백성들의 참전을 독려했고 도움을 받았다. 전쟁이 끝나자 선조와 양반사대부들은 류성룡을 실각시켰다. 류성룡이 제안한 면천법을 폐기해 양반은 천국, 천민은 지옥인 조선으로 다시 되돌려 놓았다. 한 번 왕은 영원히 왕이었고 한 번 노비는 영원한 노비인 세상을 만들었다.

다시 일어난 전쟁, 정묘호란 때 백성들은 양반사대부를 위해서 싸울 생각이 없었다. 내가 속한 나라에서 백성에게 무엇을 해주는가에 따라 백성은 움직인다. 권력과 이익을 독점하는 나라에 충성할 사람은 없다. 류성룡은 가고 조선은 다시 노예국가가 되었다. 백성을 꿈꾸게 하고 백성을 스스로 일하게 하는 정책이 조선에는 없었다.

08 팔계명

경계를 넘어 공부하지 않고 할 수 없다고 하지 마라

서애 선생은 주자학이 대세인 시대에 금서인 양명학도 읽었다. 문인인 그가 병법을 공부해서 일선의 장수들에게 전술책을 지어 보냈다. 문관으로서 경계를 넘어≪증손전수방략增損戰守方略≫이라는 책을 썼다. 평생학습의 결과이다. 스스로 학습은 자기를 바꾸고 세상을 바꿀 수 있다.

문관인 류성룡이 무관들의 전문인 전술을 다룬 책을 만들었다

"맑다. 동헌에 나가 공무를 봤다. 군관들은 활을 쏘았다. 좌의정 류성룡이 편지와 ≪증손전수방략增損戰守方略≫이라는 책을 보내왔다. 책을 보니 수전水戰, 육전陸戰과 화공법火攻法 등에 관한 전술을 일일이 설명했다. 참으로 만고에 뛰어난 이론이었다."

이순신의 난중일기 내용이다. 1592년 3월 5일, 조선의 남쪽은 맑았다. 전쟁을 준비하고 있는 이순신의 군영에서는 군관들의 활쏘기가 있었다. 임진왜란이 일어나기 한 달 보름 전이었다. 일본군이 전쟁 준비를 끝내고 출정 준비를 하고 있을 때 조선에서도 전쟁 준비를 마친 사람이 있었다. 류성룡과 이순신이었다. 한양에 있는 류성룡이 남쪽 바다에 있는 이순신에게 병법서를 보냈다. 전술이 기록되어 있는 책이었다. 이순신은 류성룡이 보낸 책을 읽고 평했다. '만고에 뛰어난 이론이다.'라고.

이순신은 조선 최고의 전략가이자 승전만을 한 조선 최고의 장수다. 조선 최고의 장수인 이순신이 류성룡이 주도해서 만든 책을 평가한 내용이었다. 조선 최고의 재상인 류성룡과 조선 최고의 장수가 만났다. 류성룡은 문신으로 전형적인 문인이었다. 무신인 이순신과는 다른 길을 걷고 있었다. 류성룡에게는 쉽게 범접하지 못할 재기와 통찰력이 있었다. 평양성에 있던 군사들이 한양 점령을 위해 군사들이 임진강을 건널 때 칡을 이용한 다리를 만들어 도강할 수 있도록 한 것과 평양성과 한양에서 퇴각하는 일본군을 공격해야 한다고 주장한 사람이었다. 전의를 상실한 일본군을 공략하기에 최고의 시점으로 잡고 공격을 주문했다. 적의 약한 부분을 공격해야 전과가 빛난다는 것을 알고 실천하는 사람이었다. 류성룡의 통찰력은 전장에서 빛났다. 권율이 행주산성에서 승리하고 새로운 진지를 구축할 때 파주산성을 직접 권유하기도 했다.

전공이 중요한 것이 아니라 상식선에서 바라보고 현재의 문제점을 개선하고 전략을 마련하는 것은 누구나 할 수 있다. 하지만 관심 있게 관찰하고 깊이 있는 통찰을 통해 새로운 것을 마련하는 것은 쉽지 않다. 선택과 집중에 달려있다. 류성룡은 현재의 어려움을 극복하는 방법으로 무엇을 해야 하는 것인가를 고민했고 결국은 선택했다. 선택한 것에 집중해서 생각했다. 그리고 문제점을 해결한 방안을 만들어냈다. 겉만 보지 않고 뒤에 숨어있는 이면을 찾아냈다.

문신인 류성룡이 무인들의 전유물이라고 생각할 전술책을 저술해서 이순신에게 전달한 것은 선택과 집중의 결과였다. 이순신 또한 예사로운 사람이 아님을 확인할 수 있다. 문과에 통과한 사람으로 정치에 몸을 담고 있는 사람이 보낸 책이라고 무시할 수 있었다. 자신의 무공과 전술이 뛰어나다고 다른 사람이 보낸 것에 대해 무시할 수 있었다. 이순신은 달랐다. 살펴보고 자신의 일기장에 만고에 뛰어난 이론이라고 적었다.

이순신이 전라좌수사로 부임한 지 일 년이 지나고 있었을 시점이다. 이순신은 전쟁 준비를 무섭게 했다. 이순신에 대한 비방과 모략이 일어나기 시작했을 때였다. 거북선을 만들고 군영을 정비하고 무기를 만들면서 강하게 밀어붙였다. 일부 마을에서 불만이 있었고 한양으로 보고되었다. 전쟁이 일어나지도 않았는데 괜한 시달림으로 받아들인 사람들에 의한 모략이었다. 이순신은 한편으로는 전쟁 준비를 하고 개인적으로는 전술과 전략을 고민하고 있을 때였다. 때마침 류성룡이 이순신을 위해 보낸 책이었다. 류성룡은 한양 건천동에 살 때 마을 선배이자 형이었다. 이순신 바로 위의 형과 류성룡은 같은 나이였다.

류성룡과 이순신은 누구보다도 어린 시절을 함께 하고 나이 들어 다시 만난 사이여서 서로를 잘 알았다. 류성룡은 이순신의 사람 됨됨이를 알고 있었고 적극 추천해서 당시의 전라좌수사 자리에 있었다.

류성룡의 지론은 일반적이면서 누구에게나 적용되는 원리를 가지고 있었다.

"밭가는 일은 농부에게 물어보라."

류성룡의 신조였다. 하지만 류성룡은 경계를 부수는 작업을 했다.

전형적인 문인으로서 무인들의 전술서戰術書를 만들었다. 류성룡에게는 경계가 없었다. 누구나 하면 할 수 있다는 신념을 가지고 있었다. 결국은 조선을 구한 최고의 명장에게 자신이 직접 저술한 전술책을 만들어 선물했다.

≪증손전수방략≫은 류성룡이 무관들을 위해 직접 지은 병법서였다. 임진왜란 직전에 편찬해 무관들에게 보급하려던 것이었다. 류성룡은 자신의 마음을 담은 병서를 편지와 함께 보냈다. 후배 이순신에게 먼저 챙겨서 보냈다. 마음을 담아 나라를 걱정하는 마음과 우의를 담았다. 이순신은 책을 받은 보답으로 남해에서 생산되는 유자를 류성룡에게 보냈다. 자신을 후원하는 류성룡이 있어 든든했고 고마웠다.

류성룡은 전천후 사나이였다. 이순신에게 보낸 ≪증손전수방략≫ 외에도 전술책을 저술했다. 그리고 전쟁 수행에 필요한 전략 내용을 담은 전수기의戰守機宜 11조를 올렸다. 전쟁 수행에 필요한 내용들은 기획한 〈군국기무십조軍國機務十條〉를 올렸다. 류성룡은 조선을 이끌어가는 정책입안자였고 정책을 실행하는 행동대장 역할을 했다. 해 본 적이 없다고 말 하지 마라. 하면 할 수 있다. 잘 안 되면 보완하면 된다는 것이 류성룡의 철학이었다. 불만과 불평을 가질 시간에 실제 행동에 착수하는 것이 류성룡이었다.

전쟁터에서 칼이 없다고 절망하지 마라

"나는 전쟁 속에서 칼 없이 싸웠지만, 지략과 끈기로 가장 잘 싸운 열 장수 몫의 일을 했다. 할 일은 찾으면 된다."

이순신과 권율의 무기는 칼이었지만 류성룡의 무기는 전략이었다. 내가 가진 것을 활용하고 삶에 적용하면 된다. 없는 것을 절망하지 말고 있는 것으로 방안을 찾으면 길이 있다는 신조를 가지고 있었다. 전쟁 중에 류성룡의 손에는 아무것도 없었다. 병사들의 손에 칼과 활이 있었다. 하지만 류성룡은 전장을 찾아다녔지만 빈손이었다. 왕에게 위임받은 보이지 않는 권한은 때로는 부질없고, 욕을 얻어먹기만 하는 권한이었지만 종횡으로 끝이 없이 도포자락을 휘젓고 다녔다. 머물지 않는 정신의 소유자였다. 현장을 통해 미래를 내다보는 전략가였다.

류성룡은 조선왕조를 통해 으뜸가는 인물 중의 한 사람이었고 경세가였다. 사람들은 류성룡을 이렇게 평했다. 류성룡은 '속일래야 속일 수 없는 인물이다.'라고. 무엇이 류성룡은 속일 수 없는 사람이라고 했을까. 한쪽으로 기울지 않는 정심正心을 가지고 있었다. 유학자면서도 19세에 암자에 들어가서 맹자를 읽으면서 불교에 대한 성찰을 했다. 그리고 선禪, 즉 도道에 대해 관심이 많았다. 유불선을 통섭한 인물이었기 때문에 가능한 눈을 가졌다. 세상을 바라보는 눈이 종합적이면서도 깊이가 있어 냉철했고 직관력과 통찰력이 있었다. 그러면서도 자기중심이 흔들리지 않고 일관된 자세를 견지하는 인물이었다.

신중하면서도 무겁지 않은 철학으로 현실을 파악하고 어려움을 타개해 나갔다. 현실주의자였지만 류성룡에게는 미래를 내다보는 선견이 있었다. 류성룡이 가진 통섭, 즉 유불선의 깊은 경지를 가지고 있었기 때문이다.

류성룡은 조총도 만들었다. 조총이 가진 화력의 기초는 이미 조선에 있었다. 개발하지 않은 것뿐이었다. 조선에는 이미 오래전부터 대포가 있었다. 군기시에 천자 지자 현자 황자총통이라는 대포가 있었고 규모가 작은 소포도 있었다. 김지가 제조한 승자의 대중소 모양의 총도 있었고 비격진천뢰 등의 대포도 있었다. 화포라고 불리는 무기들이 이미 있었다.

류성룡은 다급한 상황에서도 준비하고 실행에 옮겨 난국을 넘으려는 노력을 쉬지 않았다. 아쉽게도 조선은 이미 오랜 기술도 잊고 제조능력이 부족했다. 명나라 군사의 도움을 받았다. 제작에 들어갔다. 하지만 안타깝게 폭발하고 말았다. 다시 제조하려 했으나 기술자가 귀국하는 바람에 수포로 돌아갔다.

류성룡은 포기하지 않았다. ≪기효신서≫에 나와 있는 자모포子母砲제작법을 알아냈다. 전투용으로 사용하기 좋은 포였다. 군기시에 있는 군기사주부를 불러 자모포를 만들도록 지시했다. 제조과정에 류성룡도 직접 뛰어들었다. 류성룡의 생각을 반영했다. 비격진천뢰飛擊震天雷와 비슷한 원리인데 더욱 편리하게 만들었다. 기어코 성공시키고야 마는 뚝심이 있었다. 류성룡은 징비록에서 자모포를 '전쟁에 이길 수 있는 좋은 기구器具'라고 자평했다.

일본군에게 전쟁 초기에 쉽게 무너진 것은 두려움 때문이었다. 두렵게 만든 핵심 무기는 조총이었다. 조총소리에 놀라 조선군은 도망했다. 조총에 대한 두려움의 극복과 조총을 만들 기술력을 확보하는 것이 필요했다. 류성룡은 장인을 불러서 조총을 만들도록 했다. 조총은 초기에 두려워했던 것에 비해서 위력이 있는 총은 아니었다. 제조하는 방법과 쏘는 방법을 기록하고 보관하도록 했다. 제조 방법과 사용 방법을 널리 알리고 보급하려는 복석이었다. 위급할 경우에는 조총을 보급해서 사용할 수 있도록 하기 위해서였다. 조선인에게는 활이 익숙하고 빨랐다. 조총의 능력을 정확하게 파악하고 나서는 조총에 대한 두려움이 상대적으로 줄었다. 조총의 사용을 권장할 만한 상황은 아니었다.

또한 류성룡은 전쟁 중에 미리 현장에 나가 부교를 만들고, 군사를 모으는 정지작업을 손수 했다. 현장의 상황을 보고 현장의 목소리를 들었다. 그리고 백성의 참화와 백성들의 원성을 직접 들었다. 백성과 왕이 단절되어 있는 것을 이어준 사람이 류성룡이었다.

전쟁 중에 류성룡은 소곶역에 도착했다. 백성들은 믿을 곳이 없었다. 믿었던 왕이 도망하는 것을 목격하고서 더욱 백성의 마음은 돌아섰다. 류성룡은 과로와 걱정으로 치질을 앓고 있었다. 고통이 심해 일어나지도 못하고 누워있어야 할 정도였다. 불편한 몸을 이끌고 현장으로 나갔다. 지방의 이속들과 군졸들이 모두 도망가고 없었다. 도망가고 남은 사람이 몇 사람밖에 없었다.

류성룡은 순간 기지를 발휘했다. 누구의 말도 들을 기세가 아니었다. 하지만 곧 명나라 군사가 도착한다고 했고, 준비를 해야 하는 입장이었다. 류성룡은 들고 있던 공책을 폈다. 그리고 사람들에게 말했다.

"여기에 있는 분들 이름을 부르시오. 내가 전쟁이 끝나면 공로의 등급을 먹여 상을 줄 것이요."

"내 이름을 적어주시오."

방관하던 사람들이 너도나도 자신의 이름이 적히기를 희망하며 일을 시켜줄 것을 자청했다. 사람들이 소식을 듣고 찾아오기 시작했다. 소문이 소문을 전해 사람들이 몰려들었다. 작은 기지로 일할 사람들을 모을 수 있었다. 도망했던 사람들도 찾아왔다.

"소인들은 볼일이 있어서 잠시 나갔던 것입니다. 어찌 신역身役을 피하겠습니까. 그 책에 이름을 기재하여 주십시오."

찾아와서는 자신에게 일을 시켜줄 것을 오히려 간청했다.

류성룡은 백성의 마음을 움직일 수 있음을 느꼈다. 바로 전국으로 공문을 보내도록 했다. 류성룡 자신이 한 방법으로 고공책을 만들어 시행하도록 했다. 지방의 영營마다 고공책을 만들어 비치하고 관리하도록 했다. 전국이 살아 움직이기 시작했다. 스스로 찾아와서 땔나무와 풀을 운반하고, 집을 짓고, 솥과 가마도 걸어서 움직이기 시작했다. 정상적인 규율에 의해서 작동되기 시작했다. 백성은 강제적인 힘으로 다스리는 것이 아니라 자발적으로 움직이게 하면 될 수 있음을 확인했다.

류성룡은 움직이는 정책발전소였다. 새로운 제도를 순리에 맞게 개발해냈다. 물리적인 힘보다는 유연한 정책을 만들어 자발적으로 참여하도록 했다. 작동되지 않는 조선을 움직이도록 하는 작동되게 하는 능력을 가졌다. 칼과 활 없이 적을 이기는 힘을 가지고 있었다. 조선이 무너진 것을 일으켜 세우고 있었다. 류성룡이 있는 곳에는 활력과 회생이 보였다.

09 구계명

마음을 통하려고 노력하지 않고 도와주는 사람이 없다고 한탄하지 마라

서애 선생은 아침에 임명하고 저녁에 해임할 정도로 변덕스러운 왕과 평생 함께 일했지만 한탄하지 않았다. 늘 그와 마음을 통하려고 노력했다. 누구든 마음이 통하면 도와줄 것이다.

선조는 일을 확대해서 권력을 잡으려 했다

포악한 군주와 국정을 논의한다는 것은 언제 목에 칼이 들어올지 모르는 위험을 감수해야 가능하다. 군주의 권력은 한 사람의 신하를 현장에서 죽일 수 있는 힘을 가진 존재다. 지존의 권력과 실행력을 가진 존재다. 사람의 목숨을 죽이고 살릴 수 있는 권리, 즉 생사여탈권生死與奪權을 가지고 있는 존재가 군주다. 군주가 포악하고 변덕까지 있을 때 목숨을 담보로 정사를 해야 한다.

류성룡은 위험한 왕과 지근거리에서 일했다. 언제 칼이 자신을 칠지 알 수 없는 자리였다. 강아지가 호랑이와 아무리 친해도 두려운 것은 어쩔 수 없다. 호랑이의 장난이 강아지에게는 두려움으로 다가온다. 류성룡에 대한 선조의 믿음은 컸지만 포악하고 변덕스러운 선조와 정치를 해야 한다는 것은 항시 살짝 언 얼음 위를 걷는 것과 같았다. 언제 수렁으로 빠질지 알 수가 없었다.

선조는 분명 포악하면서도 변덕스러운 군주였다. 포악한 면을 살펴보자. 정여립이 한강이 얼 때를 기다려 한양으로 쳐들어가 병조판서 신립과 조정 중신들을 죽이고 어명을 위조하여 지방관들을 파직하거나 죽이는 반란을 일으키려 한다는 밀고가 들어왔다. 작게 출발한 정여립 사건은 조선을 흔들었다. 조선의 사대부들은 긴장했다. 선조에게는 좋은 기회였다. 국정을 더욱 확고하게 장악하고 대신들을 입맛에 맞게 길들일 수 있는 기회였다. 정여립 사건에 어느 누구도 자유로울 수가 없었다. 아무 죄도 없던 사람들이 역적으로 몰려 목이 달아나는 험악한 상황으로 치닫고 있었다.

실제로 정여립사건 때 류성룡에게도 화살이 날아왔다. 류성룡을 음해하는 무리가 있었다. 역적으로 몰릴 수 있는 위기였다. 당시는 정여립을 만났다는 것만으로도 처형되었다. 서신을 주고받았다는 것이 밝혀지면 즉결 처분당하듯 죽음으로 떨어졌다. 류성룡도 문제의 사건인 정여립 사건에 휘말렸다. 역모라는 죄는 한 집안을 몰살시키는 무시무시한 벌을 받는다. 본인은 물론 가족까지도 동시에 처단되었다.

선조는 사건을 즐기는 듯했다. 정여립 당사자와 직접 관련자만 처단하면 될 것을 확대시켜나갔다. 살생殺生, 죽고 삶이 선조의 말 한마디에 달려 있었다. 그날의 기분에 따라 마음의 기복에 따라 처분이 달랐다. 그렇게 죽어나간 사람이 1천 명에 달했다. 무서운 피바람이 불었다. 선조는 살인을 즐기는 군주 같았다.

선조는 직접 문초問招를 즐긴 왕이기도 하다. 문초는 죄를 직접 왕이 나서서 묻거나 심문하는 것을 말한다. 선조는 국문을 열 것을 명령했다. 국문은 중죄인에게 하던 심문방법인데, 기본적으로 고문이 필수였다. 피의자에게서 자백을 받기 위해 형장刑杖을 가하는 심문이었다. 형장은 기본적으로 고문이 필수였다. 역적의 죄를 지은 정여립은 아들과 함께 잡히기 전에 이미 자결했다.

선조는 시신을 한양까지 이송해 죽은 시신에 형을 가했다. 정여립의 시체를 다시 형을 가하는 자리에 문무백관을 도열시켰다. 문무백관을 도열시켜놓고 머리를 자르고 머리를 철물교 밑에 내다 걸었다. 지나가는 사람들이 보고 몸조심하라는 경고였다. 정여립의 처자를 죽이고 아버지, 할아버지의 묘를 파냈다. 정여립의 집은 파내어 연못으로 만들었고, 깨끗하면 안 된다고 해서 더러운 연못으로 만들었다. 정여립이 살던 금구군은 없애버리고 전주에 소속시켰다.

왕조국가들의 형은 잔혹했다. 조선도 예외는 아니었다. 선조는 국문을 직접 나서서 했다. 정여립과 한패였다는 죄명을 쓴 이발을 잡아다 죽였다. 이발의 친모와 아들도 친국장親鞫場에 끌려왔다. 선조가 직접 지휘했다. 압슬형이 내려졌다.

압슬은 죄인의 바지를 벗겨 바닥에 꿇어 앉힌 상태에서 무릎과 허벅지 위에 벽돌이나 무거운 물체를 올리고 판자를 깐다. 판자 위에 사람이 올라타서 압박을 가하는 형벌이다. 무릎이 부서지고, 뼈가 부서지는 형이다. 국문의 목적은 죄인의 인권이나 건강에는 관심이 없고 자백을 받아내는 것이 목적이다. 기록을 보면 그냥 몽둥이로 패는 걸로는 자백 안 하던 사람도 압슬을 가하면 자백했다는 무서운 형이다.

형을 가하는 도중 죄인이 고통에 의한 충격으로 죽어버리기도 하고, 문초가 끝나면 병신이 되었다. 살아도 무릎 관절과 다리뼈가 완전히 박살 나서 평생 걷는 것은 고사하고 자력으로 일어설 수조차 없게 되어버리기 때문에 후유증이 무서운 고문이었다. 동인의 강경파 이발의 가족들이 연루되어 심문을 받았다. 이발의 노모와 이발의 10살의 어린 아들이 끌려왔다. 이발의 노모는 82세였다. 82세의 노모에게 장형이 가해졌다. 이발의 10살짜리 아들에게 압슬을 시행했다. 노모와 아들 모두 고문을 받다 사망했다. 주도한 사람이 선조였다. 문무백관이 지켜보도록 했다.

선조는 이발의 어린 아들에게 물었다.

"너는 네 아비에게 무엇을 배웠느냐?"

이발의 어린 아들은 순진하게 대답했다. 무슨 대답이 나와도 죽일 것이 당연한 상황이었다.

"저는 제 아비에게서 충, 효 외에는 배운 것이 없습니다."

선조는 길길이 날뛰었다. 성질이 날 대로 나서 흥분했다.

"역적의 자식 놈이 저런 참람한 말을 하다니!"

참람은 자신의 분수도 모르고 몹쓸 행동을 하는 것을 말한다.

선조는 더욱 흥분해서 압슬을 가할 것을 명령했다. 10살짜리 이발의 아들을 선조가 가하는 압슬형으로 고문시켜 죽였다. 정여립의 아내와 첩도 모두 고문으로 죽였다. 선조에게는 직접 고문을 지시하고 즐기는 포악한 면이 있었다.

이를 바라보던 한 젊은 벼슬아치는 자신도 모르게 눈물을 흘렸다. 이를 본 선조는 화가 머리끝까지 나서 젊은 벼슬아치를 죽이라 명령했다. 애꿎은 젊은 사람 하나가 눈물을 흘렸다는 죄로 죽임을 당했다. 하지만 그 젊은 사람은 눈물을 흘리는 병이 있었다. 애꿎은 죽음이었다.

정여립의 노모인 82세의 노인에게 장형이 가해졌다. 이발의 10살짜리 아들에게 압슬을 시행했다. 이발의 노모는 맞아 죽고, 이발과 아들은 압슬형을 받다 사망했다. 주도한 사람이 선조였다. 여든이 넘은 노인을 때려죽이고, 10살 어린 아이를 고문을 가해서 죽이는 인물이 선조였다.

포악하고 변덕스럽기까지 한 선조였다

남이 잘되는 것을 두고 보지 못하는 속 좁은 인물이 선조였다. 포악한데다 변덕스럽기까지 했다. 임진왜란이 일어나고 초기의 연전연패에서 전세가 조금씩 나아졌다. 포악함과 변덕이 되살아났다. 자신의 명령을 이행하지 않았다는 죄목으로 이순신을 끌어올려 죽이려 한 선조는 벼슬을 다 빼앗고 백의종군으로 남쪽으로 내려보냈다. 내려가는 길에 이순신이 한양으로 끌려가 죽을 것이라는 소식에 놀란 어머니가 타계했다. 어머니의 장례를 치르고 다시 남쪽으로 내려갔다.

이순신에게 주어진 12척의 배에 배 한 척을 더 찾아내서 13척의 배로 133척의 일본 수군과 만나 대승을 거두었다. 이른바 명량해전이었다. 이순신의 승전보고가 올라왔다. 대신들과 선조가 국사를 의논하고 있었다. 이순신의 전공에 대한 논의가 진행되었다.

선조가 먼저 말했다.

"이순신은 사소한 적을 잡은 데 불과하다. 이순신은 자신의 직분을 수행한 것일 뿐 큰 전공을 세운 것은 아니다."

이순신이 전장에서 승전보를 계속 전해왔다. 이순신에게 상을 내려야 한다는 의견이 올라왔다. 선조는 못내 마음이 뒤틀렸다.

"이순신에게 벼슬을 올려주지 않으면서 상을 주는 방법을 강구해보라."

선조가 나서서 말했다. 아직도 마음에 앙금이 남아 있었다.

반면 비변사에서 조선 수군을 수장시켜 버린 원균의 잘못을 치죄하려고 했다.

"원균은 수군의 주장으로서 수군이 전멸당했습니다. 죄는 모두 원균에게 있습니다. 부하들에게도 죄가 있으면 벌을 주고 공이 있으면 상을 주어 군기를 바로 세워야 합니다."

비변사의 건의가 올라왔다.

"원균 한 사람에게 책임을 돌리지 마라. 이산해와 윤두수가 그렇게 시킨 것이다."

선조는 한심한 작태를 보여주고 있었다. 원균이 칠천량 해전에서 참패를 당해 조선 수군 전력을 모두 잃은 책임이 원균을 천거한 이산해와 윤두수에게 있다는 논리였다. 결정권을 가진 자가 할 말이 아니었다. 추천은 천거인과 담당기관에서 하지만 결정은 왕이 한 것이었다. 결정을 한 자신에게는 잘못이 없고 추천한 사람에게 죄를 몰아세우고 있었다. 끝까지 치졸한 인물이 선조였다. 정리하면 임금인 자신에게는 아무 잘못이 없고 원균을 추천한 사람에게 먼저 책임이 있으니 패전한 원균에게 모든 책임을 돌려서도 안 된다는 해괴한 논리였다.

선조의 생각은 일반 상식으로서는 이해하기 힘든 면이 있었다. 실록에는 이렇게 적었다. 선조의 발언이 그대로 적혀있다.

"이순신과 원균, 그리고 권율 등은 다소간의 전공을 세웠다. 세 장수들의 공이 그저 좀 나은 편이다."

임진왜란이란 큰 전란을 목숨을 걸고 싸워 이긴 장수들에게 조선의 왕으로서 던진 말이다. 한 마디로 전장을 누빈 장수들의 전공은 별 볼 일 없다는 것이다. 그리고 세 장수를 열거하면서 원균도 함께 넣었다. 원균도 이순신과 동일하게 충무공이란 시호를 받은 것으로도 이순신과 원균을 동격으로 보았음을 알 수 있다.

장수들의 공을 인정하지 않은 것은 명나라의 원조로 나라를 살렸다고 보아서였다. 명나라의 원병으로 도움을 받았다고 해도 목숨을 걸고 전장에서 싸운 사람에 대한 뒤틀린 선조의 마음을 읽을 수 있다. 더욱 가관인 것은 자신의 몸을 가까이서 돌봐 준 사람들에 대한 공은 최대한으로 끌어올리고 있다.

"과인을 처음부터 끝까지 호종한 자들은 다 공이 있는 사람들이다. 어찌 귀천을 논하겠는가. 당연히 공신의 자격이 있다."

그러면서 공신 책정을 한 결과를 보면 발언대로 실행했음을 알 수 있다.

임진왜란의 공신들로 임금을 호위한 호송공신護送功臣 86명, 전장에서 일본군에게 승리한 장수와 명나라에 군량미를 보내달라고 주청을 올린 사신 선무공신은 18명이다. 86:18, 왕을 호위한 것은 큰 공적이고 전장에서 싸운 것은 작은 공이었다.

선조실록에는 이렇게 적혀있다. 사관의 기록이 예리하고 직설적이다. 목숨을 걸고 적은 내용이다.

"임금을 호송하는 것은 신하의 당연한 직분이므로 호송공신은 있을 수 없다. 호송공신으로 책봉된 자들은 부끄러운 줄 알아야 한다."

"태조가 조선을 창업했을 때도 개국공신은 30여 명에 불과했다. 그 중에 태조의 수발을 든 환관과 시종이 끼었다는 소리를 듣지 못했다."

환관이 호송공신에 다수 들어있는 것을 비꼰 말이었다. 선조가 사관이 적은 글을 알았다면 사관의 목은 바로 날아갔을 것이다. 사관의 직필이 오늘날 선조의 됨됨이를 확인하게 한다.

선조의 잔악함을 확인하는 또 하나의 예가 있다. 〈공신으로 책정된 사람들을 모아 놓고 공신회맹연을 열었다. 연회자리에서 충성을 다짐하는 의미로 소반에 피를 따라서 돌아가며 마셨다.〉는 기록이다.

국왕이 의병을 두려워하다

죽음으로 나라를 지키려 일어난 의병을 의심한 왕이 있다. 역시 선조다. 선조는 겁 많은 강아지처럼 자신의 안위를 해칠만한 존재를 두려워했다. 상대가 강해지는 것을 두려워했다. 백성에게 인기가 있는 존재들을 두려워했다. 이순신을 두려워했고, 백성들과 함께 일어난 의병장들을 두려워했다.

두려워한 이유는 두 가지였다. 하나는 아들 광해군에 대한 견제였다. 분조分朝를 해서 광해군을 세자로 임명해 현장을 이끌도록 했다. 현장에서 의병을 일으키는 데 광해군은 적극적이었다. 실제로 의병이 일어나는 계기를 만들었고 의병에게 힘을 실어주었다. 의병활동이 점차 거세어지자 선조는 분조를 해 조선의 전쟁을 지휘하고 있는 아들 광해군을 두려워하기 시작했다.

자신은 도주범처럼 파주에서 개성으로, 개성에서 평양으로, 평양에서 다시 의주로 달아나 백성들의 원성을 듣고 있을 때 광해군은 애민과 나라에 충성할 것을 부르짖으며 백성들이 스스로 일어나도록 독려하고 있었다. 광해군은 현장을 지휘하면서 의병이 일어나는 데 중요한 역할을 했다. 백성과 의병에게 인기가 있는 광해군에 대한 두려움과 시기였다.

둘째는 의병이 늘어나면서 세력이 확장되자 의병이 역모를 할까 두려웠다. 반란을 두려워해 의병 활동을 못마땅하게 생각하고 있었다. 전쟁이 끝나고 공신 자리에 의병들이 들어가지 않은 것만으로도 확인할 수 있다. 선조는 자신의 안위는 끔찍하게 지키려 했고 강한 자를 조금도 옆에 두려 하지 않았다.

실제로 의병장들에게 한 대우를 보면 알 수 있었다. 김덕령은 강하고 패기 넘치는 의병장이었다. 임진왜란이 일어나자 의병을 일으켰다. 광해군으로부터 익호장군이라는 군호까지 받았다. 김덕령은 억울하게 역적의 누명을 쓰고 잡혀 왔다. 죄도 없이 죽어야 하는 젊음이 아팠다. 더구나 나라를 구하겠다고 일어난 젊은 청년에게 역적의 누명을 씌웠다. 선조에게 역적의 누명을 쓰면 살아남기 어려웠다.

춘산에 불이 나니 못다 핀 꽃 다 붙는다
저 뫼 저 불은 끌 물이나 있거니와
이 몸에 내 없는 불이 나니 끌 물 없어 하노라

죽기 전에 노래한 김덕령의 노래다. 절절하고 아리아리하다. 김덕령의 용맹함에 일본의 장수 가토 기요마사가 두려워했다고 전한다. 일본 장수 가토 기요마사가 몰래 화공을 보내 김덕령의 형상을 그려오라고 했다. 김덕령의 화상을 보고 '참으로 장군이다'라고 했다. 일본군의 장수가 두려워한 의병장 김덕령은 역적 누명을 썼다. 그리고 고문을 받다가 죽고 말았다. 선조는 광해군의 노력으로 일어난 의병까지 역모로 몰고 반란군의 수괴로 몰아 죽였다.

임진왜란이 일어나자 나라를 구하고자 최초로 의병대장으로 일어난 인물이 망우당 곽재우 장군이다. 곽재우의 종이모부가 퇴계 이황이다. 또한 곽재우는 남명 조식의 외손사위이다. 곽재우의 장인인 김행이 조식의 사위다. 조식은 외손사위를 직접 골랐다. 외할아버지가 외손녀의 신랑감을 꼭 찍어서 혼인을 한 경우인데, 남명 조식의 사람 보는 눈이 뛰어남이 증명되었다.

곽재우는 홍의장군으로 알려져 있는 용맹한 의병장이었다. 곽재우와 선조의 인연은 애초부터 삐걱거렸다. 곽재우가 34세 때 과거에 응시했다. 별시에 뽑혔다. 곽재우가 지은 글이 선조의 마음에 안 든다 하여 취소되었다. 곽재우는 과거에 나갈 뜻을 접었다. 곽재우와 선조의 인연은 끝까지 악연으로 남았다. 전쟁이 일어나자 조선 최초로 의병을 일으켜 나라를 구하는데 중요한 역할을 했으나 공훈을 인정받지 못했다. 의병을 탐탁하게 생각하지 않은 선조에 의해서였다. 또한 그리 탐탁하게 생각하고 있지 않던 광해군의 비호를 받던 곽재우였다.

곽재우는 의병활동을 하고 있을 때 계모 허씨가 타계하자 장례를 치르기 위해 성을 나왔다. 그리고는 상례를 마치고 낙향해서 이내 복귀하지 않았다. 의병장을 의심하고 두려워하는 선조의 마음을 읽고서 다시는 밖으로 나오지 않았다. 선조가 타계하고 광해군이 왕이 되어 부르자 잠시 나왔다 다시 낙향했다. 병을 핑계로 낙향해 다시는 밖으로 나오지 않고 죽었다. 은둔의 의병장이었다.

문신으로 임진왜란 때 금산 전투에서 순절한 조헌이 있다. 역시 의병장이다. 임진왜란이 일어나자 옥천에서 의병을 일으켰다. 청주성을 탈환한 공을 세운 의병장이었다. 왜군이 호남을 공격하려 한다는 소식을 듣고 금산으로 달려갔다. 적과 싸우다가 700여 의병과 함께 순절하였다. 조헌의 죽음을 듣고 충청우도에서는 미천한 하인들조차도 모두 고기반찬을 먹지 않았으며 거리에는 곡성이 이어졌다. 하지만 선조는 이렇게 말했다.

"조헌은 이름을 날리려고 의병을 일으킨 자다."

조헌이 죽었다는 소식을 접하고 선조가 날린 차가운 독설이었다.

임진왜란 때에 불같이 일어났던 의병들은 병자호란 때에 다시 일어나지 않았다. 30년 후 다시 조선에 전쟁이 일어났을 때 왕은 남한산성으로 도망해 들어갔다가 고립되었다. 하지만 의병은 일어나지 않았다. 백성들에게 나라를 위해 일어난다는 것은 적에게 죽는 것보다 조선의 왕에게 죽을 수 있음을 보았다. 조선의 백성들은 조선의 왕은 자신의 이익만을 위해 살아가는 존재임을 뼈저리게 보았고 느꼈다.

류성룡은 포악하고 변덕까지 있는 선조와 함께 평생을 함께 하면서 전쟁을 수행했다. 아들 광해군까지 의심하는 선조였다. 그리고 결국은 전쟁이 끝나자 류성룡을 파직시켰다. 그래도 류성룡은 일관된 자신의 정체성을 유지하며 살았다.

10 십계명

반성하는 삶을 살지 않고 내 인생만 힘들다고 하지 마라

서애 선생은 전란을 극복하고 파직 당했지만, 힘들다고 하지 않고 성찰의 리더십을 발휘하여 나라의 미래를 위해 징비록懲毖錄이라는 반성문을 썼다. 반성은 후회가 아니라 미래 만들기다.

징비록은 반성문이자 미래 준비서다

내 인생에 능숙한 사람은 없다. 남을 평가하거나 제삼자로서 바라보고 객관적일 수 있지만, 나라는 존재는 언제나 주관 안에서 벗어날 수 없다. 사람은 주관 안에 갇힌 존재다. 세상을 평가할 때 중요한 덕목이 객관이다. 남의 시선으로 나를 바라보는 일이다. 쉬운 듯 쉽지 않다.

전란을 마무리하고 조선은 위기를 넘겼고, 조선은 평화를 찾아가고 있었다. 다시 임진왜란 같은 전란이 있어서는 안 되었다. 류성룡은 고민했다. 무엇을 적을 것인가. 소신껏 일한 것에 대한 자부도 있었지만 후회도 있었다. 조선의 위기를 온몸으로 해결해 낸 인물, 명재상이라고 불리는 류성룡이 자신의 인생을 돌아보고 쓴 책이 징비록이다. 재상으로 한 나라를 위기에서 벗어나게 하고자 몸으로, 마음으로 뛰어

국난을 극복하는 데 중요한 역할을 한 류성룡이 쓴 책이 징비록이라는 데 무게 중심이 있다.

전쟁은 험險했고 참화는 중重했다. 거칠고 무거운 마음이 들었다. 류성룡은 자신의 기록의 핵심 내용을 징비懲毖로 잡았다. 징비에 담긴 의미가 무겁고 엄중하다. 징비懲毖, 징계하고 경계한다는 말이다. 잘못을 제대로 다스려 징계懲하고 뒤에 닥칠 우환을 대비毖한다는 인생 전체로 쓴 글이다. 징계와 대비의 약자다. 징비록의 자서自序 부분에 이렇게 적었다.

“내가 지난날의 잘못을 징계하여(징懲) 후환이 없도록 대비한다(비毖).”

그러면서 이어서 자신의 심경을 이렇게 적었다.

“나와 같이 보잘 것 없는 사람이 어지러운 시기에 나라의 중대한 책임을 맡아서 위태로운 판국을 바로 잡지 못하고 넘어지는 형세를 붙들어 일으키지도 못했으니 내 죄는 죽어도 용서받을 수 없을 것이다.”

류성룡은 절규하듯 적었지만 의연했고 당당한 인생이었다. 누구보다도 정세를 투명하게 파악하고 위기의 조선을 구한 사람이었다.

세간에서 성공한 사람이라고 인정받는 류성룡은 정작 자신의 인생을 차가운 눈으로 바라보고 확실하게 비판하기도 했다. 있는 사실을 가능한 그대로 적었다. 부끄럽다는 말이 류성룡의 진정한 마음이었다. 조선의 관리로서 전쟁을 막지 못했다는 회한과 전쟁을 수행하면서 보았던 안타까움을 총체적으로 부끄럽다고 했다. 징비록은 과거형으로는 참회록이고, 미래형으로는 미래 조선 설계서라고 할 수 있다. 과거를 근거로 미래를 위해 저술한 까닭이다.

부정적인 시선과 긍정적인 시선의 경계에서 확연하게 과거는 달라진다. 류성룡은 미래로 가는 과거를 만들었다. 잘못된 과거를 바탕으로 현재를 해석하고, 현재를 해석한 내용으로 미래를 개척하고자 했다. 류성룡은 임진왜란을 빼고 생각할 수가 없다.

임진왜란의 출발은 오만한 국서에서 출발했다. 정명향도征明嚮導, 즉 명을 정벌할 것이니 조선은 명을 치는 데 앞장서라는 것이었다. 일본의 국서를 가볍게 여긴 조선의 왕은 한 번만의 엄포가 아니었음에도 무슨 배짱으로 전쟁을 준비하지 않았는지 알 수가 없다. 상국으로 모시고 있는 명나라를 치겠다는 것도 놀라운 일이었는데, 조선이 상국으로 모시는 명나라를 치는 앞잡이 노릇을 하라는 내용에도 흔들림 없이 평화를 즐겼다. 전쟁을 선포했음에도 조선은 움직이지 않았다. 정확하게는 움직이는 듯했지만 제자리였다. 절박하지 않았고 긴장하지 않았다.

정명향도 이상의 전쟁 선포는 없다. 이것을 전쟁선포로 보지 않는 배짱은 무엇인가. 명나라를 치겠다는 것은 조선은 가소로운 존재니 미리 항복하고, 명나라를 치는 길을 안내하라는 것이었다. 조선은 대등하거나 두려운 존재가 아니라 한 수 낮춰보고 항복하면 인정해 줄 테니 대국을 치는 데 앞장서라는 내용이었다. 그럼에도 조선은 전쟁을 준비하지 않았다.

조선 왕의 능력은 뛰어났다. 도망가는 능력은 놀랍도록 뛰어났다. 정말 빨랐다. 도망 속도가 그랬다. 실록에 의하면 4월 30일 새벽에 도성을 출빌히어 5월 1일 저녁에 개성에 도착하였으니 한양에서 개성까지 가는 데 불과 2일이 걸렸다. 개성에서 다시 도망을 시작해 4일 만에 평양에 도착했다. 다시 의주로 도망가는 데는 4일 걸렸다.

조선은 국도에 마차도 다니지 못하는 나라였다. 보부상이나 머리에 이고 진 사람들이 다니기에 적당한 길이 국도였다. 걸어서 구부러진 길을 따라 오르고 내리며 걸어간 길이었음에도 개성까지 2일이 걸린 것이다. 말을 타고 달린 것이 아니라 왕과 왕비, 그리고 왕자와 공주들도 따랐다. 거기에 관련된 승정원이나 내의원은 물론이고 궁인들까지 대식구였다. 비까지 내려 질척이는 길을 밤이고 낮이고 도망가기 바빴다. 비가 내려 진 땅을 걷는 데 고생깨나 했다. 뒤엉키고 혼란스러운 상황을 이기면서 개성까지 가는 데 2일이었다.

얼마나 준비가 되지 않았으면 불과 개성까지 가는데 먹을 것이 없어서 관리들과 군졸들이 도망가 버렸다. 왕이 도망하는데 다른 사람이라고 도망하지 않아야 한다면 우스운 일이다. 불과 한양에서 임진강에 도착해 먹을 것이 없었다. 임진강 남쪽 기슭에 마련된 나루를 관리하는 승청丞廳에 도착해서 임금에게 줄 음식을 준비하려는데 호위하던 군졸들이 다 먹어비렸다. 먹을 것이 없고 걸어오느라 굶어서 부엌으로 들어가 왕에게 줄 음식을 다 먹어버리는 일까지 벌어졌다.

부끄러움의 기록이 훗날 빛이 될 것이다

적군이 쫓아올 것이 두려워 임진강을 건널 때는 급한 김에 승청 건물을 헐어서 임진강 나루를 건너는데 불을 밝히는 용도로 사용했다. 불빛이 임진강 북쪽까지 비춰 길을 찾아갈 수가 있었다. 도망한 날부터 먹을 것도 제대로 대지 못하는 형편이었다. 도망을 시작한 다음 날 개성을 향하여 떠나려 하는데 관리가 이렇게 왕에게 보고했다.

"궁중 사람들이 어제도 먹지 못했습니다. 오늘도 또한 먹지 못했습니다. 좁쌀을 구하여 시장기를 면해야 떠날 수 있겠습니다."

조선의 왕은 조선의 주인이라고 호언하던 자였다. 조선을 욕하는 사람의 한마디에도 목을 베어버리는 존재였다. 애국이니 호국을 입에 달고 살던 인물이 앞장서서 도망가고 있는 상황은 불쌍하기까지 했다. 군사가 가지고 있던 식량에서 덜어 쌀과 좁쌀을 섞어 두세 말로 끼니를 때웠다. 준비된 왕의 모습은 어디에서도 보이지 않았다. 조선의 왕은 자신을 위한 일에는 빨랐고 백성을 위한 일에는 느렸다. 도망하는 속도는 빨랐지만 전쟁을 준비하는 속도는 느렸다.

징비록의 첫머리는 이렇게 시작된다.

"징비록이란 무엇인가. 임란왜란이 발생한 후의 일을 기록한 것이다. 거기에 임진왜란 전의 일도 간혹 기록한 것은 전란의 발단을 밝히기 위한 것이다. 아! 임란의 전화는 참혹하였다. 수십 일 동안에 삼도三都를 지키지 못하고, 팔방이 산산이 부서져서 임금께서 수도를 떠나 피난하였다. 그러고서도 오늘이 있게 된 것은 천운이다. … 내 지난 일을 징계(懲)하여 뒷근심이 있을까 대비(毖)하기 위한 것이다. 내가 징비록을 저술한 까닭이다."

그러면서 징비록의 내용을 설명했다.

"한가로운 틈을 타서 내 귀와 눈으로 듣고 본 1592년 임진년부터 1598년 무술년에 이르기까지 일을 대략 기술했다. … 비록 보잘것없지만 모두 당시의 사적이므로 버리지 않고 두어서 이것으로 내가 시골에 살면서도 성심으로 나라에 충성하고자 하는 뜻을 나타내고 또한 어리석은 내가 나라에 보답하지 못한 죄를 나타낸 것이다."

징비록을 저술하면서 자신의 인생을 돌아보는 것보다도 나라에 마지막 도움이 될 수 있을 것을 생각했다. 류성룡은 처음부터 끝까지 초지初志가 한결같은 인물이었다. 처음의 뜻을 마지막 죽는 날까지 가지고 갔다. 지조 있는 선비로서의 길을 걸었다. 원칙과 소신의 정치를 했다. 어긋나는 것에 분연히 아니라고 했지만 결코 강경하지 않았다. 원만하면서도 곧았고 곧으면서도 부드러웠다.

류성룡은 죽음 직전까지도 자신의 몸을 나라에 기대지 않았다. 충훈부에서 공신인 류성룡의 초상화를 그릴 화사畵師를 보냈으나 나라에 공이 없다고 사양하여 그대로 돌려보냈다. 그리고 죽기 전 해에 왕이 내린 공신에게 내리는 봉조하록奉朝賀錄을 사양하는 상소를 올렸다. 가난했지만 결코 구걸하지 않았고, 벼슬이 높았지만 과시하지 않는 정치인이었으며 관리였다. 류성룡 자신에게 주어진 권력을 개인을 위해 사용하지 않고 나라와 백성을 위해 썼다.

류성룡은 죽는 날까지 소신을 지켰다

죽는 날까지 자신의 소신을 지켰다. 류성룡이 죽기 전 해에 징비록을 마쳤다. 큰 짐 하나를 벗은 느낌이었다. 그리고 한양에서는 부원군府院君으로 올려주었고, 호송공신호扈送功臣號를 하사했다. 영광이었으며 높은 벼슬이었지만 내 것이 아니라며 이미 지나간 과거의 일로, 받은 것으로 치부하고 마음을 두지 않았다. 나라에서 내려주는 영광과 작위를 나라에 공이 없다고 사양하여 그대로 돌려보냈다.

불과 몇 년 전에 관직을 빼앗기고 고향으로 돌아온 류성룡이었다. 다시 선조가 관직을 환직還職시켜 주었고, 그것은 다시 북인들의 반대로 삭탈되었다. 그리고 다시 한번 복직되었고 다시 관직을 빼앗아갔다. 류성룡은 제 자리에 있는데 한양에서는 류성룡에 대한 공박과 찬사로 치열하게 다투고 있었다. 류성룡은 움직이지 않았다. 이미 마음을 비운 상태였다. 상황이 오락가락하고 관직을 주고 빼앗아가는 모든 것의 중심에 조선의 왕이 있었다. 결론을 내리고 결정을 지을 수 있는 사람은 조선에서 한 사람뿐이었다. 조선의 왕, 선조였다. 선조의 마음이 흔들리니 대신들의 다툼과 이견으로 언쟁에 있었다. 류성룡은 마음을 두지 않고 있었다.

류성룡은 스스로 자신의 죽음이 가까워오고 있음을 알았다. 마음에는 평화가 찾아왔고 미련도 아쉬움도 없었다. 서책과 주변을 정리했다. 마음도 정리했다. 자녀들을 불러 모았다. 그리고 다음과 같은 내용의 유언을 남겼다.

"나라에서 베푸는 장례를 사양할 것이며 신도비 등을 세우기 위해 남에게 비명碑銘 등을 청탁하지 말 것이며 묘소를 치장하지 말도록 하라."

모든 것을 내려놓고 안정을 찾았다. 하지만 류성룡은 징비록을 피로 썼고, 한숨으로 적었다. 징비록이 집필된 장소는 옥연정사였다. 옥연정사는 부용대 옆에 마련된 류성룡의 거처였다. 하회마을을 상징하는 두 가지가 있다. 하나는 낙동강 상류가 휘감고 돌아나간다. 하회란 마을 이름도 여기에서 왔다. 이른바 물이 마을을 돌아나가는 물돌이 마을이다. 마을의 삼면이 강으로 둘러싸여 있나. 마을은 강과 함께 천년을 이어져 내려오고 있다. 또 하나는 마을을 정면으로 마주하고 서 있는 깎아지른 작은 산이다. 한쪽 면이 강과 맞닿아 절벽을 이루고 있다. 절애絕崖의 병풍처럼 멋진 풍광으로 우뚝 서 있는 부용대다.

부용대와 낙동강이 함께하고 있는 곳에 옥연정사가 있다. 이곳에서 이미 늙은 류성룡은 붓을 들어 조선의 관리로서 전란에 대한 준비를 하지 못한 안타까움과 전쟁을 수행하면서 겪었던 죽어가는 사람을 보고 어찌할 수 없는 마음인 부끄러움과 마음껏 베풀어주지 못한 백성에 대한 미안함으로 붓을 들어 적어나갔다.

옥연정사는 류성룡이 1586년에 준공한 집이었다. 노년에 조용히 지내면서 학문에 정진할 목적으로 하회마을 건너편 광덕리에 지었다. 사당이 있는 일반 종택과는 달리 학문과 만남을 위한 공간이면서 기거하는 집이었다. 옥연정사는 세심재와 원락재, 완심재로 구성되어 있다.

류성룡은 평생 조선의 고위관리로 있으면서도 가난했다. 청빈으로 집을 지을 자금을 마련하지 못하다가 알고 지내던 탄홍 스님의 도움을 받아 10년 만에 완공했다. 탄홍 스님이 10년 동안 곡식과 포목을 시주받아 보시한 지속적인 도움이 있어서 가능했다. 조선 최고의 직위인 영의정에 올랐던 사람이 가난을 감내하며 살았던 류성룡도 대단했고, 가난한 관리를 지극정성으로 도와준 스님도 대단했다.

류성룡의 옥연서당기에서 류성룡의 마음을 읽을 수 있다.

“중년에 벼슬길에 나가 명예와 이욕利慾을 다투는 마당에서 20년을 지내면서도 이곳의 무성한 숲과 우거진 덤불의 즐거움을 잊지 않았다.”

류성룡이 옥연정사에 대해 갖고 있는 마음이었다.

임진왜란이라는 전란이 일어나고 전란이 끝나는 과정을 적은 징비록은 옥연정사 중에서도 원락재에서 탄생했다. 류성룡은 조선의 2인자인 영의정이면서 전란의 최고 책임자인, 지금으로 이야기하면 전시내각의의 책임자로 전권을 위임받은 도체찰사를 겸임하고 있었다. 전쟁의 진행 상황과 전쟁 전후의 상황을 직접 몸으로 체험한 사람이었다.

자신이 직접 겪은 내용과 전달된 보고 내용을 상세하게 적었다. 정책 결정에 참여했던 상황들을 기록했다. 상세하고 객관적인 기록물이다. 후세에 남겨 미래를 준비하기 위해 적었기 때문에 핵심적인 내용과 상세한 기록물이다. 전쟁 초기 조선군의 실상과 선조의 파천, 신하들의 행태, 장수의 능력, 의병활동, 백성들의 처참함을 가감 없이 있는 그대로 적었다. 패전과 치욕까지 적었다.

부끄러움을 숨기지 않고, 미안함을 드러내지도 않고, 담담하면서도 꼼꼼하게 실상을 적었다. 다시는 아픔을 되풀이하지 않도록 경계하는 의미로 적었다. 무엇보다 조선 최고의 재상 중 하나라는 사람의 기록이 참회의 기록이라는 점이다. 다시 말해 자랑이 아니라 반성문을 적었다는 점에서 한 인간의 서릿발 같은 참된 인간상을 만날 수 있다.

제2부

서애 류성룡柳成龍 일대기

01

역사가 류성룡을 평가하다

류성룡의 평가

한 사람을 평가할 때 쉽고도 정확한 것은 그 사람의 죽음을 바라보는 시선이다. 서애 류성룡이 죽음을 맞았을 때, 류성룡과 인생을 함께했던 사람들의 마음의 시선은 어땠을까. 그것이 답이다. 류성룡의 죽음에 폭발적인 반응이 있었다. 놀랍다.

류성룡 나이 66세. 안동의 류성룡이 타계했다는 소문이 한양도성에 도착했다. 도성의 늙은 아전과 종로의 장사꾼들이 몰려들기 시작했다. 하나둘 모여들기 시작한 것이 수천 명이 넘었다. 류성룡이 살고 있는 집도 아니었다. 빈집이었다. 남산 밑에 자리 잡은 종로의 묵사동墨寺洞에 자리 잡은 집은 류성룡이 살던 집이었다. 주인이 살지도 않는 집에 몰려와 통곡을 했다. 사람은 죽어서 산에 묻히기 전에 먼저 누군가의 가슴에 묻힌다. 차가운 청산이 아니라 따뜻한 누군가의 가슴에 묻혀야 잘 산 인생이다. 류성룡이 그랬다. 굴곡이 있었던 인생이었지만 결국은 성공한 인생이었다. 정사를 집행하면서 탄핵을 당하고 좌천을 당하기도 여러 번 했지만 결국은 백성으로부터 인정받은 인생이었다.

안동에서도 류성룡이 타계했다는 이야기가 고을에 퍼지자 삼삼오오 사람들이 모여 류성룡 선생을 추모하는 분위기가 무르익었다. 류성룡이 타계한 후 살림이 가난해 장례 치를 경비조차 없었다. 사람들의 손길이 바빠지기 시작했다. 가난해서 장례를 치르기 어렵다는 소문이 돌자 너도나도 삼베를 가져오거나 한푼 두푼 거두어 장례 경비를 모았다. 한 나라의 정승 판서를 지낸 사람이 죽어서 장례 치르기가 어려운 상황이었다.

자신의 장례를 치르기 어려울 만큼의 가난한 관리가 조선의 역사에서 몇 번이나 있었던가. 가난이 자랑은 아니지만 관리의 가난은 자랑하고도 남는다. 관리는 상공업 활동을 한 것도 아니고 농사를 지은 것도 아니다. 오로지 나라에서 내려준 녹봉으로 산 것이다. 부자가 될 수가 없었다. 조선에서는 관리의 녹봉이라는 것이 가족이 연명하기도 어려울 만큼 적었다. 알아서 먹고 살라는 것이었다. 조선의 관리가 부패하고 썩을 수밖에 없는 구조였다. 당연히 관리가 쌓은 부는 정상적일 수가 없었다. 류성룡이 청렴한 관리로서 살아온 인생을 그대로 보여주는 상황이 류성룡 사후에 적나라하게 밝혀졌다.

정승 집 개가 죽으면 조객이 넘쳐도 정작 정승이 죽으면 상가에 파리가 날린다는 것이 세상인심이다. 류성룡의 죽은 후에 류성룡이 말년에 살던 안동에서도, 관리 생활을 하던 한양에서도 조문객이 몰려들었고, 십시일반 돕겠다는 손길이 넘쳐났다. 조선의 사람들이 류성룡을 마음으로 우러렀기 때문이었다.

서애西厓 류성룡柳成龍은 1542에 태어나서 1607년 타계했다. 전쟁이 끝나고 8년이 지나서였다. 한 생의 중요 부분을 전쟁의 중심에서 산 인물, 류성룡. 역사적 평가는 역사에 맡기고, 당대 함께 인생을 산 사람들의 마음속에는 류성룡에 대한 그리움이 남아 있었다. 한 사람의 인생에 애증이 함께 하는 것은 당연하지만 죽음 이후에 남는 마음이 진정한 한 사람에 대한 감정일 것이다. 고향에서나 한양에서 모든 사람이 한 사람의 떠나감을 아쉬워하고 안타까워하는 것은 류성룡의 인품을 확실하게 확인할 수 있는 상황이었다.

한 마디로 류성룡은 반듯한 인품에 냉기 어릴 만큼 이성적이면서도 사욕에는 마음을 들이지 않은 모습을 확인할 수 있다. 가난도 그렇고 평판도 그렇다. 당대 류성룡과 함께 산 사람들의 인심이 말해주고 실록에 전하는 역사적인 평가도 그렇다. 원칙에 입각해 국사를 처리하고, 사람과 사람과의 관계를 따뜻하게 품어 안았다.

역사는 온기와 냉기를 동시에 가졌다
역사적 평가는 차갑고 차가웠다

사관은 냉정했다. 온기 어린 말과 함께 냉기 서린 평가를 함께 내렸다. 어느 나라의 역사에서 왕의 잘못을 적을 수 있었는가. 역사 이래 왕의 실수와 왕의 일상을 냉정하게 평한 기록은 조선왕조실록을 따라갈 수 없다. 세계에서 유례를 찾아볼 수 없는 위대한 기록물이 조선왕조실록이다. 목숨을 건 조선 사관의 냉정함이 만들어 낸 역사적 기록물이 조선왕조실록이다. 붓에 선비의 결기가 있었기 때문에 가능했다.

류성룡에 대한 평가에도 날카로움이 보인다. 조선을 대표하는 정승 중 한 사람으로 추앙받기도 하고 임진왜란이라는 큰 위기에서 나라를 구한 인물로 인정받기도 하지만 사관은 이렇게 적었다.

"신임은 얻었으나 곧은 말은 적었다."

공公과 사私, 나라의 일에 임하면서 무난하게 일 처리를 했으나 바른말을 직설적으로 하지 않았다는 말이다. 나쁘게 말하면 딱 부러지는 결기를 드러내기보다 모두가 수긍하는 결정을 했다는 평가다. 좋게 말하면 극단적인 선택보다 중용의 도를 지키려 한 면모를 읽을 수 있다.

사관은 어떤 면을 보고 류성룡에 대한 평가를 했을까. 다시 한번 실례를 찾아보자. 류성룡이 타계한 후 실록에 사관은 이렇게 적었다.

"천자天資가 총명하고 기상이 단아했다. 학문을 열심히 익혀 종일 단정히 앉아 있으면서 몸을 비틀거나 기댄 적이 없으며 남들을 대할 적에는 남의 말에 귀를 기울여 듣고 말수가 적었다."

천자天資는 타고난 기질이다. 냉정하고 사실적으로 적었다. 그래도 긍정적인 평가다. 다음에 이어지는 말에 비수가 보인다. 날카롭다. 그리고 예리하다. 칭찬의 말 외에 류성룡의 한계를 지적했다.

"이해가 앞에 닥치면 동요를 보여서 드린 적이 별로 없다. 정사를 오래 맡았으나 잘못된 풍습을 구해내지 못했다."

선조실록에 적힌 내용이다. 종합해 보면 하늘에서 내린 천성은 타고난 자질이 있는 사람으로 총명하고 부드러운 성품이었으나 정치적 찬반이나 조정 안이 이해관계로 시끄러울 때는 중립적인 처신을 했다는 평이다. 그러면서 구체적으로 사례를 들고 있다.

어느 날 조정에서 선조 임금이 신하들에게 말했다.

선조 : "과인을 예전의 성군인 요堯·순舜과 폭군인 걸桀·주紂에 비긴다면 어느 쪽이라 할 수 있겠는가?"

정이주 : "요순과 같은 군주입니다."

김성일 : "걸·주와 같습니다."

선조는 안색이 확 변하며 불편한 표정을 지었다. 이에 류성룡이 나섰다.

류성룡 : "둘 다 바른말입니다. 정이주는 장차 전하의 성덕을 바라는 뜻이요, 김성일은 전하께 경계를 드리는 말인 줄 아옵니다."

사관은 실례까지 들며 냉정하게 기록했다. 감히 절대지존으로 생사여탈권生死與奪權을 가진 왕에 대한 평가를 할 수 있는 조선의 사관은 한 인간에 대한 평가를 차갑게 내렸다. 한 관리의 인격을 평가할 할 수 있는 대목을 정확하게 잡아 기록했다.

유학에서 이상적인 성군으로 평가받고 있는 요왕과 순왕, 유학에서 냉대를 받는 대표적인 폭군의 상징인 걸왕과 주왕 중에 선조 자신은 어느 왕에 속하느냐고 물었을 때 누구도 쉽게 대답하기 어렵다. 진정 성군이었다면 대답하기 쉬웠을 것이다. 하지만 그렇지 않을 때 대답하기 어렵다. 권력의 정점에 있는 사람의 물음에 답을 안 할 수는 없다. 왕과 신하가 극히 사적으로 편하게 나누는 자리라고 해도 부담이 가는 대화였다. 여기에 등장하는 선조와 세 사람의 신하의 태도에서 마음의 일단을 확인할 수 있다.

정이주는 전형적인 문신이다. 시를 즐기고 서예가로도 알려진 묵객이다. 문향이 느껴지는 성격으로 좋은 게 좋은 것이라고 무난한 성격이었다. 반면 김성일은 직설적인 사람이었다. "3년 동안 금부도사가 찾아오지 않으면 선비 집안이 아니다."라는 말을 가훈으로 여겨 왕에게 직언을 하는 영남 유림의 중심 문중이었다. 금부도사라면 의금부의 종5품으로 지금의 검찰청의 검사라고 할 수 있다. 왕에게 직언을 해서 미움을 사 조사를 나와야 정상이라고 하는 인물이었다. 김성일은 시사時事를 과감하게 비판하고 종실의 비리를 탄핵하여 '전상호殿上虎, 대궐의 호랑이'라는 별명을 얻기도 했다. 김여물이 순무어사로 나주에 파견되어 빈가에서 술을 마시고 밤에 관아로 오자, 김여물을 꾸짖고 문을 열어주지 않은 일화가 증명한다.

상당히 대조적인 발언이었다. 나 선조는 성군이냐, 폭군이냐를 묻는 질문에 정이주는 분위기가 평화롭게 선조에게 성군이라고 했고, 김성일은 선조가 있는 당사자 앞에서 선조는 폭군이라고 했다. 이를 바라보던 류성룡은 중립을 취하면서 정이주는 성덕을 바라고, 김성일은 경계를 드리기 위한 것이라며 정작 자신의 생각은 접었다. 류성룡은 부드러움으로 어색한 자리를 누그러뜨렸다. 만약 류성룡이 침묵했더라면 곧은 말을 했던 김성일은 선조에 의해 죽임을 당할 수 있는 상황이었다. 류성룡이 김성일의 목숨을 살리는 순간이었다.

류성룡은 타고난 조선의 경세가經世家였다

류성룡은 타고난 조선의 경세가經世家였다. 전란 중에도 어느 한쪽에 치우치지 않고 정세를 이끌어갔다. 엄하지도 않고 무르지도 않은 중립의 처세로 험난한 전란을 헤쳐나갔다. 선조실록의 류성룡 졸기 편에 류성룡에 대해 다음과 같이 평했다.

"어린 나이에 과거에 급제하여 명예가 날로 드러났다. 아침저녁으로 남는 시간에 학문에 힘썼다. 종일토록 단정히 앉아 조금도 기대거나 다리를 뻗는 일이 없었다. 사람을 응접할 때는 고요하고 단아했으며 말이 적었다. 붓을 잡고 글을 쓸 때에는 일필휘지一筆揮之 했음에도 뜻을 빼놓지 않았다. 또한 문장은 정숙하여 글맛이 있었다. 여러 책을 넓게 읽고 외우지 않은 것이 없었다. 한 번 눈을 스치면 환히 알아 한 글자도 잊어버리는 일이 없었다."

류성룡은 정제된 사람이었다, 선비로서 흐트러짐이 없는 사람이었다.

그러면서 사관은 예를 들었다.

"조선 4대 문장가의 한 사람으로 특히 외교문서를 잘 쓰기로 유명했던 신흠이 비변사의 낭관郎官으로 있었을 때의 일이다. 신흠에게 붓을 잡게 하고 류성룡이 말하는 대로 적게 하였다. 즉흥적이었음에도 문장이 오래도록 다듬은 것과 같았다. 그러나 점철點綴한 적이 없었다."

전체가 이어지도록 문장을 매만지지도 않았는데 일관되면서도 정리가 된 문장을 만들어냈다. 신흠이 류성룡을 일러 류성룡과 같은 재주는 쉽게 얻기 어려운 것이라고 평했다.

"의리義理를 논설하는데 뭇 서적에 밝아 처음과 끝이 정밀하니 듣는 이들이 탄복하였다."

역시 실록에 적힌 그대로다.

실록에는 류성룡과 함께 퇴계 이황의 문하에서 공부한 두 사람과 비교하면서 성품을 논한 것이 있다. 동문수학한 두 사람의 인품과 류성룡 개인의 인품을 살펴볼 수 있는 좋은 자료다.

"류성룡은 조목·김성일과 함께 퇴계의 문하에서 배웠다. 김성일은 굳고 꺾임이 없고 독실하여 풍도가 엄숙하고 단정하였다. 너무 곧아서 조정에 용납되지 못하였다. 큰 절개가 드높아 사람들의 다른 뜻이 없었다. 계사년에 나랏일에 진력하다가 군중軍中에서 죽었다.

조목은 종신토록 은거하면서 학문에 독실하고 스스로 공부하였다. 나라에 어려운 일이 많게 되자 분개하여 슬퍼하다 지난해 죽었다. 조목은 일찍이 김성일을 더 생각하고 류성룡을 적게 생각했다. 만년에는 류성룡이 하는 일에 매우 분개하여 절교絶交하는 편지를 쓰기까지 했다. 퇴계의 문하에서는 이 세 사람을 대표로 삼는다."

류성룡과 조목, 김성일은 같은 퇴계 이황의 문하에서 공부했다. 서로를 누구보다도 잘 아는 사람들이었다. 실록의 평가와 역사적인 평가는 다르다. 실록은 당대에 실록을 쓴 사람의 입장에서 기록했고, 역사적인 평가는 조선 500년의 역사적인 맥락에서 봐야 한다. 누구의 평가가 옳은 것이냐는 각자의 인생관과 역사관에 의해서 결정된다.

퇴계退溪의 문하에서 류성룡은 조목·김성일과 함께 공부했다

분명한 것은 김성일은 강의剛毅 강직하고 굳세며 풍재준정風裁峻整하다고 해서 풍채와 용모가 엄숙하고 단정하다고 했다. 하지만 너무 곧아서 조정에서 받아들여지지 않고 풍파가 있음을 말하고 있다. 조목은 종신토록 은거하면서 학문에 독실하고 스스로 공부하였고 나라에 어려운 일이 많게 되자 강개慷慨, 즉 불의에 대하여 의기가 복받쳐 원통하고 슬퍼했다고 적고 있다. 김성일과 조목은 둘 다 불같은 성격에 감정적인 인물임을 알 수 있다. 자신의 주장을 강하게 내세워 주장하는 성격이었다.

반면 류성룡에 대해서는 이렇게 평하고 있다. 긍정적인 평가와 부정적인 평가를 함께 담고 있다. 내용은 그대로 하되 이해하기 쉽게 실록의 내용에서 류성룡의 이름이나 선조의 이름을 구체적으로 적었다. 성룡은 류성룡으로, 임금을 말하는 부분은 확실하게 선조라고 적었다.

"류성룡은 조정에 선 지 30여 년 동안 재상으로 10여 년 있었다. 선조의 권우眷遇가 조금도 줄어들지 않아 귀를 기울여 류성룡의 말을 들었다. 경연에서 선한 말을 올리고 임금의 잘못을 막을 적엔 겸손하고 뜻이 극진했다. 임금이 더욱 중히 여겨 일찍이 말했다. "내가 류성룡의 학식과 기상을 보면 모르는 사이에 심복心服할 때가 많다." 그러나 규모規模가 조금 좁고 마음이 굳세지 못하여 이해가 눈앞에 닥치면 흔들림을 면치 못하였다. 그러므로 임금의 신임을 얻은 것이 오래였지만 직간直諫했다는 말은 들을 수 없었고 정사를 비록 전단專斷하였으나 나빠진 풍습을 구하지 못했다."

의주에서 선조의 명나라 귀부를 단호하게 막은 류성룡의 직간을 사관이 몰랐는지 알고도 모른 척했는지 알 수 없는 대목이다. 류성룡은 나라를 위해 결정적인 순간에만 직간을 하지 아무 때나 직간을 하는 사람은 아니었다.

권우眷遇는 임금이 신하를 특별히 사랑하여 후하게 대우하는 것을 말한다. 특별히 보살피고 극진하게 대접을 받았음을 말한다. 선조가 류성룡을 대하는 모습이다. 류성룡을 아껴 류성룡의 말에 귀를 기울여 듣고 있음을 적고 있다. 세상을 중립적인 위치에서 살피고 있음을 보여준다. 그리고 임금을 대할 때 겸손하고 극진할 뿐만 아니라 학식과 기상에서 선조 자신도 모르게 류성룡의 말에 마음으로 굴복心服하게 된다는 선조의 발언이다.

그러면서 류성룡 평가가 이어진다. '규모規模가 조금 좁고 마음이 굳세지 못하여 이해가 눈앞에 닥치면 흔들림을 면치 못하였다. 그러므로 임금의 신임을 얻은 것이 오래였었지만 직간했다는 말을 들을 수 없었고 정사를 비록 전단專斷하였으나 나빠진 풍습을 구하지 못하였다.' 강력한 진단이다. 자신의 주장을 강하게 밀고 나가지 않고 한 발 뒤로 물러났다는 평가다. 전단專斷이란 자기 마음먹은 대로 일을 실행에 옮기는 것을 말한다. 여기서 눈여겨 볼만한 부분이다. 결국은 류성룡의 생각대로 조정을 이끌어갔다는 말이다. 자신의 주장을 현장에서 관철시키지 못했음에도 자신의 의지대로 정사를 이끌어갔다는 다소 이해하기 어려운 기록이다. 다시 말하면 선조의 마음을 사서 조정의 정책 방향을 이끌었다는 평가로 보인다.

류성룡의 약점으로 든 것을 눈여겨볼 만하다. '규모規模가 조금 좁고 마음이 굳세지 못하여 이해가 눈앞에 닥치면 흔들림을 면치 못하였다.'는 말은 통이 크지 못해, 다시 말하면 배짱이 있지 못해 박력 있게 밀고 나가는 힘이 부족했다는 기록이다. 바꿔 말하면 자신의 소신을 강하게 주장하지 않았다는 이야기도 된다. 자신 위에 결정권을 가진 절대권력의 왕이 있는 상황에서 개인의 강력한 주장이 옳은지는 다시 생각해 볼 문제다. 중요한 문제를 만나게 된다. 류성룡에 대한 전쟁의 책임 문제다. 실록에서는 가혹하게 몰아친다.

"임진년과 정유년 사이에는 군신이 들판에서 자고 백성들이 고생을 하였으며 두 능이 욕을 당하고 종사가 불에 탔으니 하늘까지 닿는 원수는 영원토록 반드시 갚아야 한다. 계획이 굳세지 못하고 국시가 정해지지 않아서 화의를 극력 주장하며 통신하여 적에게 잘 보이기를 구하였다. 원수를 잊고 부끄러움을 참게 한 죄가 천고에 한을 끼치게 하였다. 이로 말미암아 의사義士들이 분개하고 언자言者들이 말했다."

류성룡에게 비판적인 기록이다. 의사들이 분개하고 언자들이 못마땅하게 말했다는 실록의 기록이다. 화의를 극력 주장했다는 것과 적에게 잘 보이기를 구했다는 부분에서는 더욱 당황스러워진다. 싸울 힘이 없어 남의 나라의 군사를 동원해놓고 계속 싸우려는 사람, 제 정신이 있는 것인가 묻고 싶다. 왕의 옆에서 붙어 안위를 보존하면서도 입만 살아있는 사람들을 만난다. 그리고 더욱 놀라운 것은 원수를 잊고 부끄러움을 참게 한 죄가 천고千古에 한을 끼치게 했다는 대목이다. 남을 욕하면서 어떠한 행동도 취하지 않는 사람의 전형을 만나게 된다.

다행스러운 것은 전혀 다른 두 개의 기록이 있다는 점이다. 징비록에서 만난 류성룡과 실록에서 만나는 류성룡이다. 다른 사람을 평해놓은 듯하다. 실록의 기록으로 보면 적에게 잘 보이기를 구했다는 대목과 원수를 잊고 부끄러움을 참게 한 죄가 천고의 한을 끼치게 한다고 했다. 이런 대역 죄인에게 일을 맡기고 이런 대역 죄인이 정사를 이끌어가도록 한 것은 무엇인가. 류성룡의 관직을 자르고 고향으로 낙향하게 했던 그대로 적혀있다. 정적이라고 하는 붕당의 주장과 같다.

실록에 부제학 김우옹의 상소가 있다.

“성룡은 역시 얻기 어려운 인물입니다.”

극단적으로 서로 다른 내용이다. 류성룡 사후에 류성룡이 살지도 않는 집에 천여 명의 사람들이 몰려 와 통곡을 했다는 내용과 상반된 내용이다. 명분과 실리 가운데 명분을 살리면 백성이 죽는다. 둘 다 살릴 수 없을 때 진정 백성을 사랑하는 사람은 실리를 챙기는 것이 도리다. 임금과 조정의 명분을 위해 백성을 버릴 때 힘없고 의지할 데 없는 백성은 어떻게 할까.

류성룡은 영의정이라는 최고위직을 맡아서 수행했지만, 지존의 권력인 왕이라는 존재가 있었다. 어떤 결정도 신하의 몫은 없다. 관직의 임명권과 삭탈권까지 가지고 있었고 목숨까지도 결정할 수 있는 권한은 오직 왕에게 있었다. 모든 결정은 왕에게 있었다. 제안을 하고, 논의할 때 주장할 수는 있지만 가부실행 결정은 단 한 사람, 임금이 결정했다. 다시 말하면 최고위직 참모인 셈이다. 실록에는 또 다른 기록이 있다. ‘재상의 자리에 올라서는 국가의 안위安危에 대해서 류성룡에 의지하였다’고 적고 있다. 실록에 적힌 힐난과 질책의 기록과 류성룡을 찬양하고 옹호하는 대비된 모습을 만난다. 두 개의 접점에서 다시 한번 평가의 엇갈림을 만나게 된다.

02

어린 시절 류성룡이 한양에서 자라다

한양 남산 아래 건천동에서 이순신을 만나다

류성룡은 한양에서 살았다. 조선시대 때는 건천동乾川洞, 우리말로 물이 말라버린 내라는 의미로 마른내골이라는 곳이다. 남산자락에 자리 잡고 있었다. 건천동에 대한 내용은 뜻밖에도 소설 홍길동의 저자로 알려진 허균의 시문집詩文集인 성소부부고惺所覆瓿藁에 나온다. 비교적 길게 인용해 본다. 내용은 그대로지만 현대 글로 다듬었다.

"나의 친가親家는 건천동에 있었다. 청녕공주 저택의 뒤로 본방교本房橋까지 겨우 서른네 집이다. 건천동에서 조선이 들어선 이후 명인名人이 많이 나왔다. 김종서、정인지、이계동이 같은 때였고, 양성지、김수온、이병정이 한 시대였다. 유순정、권민수、유담년이 같은 시대였다. 후에도 노수신과 나의 선친 및 지사知事 변협이 같은 때다. 근세에는 류성룡과 류운룡, 그리고 이순신、원균이 한 시대다. 류성룡은 국가를 중흥시킨 공이 있었고, 원균과 이순신 두 장수는 나라를 구원한 공이 있었으니 이때에 와서 더욱 성하였다."

건천동에 친가가 있는 허균이 동네 자랑을 하고 있는 내용이다. 임진왜란 중에 조선의 역사에서 빼놓을 수 없는 인물인 류성룡과 이순신, 그리고 원균이 한동네에 살았음을 확인하게 된다. 류성룡은 영의정으로, 이순신은 전라 좌수사로, 원균은 경상 우수사로 활약했다. 활약 내용은 세 사람이 모두 대조된다. 한마을에서 자랐으나 인생의 길은 달랐다. 조선의 운명을 쥔 세 사람이었다. 한양에 위치한 남산의 작은 동네에서 한 나라의 운명을 흔들 수 있는 사람이 동시에 나왔다는 것도 특별하다. 조선이 위기에 처해 있을 때 류성룡은 도체찰사로 조선의 군사를 총지휘하는 위치에 있었다. 원균에게는 조선의 왼쪽 바다를, 이순신에게는 조선의 오른쪽 바다를 맡겼다. 하지만 이순신과 원균, 두 사람은 너무나 달랐다.

왜군이 쳐들어오자 원균은 경상우수사에 있던 전함과 무기, 그리고 군량미까지 불태워버리고 배 4척에 나누어 타고 도망했다. 반면 이순신은 부임하자마자 전쟁을 준비했다. 함선을 새로 건조하고 거북선을 만들었다. 훈련에 진력을 다했다. 일본이 조선을 쳐들어오기 전 하루 전날, 이순신은 모든 전쟁 준비를 마쳤다. 공교롭게도 거북선의 진수식과 함포사격을 마친 날이었다. 준비된 이순신과 준비하지 않은 원균이 전쟁에 대하는 자세는 완전히 달랐다.

건천동이라는 한 마을에서 어린 시절을 보낸 세 사람, 류성룡, 이순신, 원균의 관계를 살펴보자. 우선 조선과 한국사회에서 중요하게 여기는 나이를 살펴보자. 이순신을 기준으로 하면 류성룡은 3살 위, 원균은 5살 위였다. 이순신은 1545년 서울에서, 류성룡은 1542년 외가인 경북 의성 사촌리에서 태어났다. 이순신의 형제들은 맏이부터 이희신, 이요신, 이순신, 이우신이다. 이순신의 맏형인 이희신은 이순신보다 10살이 많았고, 둘째 형 이요신은 3살이 많았다. 둘째형 이요신과 류성룡이 같은 나이다. 둘째 형과 류성룡이 친구였다면 이순신이 형의 친구인 류성룡을 깍듯이 형으로 대우했을 것이다. 여기에 원균은 류성룡보다도 2살이나 더 많았다. 이순신과는 5살이나 차이가 난다. 임진왜란을 말할 때 가장 긴박하고도 극적인 전쟁의 이야기를 만들어 낸 사람들이다. 건천동에서의 인연으로 조선, 그 중에서도 임진왜란의 전쟁사가 만들어진 것으로 보인다.

조선은 200여 년 동안 전쟁 없이 평화를 유지해왔다. 평화 시에는 또 다른 갈등이 존재한다. 외부에서의 공격이 사라지는 순간 내부갈등이 두드러진다. 국가는 순조로운 때가 거의 없다. 굴곡과 파행이 호시탐탐 빈틈을 노리고 있다. 조선은 내부 모순과 정쟁으로 한가로울 틈이 없었다. 왕위 계승을 위한 치열한 싸움과 권력 쟁탈을 위한 다툼으로 하루도 편안한 날이 없었다. 외부로부터의 공격이 한가로워지자 더욱 내부에서는 들끓었다. 권력의 배분이 순조롭지 않았기 때문이었다.

임진왜란이 일어나기 직전까지도 싸우고 또 싸웠다. 왕은 은근히 싸움을 부추겼고 즐겼다. 그러다 한쪽 편을 들면 다른 한쪽은 멸문지화를 당하는 것이 다반사였다. 그렇게 선비들이 죽임을 당한 것이 사화다. 임진왜란이 일어나기 전까지 일어난 네 사화, 무오사화 1498년,

갑자사화 1504년, 기묘사화 1519년, 을사사화는 1545년에 일어났다.

여기에 정여립 사건이 1589년에 일어났다. 정여립 사건은 기축옥사로 이어지는데 선조가 직접 친국, 무려 1,000여 명의 선비들이 죽임을 당했다. 조선 전체 선비들의 수가 얼마 되지 않는 상황에서 엄청난 수의 선비들이 죽어나갔다. 하루도 마음 편할 날이 없었다. 100년 동안에 무려 큰 사화만 4번이 있었다. 임진왜란이 일어나기 불과 3년 전에 있었던 정여립 사건에서는 선조가 친국親鞫, 즉 선조가 직접 죄를 취조하는 과정에서 많은 사람들이 죽어나갔다. 내부 평화를 만들어야 할 사람은 언제나 권력을 가진 사람이다. 약자가 평화를 만들 수는 없다. 평화는 강자의 몫이다. 강자가 약자에 대한 배려와 안정된 배분을 하지 못할 때 평화는 깨진다. 임진왜란이 일어나기 전, 선조라는 군주가 통치하는 조선은 혼란스러웠다.

조금 더 건천동에 대해 살펴보자. 외부침입이 없는 상황에서 내부 혼란이 지속되는 동안에 건천동에서는 세 인물이 함께했다. 임진왜란을 책임지게 될 사람들이었다. 류성룡과 이순신, 그리고 이순신과 적대적이었던 원균이 한마을에 살았다. 바람 앞에 촛불과 같았던 조선의 전쟁을 총지휘했던 류성룡과 조선 수군을 맡아 조선의 바다를 지킨 이순신, 그리고 조선의 수군을 수장시킨 원균이 살았다. 세 사람의 역동적인 우의와 경쟁이 조선을 때론 위태롭게 때론 치열하게 대립했던 만든 장본인들이었다.

류성룡이 동네 형이었을 원균과 동생인 이순신이 임진왜란에서 만난 것은 특별했다. 류성룡은 원래 건천동 출생이 아니다. 류성룡은

1542년 경북 의성 사촌리 외가에서 태어났다. 류성룡의 집안은 경북 안동 하회리의 당상관급 명문 집안 출신이었다. 부족함이 없는 환경에서 태어나서 자랐다. 학문에만 열중할 수 있는 분위기였다. 류성룡은 적어도 13살 이전에 한양 건천동으로 이사 왔다. 13살 때 이미 한양에서 공부했다는 기록이 있다. 그리고 원균은 경기도 평택군 평택읍 도일동에서 태어나 한양 건천동으로 이사 왔다. 이순신은 한양 건천동으로 지금의 명보극장, 현재는 명보아트센터 건너편에서 태어나 자랐고, 류성룡과 원균은 타지에서 건천동으로 이사를 온 사람들이었다.

이순신도 어려서 충남 아산으로 이사를 하였기 때문에 동시대에 건천동에서 세 사람이 같은 시기에 살았는지는 확인할 수 없지만, 류성룡과 이순신 두 사람은 분명 함께했다. 이순신 집안은 생활이 어려워져서 충남 아산 외가로 이사를 했다. 이순신의 부모는 서울을 떠나 300여 리 떨어진 충남 아산군 염치면 백암리로 이사를 했다. 백암리는 방화산 기슭에 위치한 조그마한 촌락이었다. 무과에 급제하는 32세까지 아산에서 살았다. 계산해보면 10살 전후에 류성룡과 이순신, 그리고 원균이 만났을 것으로 추정된다. 류성룡이 10살이었다면 이순신은 7살, 원균은 12살이 되는 나이다.

신분이나 입장을 따지지 않고 만나 사귈 시기다. 양반 사대부 집안의 자식들이었다. 서로 접촉이 있었을 것이다. 자연스럽게 아이들도 형, 동생하면서 만나서 뛰어다니고, 산으로 들로 다닐 수 있는 나이다. 감수성이 예민한 나이에 만나 사귐을 가진 것은 평생의 인연으로 간다. 건천동에는 또 하나의 인물이 있다. 허균이다. 강릉의 허균 허난설헌 기념관에는 류성룡이 허균의 두 스승 중의 한 명으로 기록되어 있다. 허균의 큰 형이 허봉인데 허봉과 류성룡, 이순신, 원균이 비슷한 세대다. 원균이 1540년생, 류성룡은 1542년생, 이순신은 1545년생이고, 허봉은 1551년생이다. 1561년생인 허균이 류성룡에게 공부를 했다. 건천동은 조선의 인재를 낳은 동네다. 허균의 기록에는 건천동에 34집이 전부였다. 작은 마을에서 아이들이 몰려다니며 놀았다면 동네 사정은 물론 집안 사정까지도 서로 훤하게 알 수 있다.

이순신은 한양 토박이였고, 류성룡과 원균은 지방에서 상경한 집안이었다. 이순신 집안은 몰락해서 지방으로 떠나갔고, 류성룡과 원균은 성공해서 한양으로 들어온 집안이었다. 상반된 입장에서 이주를 했다. 세 사람은 조선의 운명을 가를 수 있는 위치에 있었다. 세 사람의 만남이 경복궁의 안산案山인 남산 자락에서 이루어졌다. 한양에서도 경복궁 바로 앞에 있는 안산이 남산이다. 여기에서의 짧았던 만남이 조선에 위기가 있을 때 조선을 망하게도 할 수 있었고 다시 살릴 수도 있었던 사건들이 만들어지는 중요한 계기가 되었다.

이순신과 원균의 갈등이 조선을 죽일 수도 있었고 살릴 수도 있었다. 운명적인 만남은 철없는 아이 시절로 돌아간다. 10세 전후의 아이로 한 동네에서 함께 뛰어놀던 인연이 한 나라의 흥망을 좌우하는 단계로 발전되고, 서로 미워하는 갈등의 당사자로 떠올랐다. 개인의 갈등 차원을 넘어서 존망의 위기였다. 그만큼 산 같은 임무를 지고 있는 큰 존재로 성장했다. 류성룡은 갈등을 조정하는 사람으로, 이순신과 원균은 갈등의 당사자로 역사의 전면에 등장했다.

바다를 관장하는 이순신과 원균의 갈등이 조선을 흔들리게 했다. 결국은 조선 수군의 운명, 한발 더 나아가 조선의 운명을 손에 쥔 사람으로 맞서게 된다. 갈등의 조정자가 류성룡이었다. 류성룡에게 이순신은 동생이고 원균은 형이다. 한 편은 후배였고, 한 편은 선배였다. 한 동네에서 어린 시절 같이 자란 사람들이었다.

원균의 몰락으로 경상도는 일본군에게 도륙을 당했다. 원균의 배와 군사는 순간 궤멸되었다. 하지만 이순신의 배와 군사는 사기가 넘쳤고 싸우는 전투마다 승리했다. 여기에서 사태가 끝나지 않았다. 이순신과 원균의 악연은 여기에서부터 출발한다. 원균은 이순신보다 나이가 5살이나 많았고 과거급제도 먼저 했다. 직책으로도 상관이었다. 전라도 수군보다 경상도 수군의 배도, 군사도 더 많았다. 왜구를 방어하기 위해 필요한 조치였다. 원균이 경상우수영에 불을 질러버려 배도 수군도 사라졌지만, 원균의 직책은 그대로였다. 선조의 지시에 의해 원균은 이순신의 수하로 들어가야 하는 수모를 당해야 했다.

전장의 상황이 한 장수의 통솔하에 지휘되고 하나의 계통으로 하나의 보고가 올라가야 했지만 선조는 그렇게 하지 않았다. 둘이 견제하고 경쟁할 수 있는 여지를 남겨놓았다. 한 전장의 보고를 이순신과 원균이 따로 보고했다. 하나의 전장 보고에 다른 두 개의 보고서가 등장했다.

이순신은 원균보다 나이가 어리고, 10년이나 늦게 등과했다. 거기에 원균은 패장이었다. 자신보다 아래 있던 이순신에게 굴종하는 것이 못마땅했고, 열등의식이 작용하는 사람에게 전과를 올리라고 하면 제대로 평가할 리가 없다. 갈등은 예고되어 있었다. 임금에게 올리는 장계에서부터 문제가 발생했다. 전투결과 보고서를 두 사람에게 받는 것조차 장수들에게 힘을 빼는 일이었다. 선조의 변덕과 일관성 없는 정책으로 이순신의 몰락은 예정되어 있었다. 이순신으로서도 난감한 상황이었다. 자신의 수하에 완전히 들어온 것도 아니었고, 독립적인 전투를 수행하는 원균을 통제하기 어려웠다.

여기에 류성룡도 어렵기는 마찬가지였다. 한동네에서 자란 형과 동생이었다. 류성룡은 두 사람의 관계에서 이순신에 대해서는 호의적이지만 원균에 대해서는 비판적이었다. 류성룡은 징비록에 이렇게 적었다.

"원균은 성격이 음험하고 비뚤어졌다. 경향 각지에 관계를 가진 사람이 많았다. 이순신을 헐뜯는 데 온 힘을 기울였다."

임진왜란이 발발했을 당시 원균이 경상우수사로 있으면서 초기 전쟁에 임한 사실을 이렇게 적었다.

"원균은 적군의 세력이 큰 것을 보고 싸울 생각을 안 했다. 전선 100여 척과 화포, 병기 등을 물속에 가라앉히고 수군 만여 명을 무너뜨렸다."

원균을 강하게 비판했다.

원균을 두둔하는 사람들도 있다. 다양한 시각, 다른 입장이 있는 것은 자연스럽다. 하지만 전체적인 것을 보면 원균의 사람됨에는 문제가 있었다. 먼저 실록을 살펴보자. 임진왜란이 발발하고 한 달 정도 지나 선전관 민종식이 전선 시찰을 한 후 보고 했다. 원균이 적선 30여 척을 격파했다고 보고했다. 다음 달인 1592년 6월 28일 김성일이 올린 보고서는 사뭇 달랐다. 원균이 군영을 모두 불태우고, 판옥선을 전부 침수시킨 후 배 한 척을 달랑 몰고 도망했다는 보고였다. 다른 보고였지만 전체적인 것을 살펴보면 최소 70여 척의 배를 침몰시키고 도망했다는 것은 확실하다. 선조실록에서도 평가는 다르지 않다.

"원균은 책형을 받아야 한다. 다른 장졸들은 죄가 없다. 원균은 거칠고 사납고 부지한 위인이다. 이순신과 공로 다툼을 하면서 이순신을 모함했다. 결국 이순신을 몰아내고 자신이 그 자리에 앉았다.”

유사한 기록도 있다. 문신、학자인 안방준의 시문집 은봉전서隱峯全書에 있는 기록이다.

“원균이 삼도수군통제사로 부임하던 날, 나의 작은 아버지를 찾아와서 말했다. ‘내가 삼도수군통제사 직함을 영화롭게 여기는 것이 아닙니다. 오직 이순신에 대한 치욕을 씻게 된 것이 통쾌합니다.’ 원균의 말을 듣고 작은 아버지가 말씀하셨다. ‘능히 성심을 다해 적을 무찔러 공로가 이순신보다 뛰어나야 치욕을 씻었다고 할 수 있습니다. 이순신의 직함을 대신하는 것으로 통쾌하게 여겨서는 부끄러움을 씻었다고 할 수 있겠습니까?’

원균이 말을 받아 다시 말했다. ‘적을 만나 싸울 때 멀면 편전片箭을 쓰고, 가까우면 장전長箭을 쓰고, 맞부딪치는 경우 칼과 정을 쓰면 이기지 못할 것이 없소.’ 중부가 원균의 말을 받아 말했다. ‘대장으로서 칼과 정을 쓰게까지 해서야 되겠습니까?’ 원균이 나간 뒤에 작은 아버지가 내게 말씀하셨다. ‘원균의 사람됨을 보니 큰일을 하기는 글렀다.’며 탄식을 했다.”

건천동이라는 작은 마을에 함께 살았던 세 인물의 반목과 화해가 교차했다.

류성룡이 경북 의성 사촌리 외가에서 태어나다

류성룡은 1542년 10월 1일에 태어났다. 태어난 곳은 경상도 의성현 사촌리 외가였다. 류성룡이 태어난 해가 일본에 최초로 조총이 전해진 해였다. 전해준 사람은 핀투였다. 여행가이며 저작가인 핀투Fernão Mendes Pinto의 저서 동양편력기에서 일본에 조총을 최초로 전해주었다고 기록하고 있다. 일본을 방문한 핀투 일행은 조선에도 도착했고, 조총은 같은 시기에 조선에도 소개되었을 것이다.

1542년 즈음해서 같은 시기에 들여온 신무기를 일본은 받아들였고, 조선은 거부했다. 주조술은 조선이 일본보다 앞서 있었다. 조총을 만들 기본 기술은 축적되어 있었다. 임진왜란이 진행되던 당시에 류성룡의 건의로 조총을 주조한 기록이 실록에도 있고, 이순신도 조총을 만들었으나 상용하지는 않았다. 성능도 일본 조총보다 떨어지지 않았지만 적극적으로 채용되지 않았다. 그만큼 조선의 기초기술은 일본보다 앞서 있었다. 채용하지 않은 것은 이미 조총의 위력이 그리 대단하지 않았거나 전쟁 중이라 대량생산을 할 만한 여건이 마련되지 않았기 때문이었다.

류성룡이 태어날 당시 유럽에서는 제국주의가 열풍을 일으켜 자신들의 속국을 개척하기 위해 모험을 단행하고 있었고, 일본에서는 무사들의 수장인 다이묘들 간에 치열한 전투가 벌이지고 있었다. 무력이 세상을 지배하는 시대였다. 특히 일본은 전쟁에 휩싸여 있었다.

류성룡은 변화의 시대에 태어났다. 조선은 문약해서 기울어가는 나라였고 내부적으로는 당쟁과 반목으로 미래를 설계하고 발전적이고 진취적인 기상을 찾을 수 없는 때였다. 그리고 조선 사람들은 전쟁으로부터 보호되는 안전지역인 것처럼 착각하고 있었다. 군사력에는 무관심이었다. 생산적이지 못한 성리학, 그중에서도 가장 예의나 도덕이나 논하는 주자학이 조선을 지배하고 있었다. 도덕군자처럼 헛꿈에 사로잡혀 있었다. 세상은 강자가 점령하고 지배하는 세상임을 잊고 살았다. 그러면서도 내부에서는 서로 헐뜯고 싸웠다.

류성룡은 병약해가는 조선에서 총명한 아이로 태어났다. 류성룡의 본관은 안동부 풍산현 사람이다. 풍산현에서도 서쪽 하외촌河隈村이다. 황해도 관찰사를 지낸 류중영의 둘째 아들이다. 외가는 의성현 사촌리로 바로 류성룡이 태어난 곳이다. 외조부가 송은처사 김광수다.

어머니가 류성룡을 가졌을 때 꿈을 꾸었다. 하늘에서 사람이 내려오더니 "훌륭한 아들을 낳게 될 것이요."라는 말을 남겼다. 류성룡은 비범했다. 4살 때 글을 읽기 시작했다. 6세 때 대학大學을 읽었다. 그리고 대학을 배웠다. 류성룡은 규범 안에 있는 아이였다. 반듯하다는 소리를 듣는 아이였다. 어려서부터 어른이 되어서까지 일관된 모습을 보였다. 개인기록이나 국가의 기록인 실록에서도 일치한다. 정리하면 행동거지가 어른다워서 상스러운 말은 입 밖에 내지 않았다. 글공부에 전념하고 부모나 스승의 꾸지람을 듣지 않았다. 사려 깊고 분별력이 있는 아이였다. 한마디로 말하면 어른아이였다.

머리가 명석하고 좋은 아이가 모범적이기까지 한 경우였다. 8살 때 맹자를 읽었다. 철없이 뛰어놀고 개구쟁이로 자랄 나이에 이미 공부를 시작해서 학문의 세계로 접어들었다. 류성룡이 모범으로 받아들이고자 한 사람을 살펴보면 류성룡의 성품을 짐작할 수 있다. 〈백이伯夷는 눈으로 일체 나쁜 것들을 보려고 하지 않았다. 귀로는 음탕한 소리를 들으려하지 않았다.〉라는 구절을 읽고 백이의 인간 됨됨이를 사모했다. 그리고 꿈속에서 만나기도 했다. 그만큼 말과 행동이 단정한 아이였다.

한양 건천동으로 이사하다

9살 때 지금의 충주인 유신현 현감으로 아버지가 재임할 때, 유신현惟新縣에 갔다는 기록이 있다. 류성룡은 아주 어린 시절은 의성 사촌리 외가에서 자란 듯하다. 9살이 되던 8월에 고향으로 돌아왔다는 것으로 봐서 그때에야 아버지 집안의 세거지인 안동으로 와서 산 것으로 보인다. 류성룡이 13세가 되던 해에는 한양의 동학東學에서 중용과 대학을 공부했다. 동학은 한양의 4개의 학교 중 하나였다. 한양에 동학 서학 남학 중학의 4개 학교를 두었다. 동쪽에 있던 학교가 동학이었다. 당시 동학에서는 중용과 대학을 공부시켰다.

류성룡은 눈에 띄는 아이였다. 어려서부터 학문에 뜻을 기울인 아이였고 주위의 인정을 받았다. 동학에서 공부할 때 강관講官으로부터 크게 칭찬을 받았다. 류성룡을 일러 '반드시 큰 학자가 될 것이다.' 라고 했다.

류성룡이 동학을 다녔다는 것은 한양에서 거주하고 있었다는 것을 의미한다. 아버지를 제외한 가족이 한양으로 삶의 터전을 옮겼을 것으로 보인다. 아버지는 지방관으로서 임지에 있고, 가족은 한양에서 생활을 하며 근거지로 삼았을 것이다. 류성룡이 한양으로 올라온 것은 안동에서 살던 9세에서 13세 사이로 보인다. 이순신을 처음 만난 것도 이즈음이다. 이순신은 한양의 건천동이 대대로 이어 내려오는 집안의 생활근거지였다. 이미 터전을 마련하고 있던 이순신 집안이었고, 류성룡 집안은 현직 관리로 있는 아버지의 영향으로 지방에서 한양으로 진출했을 것이다.

이순신과 류성룡의 만남은 그리 길지 않았다. 이순신이 아산으로 이주한 나이가 13세라는 설과 다른 설이 함께 한다. 류성룡이 9살 때 한양으로 이사를 했다고 하면 이순신의 나이가 6살이다. 그렇게 계산하면 이순신이 아산으로 이사한 것을 13세로 계산하면 7년을 함께 한양에서 산 것이 되고, 류성룡이 동학을 다니던 13세 때 이사를 했다고 하면 이순신의 나이는 10살이다. 13세에 이사를 했다고 하면 3년을 한양에서 함께 산 것이다. 적어도 3년에서 7년 정도를 함께 보냈다. 감수성이 예민하고 활동성이 뛰어난 나이에 함께 한동네에서 생활했다. 류성룡과 이순신은 10세 전후 몇 년의 만남이 평생의 인연이 되었다.

류성룡은 자라면서 아버지와 할아버지의 임지를 찾아다녔다. 지금의 충북 충주인 유신현, 강원도 간성, 함경도 의주 등을 방문했다. 어머니와 함께 자랐고, 아버지는 임지를 방문해서 잠깐씩 만나는 것이 전부였다. 조선의 관리들은 한양에 근무하지 않을 경우에는 평생을 가족과 떨어져서 사는 것이 관례였다. 그렇지 않으면 임지로 부모와 아이들을 데리고 가야 했는데 당시로서는 생각하기 어려운 일이었다. 조정의 관리들은 한양을 떠날 때만 가족과 떨어져서 생활해야 했지만 현장근무가 필수인 지방 관리인 경우에는 아버지 없이 자라는 것이 일반적이었다. 교육은 어머니의 몫이었다. 집안 살림도 여성의 몫이었다. 가끔 어머니와 함께 아버지의 임지에 함께 가서 머물기도 했다. 충남 유신현에서 현감으로 근무할 때는 어머니와 함께 아버지의 임지에서 생활하기도 했다

류성룡 자신은 관직에 있으면서 조정을 떠나 지방관을 한 경우가 적었다. 중앙 조정에서 주요 관직에 두루 있었다. 류성룡은 한양의 건천동이 평생의 생활근거지로 고향 같은 곳이었다.

류성룡은 아버지의 임지에 가서도 공부를 게을리하지 않았다. 아버지나 할아버지의 임지에 가서 향교에 들러 공부를 했다. 책에서 손을 떼지 않았다. 류성룡은 공부만 하는 옹졸한 사람이 아니었다. 인간관계에 능숙했다. 친구들과의 사귐에도 능력이 있었다. 글을 읽다가 시간이 나면 아버지의 임지에서 사귄 학우들과 어울려 날이 저물도록 놀았다. 돌아와야 할 것을 잊을 정도였다.

류성룡은 아버지의 임지에서 생활을 할 때 길게는 한 계절을 나기도 했다. 의주에서 아버지와 함께 생활할 때는 12월에 갔다가 이듬해 봄에 돌아오기도 했다. 류성룡은 공부를 하면서도 활달했고 교우관계가 좋았다.

03

부모형제 가족관계

하회마을의 류성룡과 관련 유적들

지금 하회마을에는 류성룡의 가족들과 인연이 된 집들이 있다. 류성룡을 말하려면 먼저 아버지 류중영부터 떠오른다. 아버지는 전형적인 문신이다. 충성과 신의가 두터웠고 대소 공사에 힘을 다하며 명예와 지위에 뜻을 두지 않았다는 평을 듣는다. 류중영은 간성 군수를 지낸 류공작의 아들로 이조참의 이형례의 딸과 혼인해서 3남 3녀를 두었다. 맏이가 류문룡, 차남이 류운룡, 그리고 막내가 류성룡이다. 호를 살펴보자. 아버지 류중영은 입암立巖, 맏형인 류문룡은 일찍 타계했고, 차남 류운룡은 겸암謙菴, 막내인 류성룡은 서애西厓다. 우리에게 형제로 알려진 류운룡과 류성룡이다.

안동 하회마을에 대해서 살펴본다. 하회마을은 풍산 류씨 집성촌으로 지금도 70% 정도가 류씨다. 하회마을의 땅모양은 행주형行舟形으로 배가 나아가는 모양이다. 과거에는 돌담을 쌓지 않았고, 우물도 파지 않았다. 배가 무거워서 가라앉을 수 있고, 배에 구멍을 파면 물이 들어와 가라앉을 수 있다는 풍수설에 의거해서다. 그래서 하회마을에서는 돌담과 우물이 없다. 하회마을에는 특별한 것이 숨겨져 있다. 마을 중심부에 마을의 수호신으로 모시고 있는 나무가 있다. 수령 600년 된 느티나무다. 좁은 골목을 지나야 만날 수 있다. 하회마을은 조선시대까지 350여 호가 살았다.

하회河回라는 이름은 물이 돌아간다는 의미로 물돌이동이라 한다. 낙동강 상류가 마을을 한 바퀴 돌아서 간다. 풍수지리에서 산과 물이 서로 어우러져 있는 산태극수태극山太極水太極의 형상을 이상적인 길지로 본다. 산과 물이 태극 형상을 만드는 경우는 극히 드문데 하회마을이 산태극수태극의 형상을 지니고 있다. 조선 영조 때의 실학자 이중환은 자신의 저서

택리지의 복거총론卜居總論에서 천하제일의 길지를 이렇게 설명했다.

"사람이 살만한 곳으로 바닷가에 사는 것은 강가에 사는 것만 못하고, 강가에 사는 것은 시냇가에 사는 것만 못하다. 대개 시냇가에 사는 것도 고개에서 멀지 않아야 한다. 그래야 평시나 난시 모두 오래 살만한 곳이다. 시냇가에 살기에 좋은 곳으로는 영남의 도산陶山과 하회河回를 제일로 친다."

안동 하회마을은 산과 물이 만나고 자연의 조화가 부드러운 명당이다. 기름지고 풍요로운 풍산평야와 함께 하고 있는 풍산류씨의 동족마을이다. 하회마을은 평화롭고 풍요로운 공간이었다. 그리고 부용대

의 깎아지른 모습이 마을의 병풍처럼 아름답고 절경이다.

한 사람이 태어나서 살고 마지막으로 떠나는 장소가 집이다. 류성룡 가족과 관련된 집들을 살펴보면 나름의 철학을 알 수 있다. 하회마을에는 아버지 류중영의 호를 딴 입암고택立巖古宅, 류성룡의 형인 겸암 류운룡의 호를 딴 겸암정사謙巖精舍, 그리고 류성룡과 관계된 건축물로 충효당忠孝堂, 원지정사遠志精舍, 옥연정사玉淵精舍가 있다.

류성룡과 인연이 된 건축물들을 살펴본다. 먼저 충효당은 사실 류성룡과는 직접적인 관계가 없다. 류성룡이 지은 집이 아니라 류성룡을 흠모하는 제자들이 지은 집이다. 류성룡이 세상을 떠나고 후손과 제자들에 의하여 지어진 집이다. 류성룡은 벼슬을 그만두고 돌아와 마땅히 기거할 집이 없어 풍산현에 있는 초가에서 살았다. 영의정까지 지낸 조선의 관리로서 곧은 절개가 느껴진다. 충효당도 넉넉한 재력을 바탕으로 한 번에 지은 것이 아니라 사람과 시간을 거쳐서 지어진 시간의 건축물이다. 재정이 부족해서다. 사랑채와 안채는 손자인 졸재 류원지가 짓고, 증손자인 류의하가 확장 수리했다. 행랑채는 8대손인 류상조가 지은 건물로 대문과 방, 광으로 구성되어 있다. 권력과 부를 누리며 떵떵거리는 집안이 아닌 학자의 가난을 대물림하며 산 청빈의 선비였다.

다음으로 원지정사는 류성룡이 젊은 시절 지은 서고 겸 정자다. 젊은 날에 류성룡이 부친상을 당해서 고향으로 돌아왔다. 낙향하는 마음으로 다시는 세상으로 돌아가고 싶지 않았다. 고향의 아늑함과 어머니와 함께 할 수 있다는 것이 큰 행복임을 느끼고 있었다. 류성룡의 바람은 선조가 불러서 물거품이 되었다.

류성룡이 젊은 시절 가졌던 꿈을 읽을 수 있는 것이 정사의 이름이다. 원지遠志는 조급하지 않고 뜻을 오래도록 간직한다는 의미를 갖고 있는 약초다. 류성룡 자신이 지은 원지정사기문遠志精舍記文에서 '심기를 다스리고 번거로움을 제거하기 위함'이란 뜻을 담고 있다고 밝혔다. 정확하게는 원지의 뿌리 근根은 원지遠志, 싹苗은 소초라고 한다.

원지정사를 지으며 원지라는 뜻 그대로 의지를 멀리까지 가지고 갈 수 있게 하겠다는 장년시절의 다짐이 들어가 있는 건축물이다. 작은 방 하나와 정자가 전부다. 소박하고 작지만 고향의 산인 원지산을 바라볼 수 있고 원지遠志의 뜻을 크게 담은 집이 원지정사다. 원지정사에 앉아서 밖을 내다보면 바로 정면에 보이는 것이 부용대다. 부용대에 오르면 하회마을의 전경이 펼쳐지고, 원지정사에서 바라보면 부용대가 마을을 품어 안은 병풍처럼 펼쳐져 있다. 원지정사는 류성룡이 병이 들어 고생할 때 사용하기도 했고, 벼슬을 그만두고 은거할 때 별장으로 자주 이용하던 의미있는 곳이다.

다음으로 징비록을 저술한 옥연정사가 있다. 류성룡의 살림집이다. 하회마을의 화천花川 북쪽 부용대 동쪽 강가에 자리 잡고 있다. 특별한 것은 나룻배로 마을을 드나들게 되어있다. 굳이 하회마을 안에 거처를 마련하지 않고 동떨어진 곳에 마련해 조용하고 한적하다.

살아서 사는 살림집이 정사라면 죽어서 자리 잡은 집이 서원이다. 류성룡과 관계가 깊은 충효당, 원지정사, 옥연정사가 있다면 죽어서 머무르는 서원이 있다. 서원은 산 자와 죽은 자가 함께 하는 곳이다. 죽은 자의 위패가 모셔져 있고, 산 자들이 공부하는 곳이다. 다시 말하면 선학자와 후학자들이 서원에서 만난다. 선비는 평생을 공부와 관계를 끊을 수 없다. 어려서는 학문에 열중해서 과거를 보고, 과거에 합격하면 세상으로 나가 벼슬길에 들어 천하를 이끌어가고 나라를 경영하는 일에 집중해야 한다. 벼슬에서 멀어지면 다시 고향으로 돌아와 학문에 힘쓰다가 생을 마감하는 것이 선비의 일생이다.

선비로서 학문이 높은 자가 누리는 복이 있는데 죽어서도 후학을 가르치는 곳이 마련된다. 그것이 서원이다. 다시 말하면 존경받을 만한 학문을 이룬 선학을 모시고 후학들이 그분의 학문을 공부한다고 보면 된다. 안동에 가면 2개의 대표적인 서원이 있다. 류성룡의 병산서원과 퇴계 이황의 도산서원이다. 안동을 정신문화의 수도라고 자처하는 것에는 류성룡과 퇴계 이황의 서원이 자리 잡은 것도 한몫한다.

본래 병산서원은 풍산현에 있었던 풍악서당이었다. 풍산류씨들의 서당이었으나 류성룡이 병산으로 옮겨왔다. 류성룡이 타계하자 안동 일대의 유림들의 공론으로 학문과 덕행을 추모하기 위해 병산서원 존덕사를 창건하고 위패를 봉안하였다. 지금은 퇴계 이황의 위패가 모셔진 여강서원에 제자인 류성룡도 함께 모셔져 있다. 임진왜란 당시 고락을 함께 한 선배 김성일도 여강서원에 함께 모셔져 있다. 조선에서 서원은 선현들을 모시고 제사를 지내는 것이 우선이었으나 유생들이 공부하는 곳으로 서원이 독자성을 가지고 학문기관으로 발전시키는 계기를 마련한 것은 퇴계 이황부터였다. 더욱 발전해서 교화의 실효를 거두기 위한 방법으로 교육을 담당할 주체인 사림의 습속習俗을 바로잡고 학문의 방향을 올바르게 정하는 작업이 시작되었다.

04

17세에 혼례를 올리다

조선최고의 집안끼리 만나다

류성룡이 17세 되던 해에 현감인 이경의 딸과 혼례를 올렸다. 이경은 왕실 집안사람이었다. 광평대군의 5대손으로 조선 최고의 가계를 가진 집안이었다. 이른바 왕가의 사람이었다. 광평대군은 세종대왕의 다섯째 아들이었다.

조선은 관료사회였다. 양천良賤이 확실한 세상이었다. 조선은 양반-중인-양인-천민으로 나누고, 양반을 상급 지배 신분, 중인을 하급 지배 신분, 양인과 천민은 피지배 신분으로 정착되었다. 사람 위에 사람 있고 사람 밑에 사람이 있는 세상이었다. 무엇보다 신분의 세습이 강했다. 권력의 세습이었다. 과거제도가 있었지만, 과거제도도 또한 신분을 뛰어넘을 수가 없었다.

조선 최고의 가문은 물어볼 필요도 없이 왕족은 비교불가의 집안이었다. 왕족은 왕족 자체로 커다란 짐이 되기도 하고, 최고의 영광과 출세를 위한 길을 보장받기도 한다. 영욕이 함께 하는 것이 왕족이었다. 조선은 철저한 신분사회 국가였다. 혈연으로 엮인 거대한 조직이라고 해도 지나친 표현이 아니다. 한 사람을 등용시킬 때 가장 먼저 살펴보는 것이 가문의 이력이었다. 집안 내력이 당당하게 통과해야 다음으로 사람의 능력을 봤다.

혼례에서 기본적으로 고려하는 것이 빈부나 능력보다 가문의 내력을 살피는 것이 먼저였다. 개인과 개인의 결혼이 아니라 집안과 집안의 결혼이었다. 개인은 없고, 가문과 가문의 결합이었다. 결혼을 할 신랑과 신부는 얼굴도 보지 못하고 어른들이 신랑과 신부를 결정했다. 혼례일을 맞아서야 처음으로 신랑과 신부가 얼굴을 보는 것이 상례였다. 신랑과 신부가 얼굴을 제대로 보고 대화를 나눌 수 있는 때는 둘만의 공간인 첫날밤이었다.

류성룡은 장인이 현감으로 낮은 벼슬자리였으나, 왕손이라는 최고의 언덕을 가진 사람의 딸을 신부로 맞았다. 류성룡 집안도 내로라하는 집안이었다. 기본은 잘 갖춰져 있었다. 나머지는 자신의 능력에 달렸다. 류성룡은 타고난 집안과 타고난 총기가 있었다. 거기에 끈기까지 있었다. 한 번 가부좌를 틀고 앉으면 일어날 줄을 모르는 끈기로 공부에 매달렸다. 타고난 재능에 노력까지 하는 바른 사람이었다.

류성룡에게는 세상을 구경하고, 세상을 배울 수 있는 기회가 있었다. 어린 시절에 류성룡을 큰 사람으로 만들 수 있는 계기는 여기에서 출발했다. 산지식을 익힐 수 있는 더없는 경험이었다. 할아버지와 아버지의 부임지를 찾아다니는 일이었다. 조선팔도를 발로 직접 다닐 수 있었다. 커다란 공부였다. 한 자리에서 책으로 공부하는 세상과는 다른 실제로 현장에서 세상을 익힐 수 있는 시간이었다. 백성들의 참모습은 물론 눈으로 보는 관료사회도 익힐 수 있는 기회였다.

아버지가 황해도 관찰사로 있었다. 관찰사는 전국 팔도에 1명씩 두는 지금의 도지사다. 관찰사는 크게 지방관의 규찰과 지방 장관의 기능을 수행했다. 중요한 정사에 대해서는 중앙조정의 명령을 따랐지만, 도의 최고 책임자로서 관할지역의 행정은 물론 경찰권·사법권·징세권 등을 행사하는 막강한 자리였다. 지금으로 말하면 입법·사법·행정의 3권을 행사할 수 있는 자리다. 또한 관찰사는 도내의 군사 업무까지 통제하고 지휘할 권한을 갖고 있었다.

다시 말해 도내 수령에 대한 지휘권은 물론이고 병마절도사·수군절도사의 직책을 모두 겸해서 따로 병마·수군절도사가 두어지는 도에서도 군사에 대한 통제권을 행사하는 실질적인 지방을 관리하는 최고의 자리였다. 일반 행정으로는 한 국가를 통치하는 조직체계와 같은 조직으로 운영되었다. 이·호·예·병·형·공의 6방 체계로 관리했다. 행정의 집행과정과 운영체계를 눈으로 읽힐 수 있었다.

류성룡은 할아버지와 아버지의 부임지를 방문할 수 있는 특권을 가진 자식이었다. 조선은 부임지에 가족을 데리고 갈 수 있었다. 하지만 류성룡의 할아버지와 아버지는 혼자 부임지에 있었다. 류성룡은 때에 따라 할아버지와 아버지의 부임지를 찾아가 인사를 하고 배움을 가질 수 있었다. 그곳의 친구들을 사귀었다. 류성룡은 전국을 방문할 수 있는 특별한 경험을 할 수 있었다. 당시로서는 전국을 방문할 수 있다는 것은 예사로운 일이 아니었다. 전국을 유람할 수 있어 세상사를 이해하고 관찰할 수 있는 인간 성숙을 위한 발판이 되었다.

류성룡이 18세 되던 해에 할아버지가 부임지에서 타계했다. 아버지는 당시 황해도 관찰사로 있었다. 아버지와 동행해서 할아버지의 시신을 모신 상여를 받들고 고향으로 내려왔다. 먼 길이었다. 그냥 걷기도 먼 길을 상여를 메고 내려왔다. 당시 조선은 산길에는 마차가 다닐 수 있는 큰길도 드물었다. 보부상들이 지게에 짐을 메고 다닐 정도가 전부였다. 상여를 메고 간다는 것은 무리였다. 중도에서 류성룡은 병을 얻어 한양으로 돌아왔다. 아버지는 할아버지의 타계로 3년상을 치렀다. 여막이 마련된 경상도 군위 송현(松峴 솔티)에서 생활하는 아버지와 함께 여묘廬墓살이를 하기도 했다.

할아버지와 아버지의 영향으로 사서삼경을 외우는 것으로 공부만 하는 학생이 아니라 세상 물정을 이해하고 몸으로 체득할 수 있는 인생 공부를 병행할 수 있었다. 류성룡은 벼슬길에 들어가기 전에 이미 세상을 이해하는 폭이 넓었다. 학문과 현장을 함께 공부하고 있었다. 현장을 이해하는 학자의 길로 들어서고 있었다. 이미 혼례를 치른 성인이었고, 향시에 합격한 유생이었으나 글공부에만 매달린 것이 아니었다. 아버지와 함께 여묘살이를 하고 있을 때였다. 류성룡은 여러 친우들과 군위의 남계南溪에 놀러 가서 수석水石을 둘러보고 시를 읊었다.

"내가 성인의 문하門下에서 놀게 되었다면, 단목씨 만큼은 배울 수 있었을 것이다."

단목씨段木氏는 공자의 제자로 자공子貢으로 알려진 인물이다. 살아생전에 '공자보다도 뛰어난 인물'이라는 평을 받기도 했다. 뛰어난 정치가면서 또한 사업에도 수완이 있었다. 중국에서는 최초의 유상儒商으로 칭송받는 인물이다. 성공한 정치가 겸 사업가였다. 한 마디로 세상을 아는 선비였다. 공자의 제자 중 가장 현실적인 적응력과 세상과의 타협을 잘한 제자였다. 말로만 정치를 하는 것이 아니라 현실정치를 하는 사람이었다.

'이의취리 이리제세以義取利 以利濟世'즉 '의義로써 이득을 취하고, 그렇게 얻은 이익으로써 세상을 구제한다'는 유상의 길을 걸은 사람의 표본이다. 부를 쌓으면서 동시에 학행과 덕행의 수련을 게을리 하지 않았던 인물이었다. 공자의 경제적인 뒷받침을 해준 제자다. 공자가 주유천하 했을 때도 수행하며 끝까지 경제적인 면과 현장을 따라다니며 보좌했다.

논어에 자공의 얘기가 제일 많이 나온다. 총명하고 사교에 능했다. '이문촉상 이상양문以文促商 以商養文'이라 하여 학문을 기반으로 하여 상업을 일으키고, 상업을 바탕으로 하여 학문을 다시 키운 인물로 현실 적응에 뛰어났다. 류성룡의 일생을 관통하는 삶과 닮아있다. 현실정치를 편 것에서 닮아있다.

류성룡은 19세 되는 가을에 한양으로 돌아왔다. 시월에 관악산 암자에 들어갔다. 8세에 읽었던 맹자를 다시 읽었다. 그런데 맹자 읽기는 당시 조선의 과거 시험준비와는 상관없는 공부였다. 류성룡이 산사에 가니 과거공부를 하러 들어와 글 읽는 사람들이 많았다. 류성룡은 번잡한 것이 싫어서 비어 있던 암자를 수리하여 따로 거처했다. 한

가한 곳을 마련해서 독거를 했다. 밥 짓고 나무하는 동자 한 명만을 데리고 공부에 몰두했다.

류성룡은 공부하는 재미에 침식까지 잊을 정도였다. 특히 맹자에 빠졌다. 맹자는 과거시험과는 상관이 없는 내용이었다. 맹자는 조선시대 전반에 걸쳐 존경하는 인물이면서도 기피대상 인물이기도 했다. 맹자의 사상 때문이었다. 우선 맹자는 공자가 말한 '인仁'에 '의義'를 더해 자신의 왕도王道 정치를 완성했다. 성선설에 입각해서 모든 사람은 선한 존재라는 인식 위에 백성은 나라의 근본이니 근본이 견고하면 나라가 안녕하다고 했다.

조선이 수용하기에는 맹자의 그릇이 컸다. 맹자의 민본사상을 살펴보면 기피한 이유를 확인할 수 있다. "하늘이 보고 듣는 것은 백성이 보고 듣는 그 자체"라고 했다. 하늘과 백성을 같은 등위에 올려놓았다. "백성이 하고자 하는 바는 하늘이 반드시 따른다."는 말로 백성을 우위에 올려놓았다. 다른 말로 바꾸면 백성이 원하지 않으면 왕조도 바꿀 수 있다는 선언서였다. 하늘天과 백성民을 일치시켜 백성의 판단과 의사가 하늘의 판단과 의사에 앞서는 것으로 이런 과격한 언사로 맹자는 선언했다. 천자의 자리는 "하늘이 준 것이요, 백성이 준 것이다."라고 함으로써 백성이 모든 정치 행위의 주체임을 외쳤다.

맹자는 또한 국가 요소로 토지·인민·정사政事라고 했다. 백성과 국가와 군주 가운데 백성을 가장 존귀한 존재로 인식하고 군주를 그중 가볍게 평가했다. 백성 없이 국가가 없고 정치적 목적 또한 실현되지 않는다고 보았다. 맹자의 사상인 백성은 귀하고 임금은 가볍다는 민귀군경설民貴君輕說을 선봉에 세워놓았다. 민심이 천심이라는 뚜렷한 민본의식이 있었다. 당연히 조선왕조에서는 멀리하고 싶은 맹자였다. 하지만 맹자는 유교를 완성한 인물로 유교를 신봉하는 조선의 입장에서 멀리할 수도 없는 존재였다. 류성룡은 19살 약관의 나이에 맹자에 몰입했다.

물론 하늘과 백성을 같은 위치로 끌어올렸지만 전제를 달았다. '하늘이 보고 듣는 것을 백성이 보고 듣는 것'과 일치할 때라는 전제를 달았다. 하지만 전제가 무색해진다. 백성이 보고 들을 것을 인정하면 자연스럽게 민본이 실행된다. 왕을 우선하는, 백성의 정치가 내내 이루어진 적이 없는 조선이었다. 도전하는 자에게는 무서운 형벌이 따랐다. 역적이라는 무지막지한 형벌이었다. 삼족을 멸한다는 형벌이었다. 삼족이란 나를 기준으로 부모, 형제, 처자를 통틀어 이르는 말이다. 아버지, 아들, 손자 삼대에 걸쳐 혈연으로 연결된 사람들을 삼족이라고도 하며 부계, 모계, 처계를 통틀어 이르는 말이기도 하다. 수십 명이 될 수도 있다. 역모가 발각되면 집안이 아예 사라져버린다. 심지어 역적이 살던 집터를 파서 호수로 만들기도 했다. 권력의 무서움을 말해준다.

아버지와 할아버지의 임지를 오가며 세상을 익혔고, 과거시험 공부를 하는 대신 학문의 넓이를 확장하기 위해 절로 들어갔다. 류성룡은 맹자에 탐닉하면서 현실과의 괴리를 생각했을 것이다. 군왕과 백성들을 생각했을 것이다. 기록이 전하지 않는다. 하지만 확실한 것은 백성의 이익을 대면하는 현실정치인으로서 성장하는 발판은 과거공부가 아닌 하늘 아래 어디에도 종속되지 않은 독립된 인간다운 인간이 되기 위한 공부에 몰두한 것에서 정립되었을 것으로 보인다.

류성룡이 공부에 얼마나 몰입했는가에 대한 일화가 전한다.

밤이 깊으면 벽을 두드리는 소리가 이따금 들렸다. 류성룡은 못 들은 체했다. 어느 날 밤에 승려가 불쑥 나타나서 말했다.

"깊은 산속에 홀로 있으니 도둑이 겁나지 않소?"

류성룡이 빙긋이 웃으며 답했다.

"사람은 본디 헤아릴 수 없습니다. 스님께서 도둑질을 안 할지 어떻게 알겠습니까?"

승려는 아무 대꾸도 없이 문밖으로 나가 의심이 나는 행동을 했다.

그러나 류성룡은 정좌하고 앉아 글만 읽었다. 마치 석상 같았다.

승려가 다시 찾아와 절을 하며 말했다.

"젊은 서생으로서 의지가 이다지도 굳으니, 후일에 반드시 큰 인물이 될 것이요."

승려가 류성룡이 공부를 독실하게 한다는 말을 듣고, 밤에 일부러 도둑행세를 하며 실제로 류성룡의 지기를 떠보려고 한 것이었다. 책을 한 번 잡으면 시간이 가는 줄 모르고 열중했다. 몰입과 집중이 예사롭지 않았다. 자신을 갈무리하고 자신을 강하게 관리했다. 류성룡에 대한 일화는 여러 가지 전해온다. 그만큼 류성룡에 대한 공적과 인생을 인정하기 때문이다.

사내의 길, 과거를 보다

조선의 사내에게는 숙명적인 길이 있었다. 이미 정해진 길이었다. 시대가 요구하는 것을 거부하면 대장부로서 할 일이 아니라고 생각했다. 사내의 길은 사대부의 길이었다. 사대부士大夫는 조선의 남아가 가야 할 길이었다. 성리학이 지배하고 있는 조선의 선비사회에서는 거부할 수 없는 명령이었다. 사대부의 길은 출세였다. 사대부士大夫에서 사士는 벼슬을 하지 않은 선비고, 대부大夫는 벼슬을 한 선비다. 출세出世는 사내가 벼슬을 해서 세상으로 나가 나라를 위해 세상을 위해 자신의 포부를 펼치는 것을 말한다. 성공이 아니라 남아로서 당연히 할 일이었다.

다시 말해 세상에 태어났으면 학문을 닦고, 학문을 닦아서 과거를 봐 관리로 등용되어 나라와 세상을 위해 일하다 마치면 다시 고향으로 돌아와 후학을 가르치는 것이 당연한 도리였다. 벼슬을 하기 위한 준비단계로 선비인 스승을 모시고 공부를 해, 과거를 보고 관리로 임명되어 세상에 헌신하다가 나이가 들어 벼슬을 놓고 돌아와서는 제자를 양성하는 것이 선비의 길이었고 남아의 길이었다.

류성룡은 16살 되는 해 가을, 향시鄕試에 합격했다. 향시는 각 도에서 도내의 유생들이 볼 수 있는 초시初試였다. 조선의 과거제도는 출세를 위한 유일한 문이었다. 다른 길이 없었다. 상업으로 돈을 벌어도 사람으로 인정을 받기 어려웠고, 공업은 더욱 천시되었다. 성공의 문은 외길이었다. 과거시험이었다. 조선 인구를 정확하게 파악할 수 없지만 1,000만 명 정도로 볼 수 있다. 과거시험은 3년에 한 번 시행됐다. 부정기적인 시험이 있었지만, 과거에 급제하기가 힘들었다. 류성룡은 어린 나이에 첫 관문인 초시에 합격했다. 초시는 1,400명을 뽑았다. 한성에서는 진사시와 생원시로 200명씩 400명, 지방에서 보는 향시는 500명씩 1,000명을 선발했다.

조선의 과거제도에서 급제를 한다는 것은 인생을 보장받는 등용문이었다. 1,400명 중에서 복시覆試를 봐서 200명만을 선발해 성균관으로 들어가 공부하는 자격을 주었다. 진사나 생원이란 명칭을 얻을 수 있는 자격이었다. 우리가 '생원'이나 '진사'라고 하는 것이 이 시험을 합격한 사람을 이르는 말이다.

류성룡은 16세가 되던 해에 아버지의 임지인 평안도 의주에서 어머니가 있는 한양으로 돌아왔다. 과거공부를 별도로 하지 않았다. 그럼에도 류성룡은 어린 나이에 첫 시험을 통과했다. 류성룡은 초시에 합격하고서도 과거시험 준비를 이어서 하지 않았다. 류성룡은 19살 때 관악산으로 들어갔다. 류성룡은 과거와는 직접적인 관계가 없는 맹자를 팠다. 류성룡은 맹자를 20번이나 읽었다. 맹자를 다 외워 버렸다. 20번을 읽었다는 것은 그만큼 맹자의 사상에 빠졌다는 것을 의미한다. 감수성이 절정에 이르는 시기가 20세 전후다. 또한 철학적 사고가 자리 잡는 나이가 20세 전후다. 이성적 성찰과 감성의 절정이 만나 치열하게 내부다툼이 있을 나이다.

류성룡이 19세의 나이에 과거시험 과목도 아닌 맹자를 다시 읽었다는 것은 맹자의 깊이와 넓이에 심취해 있었음을 말한다. 맹자는 성선설性善說을 주장한 인물이다. 인간성을 선善에 두었다. 근본이 선이니 언제나 다시 선으로 회귀할 수 있음을 주장한다. 인간에게 긍정을 부여했다. 류성룡은 생애 전반이 한쪽으로 기울어지지 않았고 인간에 대한 편애를 자제했다.

그리고 맹자는 왕도정치를 주장했다. "하늘이 보는 바는 백성이 보는 바를 따른다. 하늘이 듣는 바는 백성이 듣는 바를 따른다."고 했다.

그리고 “백성이 가장 귀하고 사직은 다음이다. 군왕은 가장 가볍다.” 라고 설파했다. 왕의 절대성과 왕의 권력을 당연시하던 조선에서 맹자는 이단아였다. 조선의 성리학이 지배하는 폐쇄되고 경직된 세상에 맹자는 진보 중에 진보적인 사상이었다. 더구나 선조라는 옹졸하고 편협한 군주에게 맹자는 멀리해야 할 인물이었다. 조선에서는 버리고 싶은 학문이었지만 유교의 핵심 인물 중 한 사람인 맹자를 저버릴 수 없었다. 조정과 조선을 지배하는 원리로는 상당히 거리를 두고 있었다. 침묵하는 다수가 있었지만, 조정의 관리들과 왕에게는 조심스러운 사상이었다.

왕에게 충성할 때 류성룡은 백성에게 충성하려 했다. 모두가 나라의 잘못된 점만을 지적할 때 류성룡은 문제의 핵심을 파악하고는 해결책을 찾아냈다. 모두 말로 세상을 비판할 때 류성룡은 몸으로 대안을 찾아 현장에 있었다. 맹자의 철학을 따른 결과였다. 한 사람의 운명은 한 권의 책에서 출발할 때가 있다. 책 한 권이 인생을 바꾼다는 말은 류성룡에게도 적용되었다. 류성룡의 독서는 류성룡의 인생을 관통하는 중요한 철학을 제공했다. 류성룡이 17세에 양명학을, 19세에 맹자를 탐독했다는 사실은 류성룡의 사상적 근원을 이해하는데 중요하다. 양명학은 주자학에 비해 매우 실용적이고 개혁적이었다. 백성이 우선이고 백성이 근원이며 백성의 보는 바를 하늘이 따른다는 혁명적인 맹자의 사상을 류성룡은 체화했다. 또한 맹자는 자유무역을 주장했다. 세금탕감과 난민구호를 비롯한 노역의 축소를 주장했으며 부는 평등 분배되어야 한다고 주장했다. 류성룡의 향후 주장하는 바와 상당 부분 일치하고 있음을 확인할 수 있다.

맹자는 생산이 든든해야 마음도 든든하다는 항유산 항유심恒有産恒有心을 주장했다. 먹을거리가 생산되어야 생각할 마음도 나온다는 말이다. 생계가 안정되어야 인륜과 법치도 가능해진다는 논리다. 한마디로 먹고살 거리가 백성에게는 우선이고, 먹고살 거리가 나라와 임금보다 중요하다는 말이다. 유교의 창시자가 공자라면 유교를 확장, 체계화한 인물은 맹자다. 유교의 공동 창시자인 셈이다. 류성룡의 마음속에는 공자보다 맹자가 자리 잡고 있음을 생애 전반에 관리로 있으면서 행한 내용들을 살펴보면 알 수 있다. 류성룡은 맹자를 암송하고 다닐 정도였다.

류성룡이 또 반한 것은 춘추였다. 20살 되던 해에 고향 안동 하회에서 춘추를 30번도 넘게 읽었다. 류성룡이 글을 쓰게 만들어준 책이 춘추였다. 류성룡은 춘추를 접하고서 문장 짓는 법을 깨우치게 되었다. 말년에 고향으로 돌아와서 집필에 임하게 되었을 때 힘이 되어준 책이 바로 춘추였다. 맹자와 춘추가 류성룡을 키웠다.

과거시험과는 관련이 없는 맹자와 춘추를 읽은 것이 오히려 류성룡이 과거시험을 보는 데 힘이 되었다. 학문의 깊이가 깊어지고 넓어져서 세상을 바라보는 시선이 열리고 확장되었다. 류성룡은 이렇게 자식들에게 말했다.

“나는 과거공부를 하는데 합격하기 위한 문을 살핀 일이 없다. 다만 경서를 연구하는 학문은 얻는 것이 없어도 평생토록 아끼고 귀중하게 여겼다. 너희들도 부질없는 과거공부를 잠시 접어두어라. 논어 맹자 대학 중용을 가져다가 정밀하게 사색하고 익숙하게 읽어서 자기의 것이 되도록 하면 안목은 저절로 높아지고 마음도 저절로 넓어질 것이다. 기타의 보잘것없는 것들이야 힘들이지 않고도 할 수가 있을 것이다. 태산에 오르고 나면 모든 산이 언덕과 개미둑처럼 작아 보이는 것을 알 수 있으니 부디 노력하기 바란다."

자식들에게 가르친 류성룡의 철학을 확인할 수 있다. 과거보다 학문이 우선이라는 점이다. 과거보다는 학문적인 성찰과 안목을 강조하고 있다. 나를 먼저 닦아야 세상으로 나가 바른 철학을 펼칠 수 있음을 가르치고 있다. 조선의 선비로서의 바른길을 가기 위한 아비로서의 부탁이었다. 탄탄한 철학적인 기반이 있어야 다른 것을 보는 것에도 흔들림 없이 바른 행동으로 이어질 것을 인식시키려 하고 있다.

경상도 의성 땅 사촌리는 어머니의 고향이다. 의성에서 태어났고, 아주 어린 시절을 살다 아버지의 고향인 안동 하회로 돌아왔다. 다시 어머니는 한양 건천동으로 자리를 옮겼다. 류성룡은 어려서부터 아버지의 임지를 따라다니며 글을 배웠다. 식견과 교유관계를 원만하게 하는 것을 익힌 것은 매번 아버지의 임지를 따라다니면서 새로운 친구들을 사귀어야 하는 입장이었기 때문으로 보인다.

류성룡은 전국을 돌아다니며 공부를 했다. 일정한 스승이 있지 않았다. 공부를 하면서도 활달했다. 명문가의 집안에 태어났지만, 명문 사대부 집안의 아이들처럼 공부하는 사랑방만을 고집하지는 않았다.

류성룡은 아버지의 임지를 따라 따라다니며 생활한 것이 힘이 되었다. 정착민의 고착된 안목에서 유목민의 이동하는 유연성을 배웠다. 사람을 사귐에 있어 편벽됨이 없었다. 그럼에도 관직생활 내내 류성룡을 괴롭힌 사람이 있었다. 류성룡과 영의정의 자리를 주고받은 이산해였다. 일인지하 만인지상一人之下 萬人之上의 자리. 한 사람에게

만 아래이고, 나머지 모든 사람에게는 위라는 뜻이다. 조선 시대 영의정을 두고 하는 말이다. 자신보다 높은 사람은 왕뿐이고 왕을 제외하면 최고의 자리였다.

류성룡은 둥글었다. 모나지 않은 처세로 유명하다. 모두 각을 세우고 첨예하게 대립할 때 류성룡은 유연하게 처신했다. 처세의 달인이었다. 적과 적이 정치하는 것이 아니라 다른 생각을 가진 사람들이 모여서 국사를 논하는 자리가 조정이라고 생각했다. 다른 생각을 가진 사람이 있다는 것은 내가 가진 생각보다 뛰어난 생각을 가지고 있는 사람이 있다는 것을 인정한 것이다. 정치의 속성은 타협과 절충에 있다. 혼자 결정하면 되는 것을 조직을 만들고 감시와 당당함을 지적하는 삼사를 두었겠는가.

삼사는 조선시대 언론을 담당한 사헌부·사간원·홍문관을 합하여 부른 말이다. 사헌부는 백관에 대한 감찰·탄핵 및 정치에 대한 언론을, 사간원은 국왕에 대한 간쟁諫諍과 정치 일반에 대한 언론을 담당하는 언관言官이다. 홍문관은 궁중의 서적과 서류를 관장하였고, 경연관經筵官으로서 왕의 학문적·정치적 고문에 응하는 학술적인 직무를 담당했다.

류성룡은 전체를 파악하고 통찰하는 능력을 가졌다. 혼자 생각으로 편벽되는 것을 막기 위한 것이 다수에 의한 소통으로 만들어낸 큰 정치임을 류성룡은 알았다. 류성룡은 누구보다도 통합의 정치인이었다. 나와 다른 생각을 가진 것은 틀림이 아닌 다름인 것을 실천한 인물이었다.

한곳에 머물러 만나는 사람만을 만나는 우물 안에서 생활하지 않고,

어린 나이에도 세상을 두루 살필 수 있는 기회가 있었다. 같은 조선이지만 각기 다른 풍습과 다른 사투리를 쓰는 사람들을 만나며 세상의 안목을 넓혔다. 경상도의 풍습이 전라도와 달랐고, 한양과 달랐다. 평안도에서는 더욱 달랐다. 다른 것을 접하면 새로운 것에 대한 인식을 바꿀 수 있는 기회가 주어졌다. 아버지의 임지를 따라다니며 파도의 습속과 기질을 익혔다. 음식이 달랐다. 성격도 달랐다. 다름을 만나면서 어린 류성룡은 사유의 지평을 넓힐 수 있었다. 보다 크게 보고, 더 많이 이해할 수 있도록 생각의 울타리를 확장했다.

4-1

이황李滉의 제자로 학문을 익히다

"이 젊은이는 하늘이 낳고 하늘이 낸 사람이다"

조선 500년을 통틀어 최고의 학자를 들라면 퇴계 이황과 율곡 이이다. 조선 성리학의 양대 산맥이다. 거유巨儒 이황의 산하는 크고 넓었다. 류성룡은 21살 때 이황의 제자로 들어갔다.

류성룡과 류운룡 형제는 말년에 안동 하회마을에서 함께 살았다. 형제는 이황에게서 함께 수학했다. 이황의 산하에는 인재들이 많았다. 조목과 김성일이 선배로 있었다. 조목은 1524년 생으로 1939년생인 류운룡보다는 15세나 많은 대선배였다. 류성룡 형제가 이황의 문하로 들어갔을 때는 이미 조목은 조선을 대표하는 학자였다. 생활이 무척 빈곤하면서도 학문에 전력하여 대학자로서 존경을 받았다.

정온은 조목의 신도비명에 이렇게 적었다.

"벼슬에 뜻이 없었다. 해마다 임명받고, 달마다 옮겨 40여 관직에 이르렀으나 취임한 적이 얼마 없었다. 혹 나갔다 해도 또한 오래 머무르지 않았다. 모두 여덟 번 수령에 임명되었으나 다만 봉화、영덕、합천에만 부임하였고, 그것도 곧 버리고 돌아왔다."

조목의 사람됨을 설명하고 있다. 조목 자신의 술회에서도 그대로 보인다.

"과문科文이란 어버이를 위하여 공부하는 것이나 도학道學이란 그런 것이 아니다."

과문科文은 과거 공부다. 과거공부를 그만두고 학문에 더욱 정진할 것을 선언한 조목의 발언이다. 조목은 마침내 대학자가 되었다. 가난하고 생활이 어려워 스승인 이황이 쌀을 보내 주기도 했다.

관직생활을 함께 한 김성일은 1538년생으로 류운룡보다 1살이 많고 류성룡보다는 4살이 많다. 류성룡과 류운룡에게도 선배다. 김성일은 임진왜란 직전에 통신사절단의 부사로 일본에 갔다 온 인물이다. 정사인 황윤길과 다르게 일본이 침략하지 않을 것이라고 보고한 장본인으로 알려진 인물이다. 하지만 임진왜란이 발발하자 적극적으로 전장에 나가 공을 세운 조선의 학자다.

류성룡과 김성일의 인연은 깊다.

선배인 김성일은 후배 류성룡에 대해 이렇게 말했다.

"서애西厓는 나의 스승이다."

또한 류성룡도 김성일을 향해 다른 사람에게 이렇게 말했다.

"학봉은 내가 따라갈 수 없다."

서애는 류성룡의 호고, 학봉은 김성일의 호다. 두 사람의 교분은 서로를 높여줌이 따뜻했다. 그리고 위기에 처했을 때도 서로를 위하는 마음을 행동으로 보여주었다. 임진왜란이 발발하자 김성일을 잡아 오라고 소리쳤다. 선조는 극도로 화가 났다. 일본이 지금 당장은 쳐들어오지 않을 것이라고 한 김성일이었다. 김성일은 일본이 쳐들어온다고 하면 조선 백성이 동요할 것을 우려해서 쳐들어오지 않을 것이라고 했다지만 국사를 운영하는 사람으로서 큰 실수를 했다.

그렇지만 기록으로 볼 때 김성일은 백성들의 고충을 보살피려는 등 나름대로 우국충정이 있었고 무조건 전쟁 준비를 하지 말자는 것은 결코 아니었다. 예를 들면, 통신사로 귀국한 이후 부제학이 되어 상소하기를 "군정을 닦아 변방을 튼튼히 하소서."라고 하거나 "관방關防(국경 방위)이 예로부터 있던 곳은 해마다 튼튼한 성을 쌓아 견고하게 하소서."라고 하는 등 필요한 조치를 취하도록 건의하였다.

그러나 전쟁이 터졌다. 전쟁이 터지자 선조는 화가 머리끝까지 치밀어서 김성일을 잡아 오라고 명령했다. 김성일이 압송되어올 때 류성룡은 적극적으로 변호했다. 선조는 마음이 흔들리고 일관된 원칙을 지키는 사람이 아니었다. 류성룡이 나섰다. 류성룡에게 김성일은 퇴계 문하에서 동문수학한 선배였다. 김성일의 구명을 위해 선조에게 말했다. 김성일의 마음을 알았기 때문이었다.

"김성일의 소견은 미흡한 바가 있겠습니다. 하지만 충성은 넘치고 남음이 있습니다. 일사보국一死報國, 즉 자신의 한 몸을 죽여 나라를 위한 일에 쓰겠다고 자신이 한 말을 어기지 않을 것입니다. 신이 이것을 책임지겠습니다. 김성일이 임지로 가서 적병을 막으려고 하고 있습니다. 경상도 안에 군대를 주관할 책임을 잘할 것입니다."

류성룡은 직산까지 잡혀오던 학봉을 경상도 초유사로 보내게 하는 기지를 발휘했다. 그래도 정사를 함께 논했던 정으로 선조가 대신들에게 말했다.

"김성일의 장계狀啓에 '일사보국一死報國한다'는 말이 있는데, 김성일이 과연 실천할 수 있겠는가?"

일사보국은 자신의 몸을 죽여 나라를 위해 일하겠다는 것이다. 선조는 김성일이 보낸 장계를 보고 흔들렸다. 얼굴을 맞대고 정사를 논하던 인물이었고, 김성일이 일본이 쳐들어오지 않을 것이라는 의미가 어떤 의미로 발언할 것인 줄을 알고 있었다.

옆에 있던 광해군이 류성룡의 편을 들었다. 선조의 노기가 그제야 풀렸다. 직산까지 붙들려오던 김성일은 경상우도 초유사招諭使로 즉시 임명되어 전선으로 다시 남하했다. 죽음 직전에 목숨을 건졌다. 류성룡이 김성일의 목숨을 두 번이나 구한 셈이다.

김성일이 전장에서 죽자 류성룡은 이렇게 한탄했다.

"평생의 지우는 오직 그 한 사람뿐이었다."

형과 아우의 관계였지만 뜨거운 우정이 있었다.

이황의 문하에는 조목과 김성일을 비롯한 조선을 대표하는 인재들이 많았다. 류성룡이 정계에 입문해 활동할 때도 서로 교유했다. 류성룡은 이황의 제자로 들어가서도 눈에 띄는 인재였다. 류성룡이 주자의 근사록近思錄의 내용에 대해 중요한 부분을 조목조목 물었다. 질문에 학문의 깊이가 그대로 드러난다. 성리학에 전념하면서 실천적인 것을 구하여 성현의 지표로 삼고 핵심 내용에 대한 류성룡의 질문의 날카로움을 만난 이황이 류성룡을 향해 이렇게 말했다.

“차인천소생야 천지소출자此人天所生也 天之所出者,
이 젊은이는 하늘이 낳고 하늘이 낸 사람이다.”

이황은 류성룡을 보고 하늘이 보낸 사람이라면서 큰 인물이 될 것을 예감했다. 함께 이황의 문하에서 공부한 선배 김성일은 류성룡에게 이렇게 말했다.

“내가 퇴계 선생 밑에 오래 있었으나 한 번도 제자들을 칭찬하시는 것을 본 적이 없네. 자네만이 이런 칭송을 받았네.”

주위에서 류성룡의 학문에 놀라워했다.

스승 이황과의 만남은 그리 길지 않았고 이황의 문하에서 김성일보다 짧은 기간 동안 수학했다. 이황은 조선 유학의 거목이었으며 큰 산이었다. 이황의 학문은 영남권 인재의 산실이기도 했다. 류성룡이 문과에 합격해서 성균관에 들어가면서 스승과의 만남은 멀어졌다. 류성룡은 관직에 들어가서 요직을 두루 거쳤다. 바쁘고 중요한 자리였다. 명나라에 서장관으로 다녀오고, 인사권을 쥔 이조정랑 자리에 있어서 바쁘고 고향을 찾을 시간이 없었다. 이황을 만난 지 불과 7년 만에 스승 이황은 세상을 떠났다. 하지만 류성룡에게 이황의 영향은 컸다. 30세에 시간을 얻어 안동 낙수落水의 서쪽 언덕 밑에 스승의 학문을 전수하기 위해 서당을 지으려 했다. 스승과 제자의 만남은 짧았지만 마음의 울림이 컸음을 알 수 있다.

서당을 짓는 것은 실행에 옮기지 못했지만 마음에 남아있었다. 마음에 살아있는 뜻을 그대로 살려 서애西厓라는 호를 지었다. 서애는 류성룡이 낙수의 서쪽 언덕에 사당을 짓고 싶었던 마음의 일단을 그대로 호로 삼았다.

학이사위주學而思爲主 학습법으로 근사록에 빠지다

류성룡은 책을 읽을 때 주해를 먼저 보지 않고 원전을 생각하고 생각하며 읽었다. 류성룡의 학이사위주學而思爲主 학습법이 그를 키웠다. 학이사위주 학습법은 생각을 생각하여 메타인지를 키우는 학습법이다. 20대 시절 이황의 문중으로 들어간 류성룡이 관심을 가진 것은 근사록이다. 근사록은 성리학자들의 사상과 학문을 요약한 책으로 주자와 여조겸이 편집한 책이다. 제목의 근사近思는 논어의 널리 배우고 뜻을 돈독히 하며 절실하게 묻고 가까이 생각하면 인仁은 그 가운데 있다는 구절에서 따왔다. 특히 절문이근사切問而近思, 절실하게 묻고 가까이 생각하면 인仁은 그 가운데 있다는 구절이다.

근사록은 주자학의 입문서다. 또한 주자학의 교과서다. 근사록은 송나라 때 성리학을 종합하고 완성한 주희가 친구인 여조겸과 함께 저술했다. 자신들의 선배인 북송의 네 선생, 즉 유학의 대가들인 주돈이, 정호、정이 형제, 그리고 장재에 대한 이야기다. 주제별로 분류해서 편찬한 선집選集이다. 성리학을 이해하려면 꼭 필요한 책이다. 입문서라고 하지만 깊다. 류성룡의 스승인 이황은 근사록을 일러 이렇게 말했다.

"근사록은 주역의 설을 인용한 것이 많아 의미가 정밀하고 깊어 초학자들이 갑자기 이해하기 어려워 배우는 자에게 먼저 가르치지 않는다."

학문은 아편과 같아 한 번 빠지면 헤어 나오기 어렵다. 잡힐 듯 잡히지 않고 무한을 향해 빨려 들어가는 꼬리를 잡고 다시 방황하게 된다. 결국은 원리를 확연히 드러내겠다는 욕망에 사로잡혀 무섭게 생각에 빠져든다. 근사록의 1장 도체道體 편에 도의 근본에 대해 설명한다.

"무극無極이면서 태극太極이다. 그 태극이 움직여 최초의 움직임을 낳았다."

오묘하다. 설명은 간단하지만 설명의 핵심인 도는 순간 꼬리를 자르고 도마뱀처럼 사라진다. 답을 준듯한데 잡히지 않는다. 꼬리를 자르고 몸체는 도망가 버리고 잘려져 남은 꼬리는 다시 미궁으로 살아난다. 쉽게 설명하면 음양의 무극은 대치상태로 정지해 있다. 동적인 태극의 운동성을 만나서 움직이기 시작한다. 바로 태극이 바로 최초의 움직임을 만든 존재임을 설명하고 있다. 쉽지만 쉽지 않다.

성리학에서도 주자학에서는 우주의 질서와 과정에 어떤 중심 혹은 원리가 있다고 믿었다. 당연히 도의 몸인 도체道體에 관심이 집중될 수밖에 없다. 도의 몸뚱이는, 즉 '인간의 길을 정초하는 기반 혹은 근본 조건'으로 본다. 주자학에서는 그것을 인격이라고는 말하지 않는다.

근사록의 편집을 같이한 여조겸의 서문을 살펴보자.

"우주의 근본 비밀은 초학자가 접근할 수 있는 것이 아니지만, 배우는 자들이 지금 어디로 가고 있는지는 알아야 할 것이 아니냐."

류성룡의 스승인 이황은 자신의 필생 역저 성학십도聖學十圖 첫머리에 태극도설을 넣었다. 철모르는 제자들에게 태극도설부터 가르쳤다. 어려워하는 내용을 섭렵하고 오히려 전체를 꿰뚫는 류성룡의 질문은 핵심을 찌르는 것 같았고, 설명해주는 대학자 이황은 초보자인 류성룡의 근사록에 대한 질문을 보고 류성룡의 학문의 깊이를 간파했다. '하늘이 낸 사람'이라는 말은 근사록을 두고 스승과 제자가 만나서 토론하는 과정에서 스승이 제자에게 한 말이었다. 하늘이 낸 사람이라는 말은 스승으로서 제자에게 하기 어려운 말이었다. 이황은 류성룡의 됨됨이를 몇 마디 말로 꿰뚫었다.

향시에 합격하고 다시 소과에 합격한 류성룡은 철학적인 질문에 빠져있었다. 과거에는 출제되지 않는 내용이었다. 과거에 뜻을 두어야 할 청년이 과거에 몰두하지 않고 더 깊은 학문의 세계로 들어갔다. 벼슬길로 들어가는 것보다 존재의 의미가 필요했다. 인간은 무엇인가라는 근원적인 문제를 해결해야 했다. 인간의 욕망은 무엇이고, 왜 필요한가를 알아야 했다. 그리고 내가 가지고 있는 욕망은 있어야 하는가 버려야 하는가를 알고 싶었다. 원천적인 문제의식을 가져야 관심이 가고, 탐독할 수 있는 책이 근사록이었다. 류성룡은 학이사위주學而思爲主 학습법으로 근사록을 탐닉했다.

인간은 시상에 태어날 이유가 있는 존재인가. 나는 자연인가, 자연이 나인가. 궁극을 향한 답은 오리무중이다. 그럼에도 알아야 하는 것이 존재에 대한 물음이다. 주희에 의하여 집대성된 성리학은 모든 것을 기氣로 설명한다. 기를 다시 세상을 두 개의 차원으로 인식한다. 성性과 이理다. 성과 이를 파악하면 핵심은 정리된다. 모든 사물과 사회를 움직이는 동력은 높낮이가 있고 다르다. 다른 것을 설명하는 것이 쉽지 않다. 본래 타고난 마음인 본성本性을 이理라고 하고, 육체적 욕망인 본능本能을 기氣로 보았다. 인간을 여기에 대입해 분별력이 있는 본성인 본연지성本然之性과 욕망덩어리인 본능의 기질지성氣質之性이라는 개념으로 체계화했다. 다시 말하면 본연지성은 모든 인간의 마음에 존재하는 도덕적 본성을 의미하고, 기질지성은 육체적인 본능을 기본으로 하고 있음을 의미한다.

본성과 본능의 대결에서 당연하게 분별력이 있고 도덕적인 본성을 따라야 한다는 것이 성리학의 기본이론이다. 자연과 인간에 대한 근원적인 질문과 대답을 한 것이 성리학이고, 성리학 중에서도 조선이 받아들인 것은 주자학이다. 주자학의 핵심을 쉽게 설파한 것이 근사록이다. 쉽게 설명했지만 결코 쉽지 않은 주제다. 이것을 류성룡은 정확하게 이해하고 있었고, 조선 유학의 대가인 이황에게 질문하고 답하는 과정에서 하늘이 낸 사람이라는 말을 들었다. 호랑이는 호랑이의 본성을 본다. 이황은 어린 류성룡의 통찰력을 보았다. 사자는 사자의 야성을 알 듯 스승인 이황은 류성룡의 혜안을 읽었다. 원리를 파고들어 집요하게 물어뜯듯 질문하는 어린 류성룡에게서 예지를 읽었다.

류성룡에게는 칼보다 붓이 어울리고 편한 사람이었다. 논리적이고 체계적이면서 통찰력이 있는 사람이었다. 류성룡은 한쪽으로 기울어지지 않은 형평의 문제에 무게를 두었다. 근사록이라는 지혜의 서에 빠져들었고 류성룡은 몰입했다. 근원을 알아야 전체를 파악할 수 있었다. 류성룡은 분명 과거에 몰입해야 할 사람이었지만 사회적인 성취는 잠시 접고 근원과 핵심을 찾아서 들어갔다.

기초를 단단하게 하는 학문에 대한 심취는 류성룡이 나라를 위해 크게 쓰이게 되는 자양분이 되었다. 인격 수양과 정신세계를 확립하는 계기가 되었다. 지금 당장 필요한 것에만 빠지면 전체를 읽어낼 수 있는 도량과 큰 그릇을 만들 수 없다. 세상을 담으려면 포괄적인 것에 관심을 가져야 세상을 읽을 수 있다. 세상은 난해하다. 하나의 사상과 철학으로 이해하기 어렵다. 다양한 세계를 접하는 방법으로 책만 한 것은 없다. 류성룡은 젊음을 사유와 독서로 보냈다.

과거에 급제하다

류성룡은 23살에 진사, 생원시에 합격하고 25세에 대과에 급제했다. 16살 때 향시에 합격했으니 7년 만에 본과에 합격하고 급제는 9년 만의 일이었다. 앞서 설명한 바와 같이 류성룡은 과거에만 매달리지 않고 더 깊은 학문의 경지에 들어가기 위해 공부하는 기간이었다.

서두르지 않고 천천히 돌아가는 길을 택했다. 어린 나이에 향시에 합격한 것을 걱정한 사람들의 만류가 있었다. 결국 받아들이는 것은 자신의 몫이라고 하면 어린 류성룡의 선택은 옳았다. 과거에 나아가기 위해 공부하는 것보다 학문적인 성취가 먼저였다. 세상으로 나아가기 위한 준비기간을 충분히 두었다.

류성룡은 23살 되던 해 7월, 생원生員 회시會試에 1등, 진사시進士試에 3등을 했다. 별도의 과거시험 공부를 하지 않고 폭넓게 유학에 대한 서적을 섭렵하는 것으로 대신했음에도 대단한 성적이었다. 두 시험에 모두 합격을 한 것도 대단하고, 순위가 1등과 3등으로 양 시험을 석권했다는 점에서 인재임에 틀림없었다. 생원시는 유교 경전의 해석을 위주로 하는 시험이었고 진사시는 글짓기 시험이었는데, 모두에 능했음을 알 수 있다.

스승 이황은 이렇게 평했다.

"이현而見은 빠른 수레가 길에 나선 듯하니, 그 사람 형제의 취향이 매우 가상하다."

이현而見은 류성룡의 자字다. 류성룡과 류운룡 형제 모두가 천재였다. 형 류운룡도 류성룡과 같이 16세에 향시에 합격했다. 어린 나이에 형제가 합격한 것과 생원시와 진사시에 다시 합격한 것을 두고 스승 이황이 한 말이었다.

조선의 선비에게는 꼭 올라야 할 곳이 있었다. 과거시험이라는 높은 산이었다. 선비로서 올라야 할 과정이라서 등과登科라고 한다. 어린 선비들의 공통된 꿈이었지만 등과하기란 하늘의 별 따기만큼 힘들었다. 일반 양인들이 등과하기는 더욱 힘들어서 아예 바라보지도 못했다. 양반들의 자제나 감히 생각할 수 있는 제도다. 과거시험은 소과와 대과로 나뉜다. 소과에서 초시·복시를 치르고 최종 생원시와 진사시 합격자가 각 100명이다. 합격자는 성균관에 입학할 자격이 주어진다. 일종의 성균관 입학 자격의 시험이라고 할 수 있다.

성균관에 입학하면 다시 대과라는 공부가 시작된다. 대과는 다시 초시·복시·전시殿試로 3단계를 거쳐야 한다. 복잡하고 어렵다. 200명이 입학해 식년시 최종 합격자는 33명이다. 조선 팔도의 젊은 야망 있는 청년들이 3년에 한 번 시험을 봐서 최종 선발하는 인원이 불과 33명이다. 갑과 3명, 을과 7명, 병과 23명으로 총 33명이 확정되었다. 갑과 세1인지로 합격하는 자를 장원壯元이라고 했다. 장원에게는 참

상관이라는 무려 종6품에 기용되었다. 대단한 인간승리였다.

종6품이라고 하면 이순신 장군이 정읍현감으로 있을 때의 품계였다. 정읍현감은 이순신이 전라좌수사로 진급하기 직전의 벼슬이었다. 이순신은 1576년 식년 무과에 급제해서 종6품의 정읍현감이 된 때가 1589년이었다. 종6품은 이순신이 벼슬에 오른 지 13년 만의 자리인데 장원급제 할 경우에는 한 번에 인간승리가 보장되는 시험이었다.

조선은 계급이 우선인 관료제 국가였다. 조선에 태어난 장부로서 거쳐야 할 통과의례였고, 과거에 낙방하면 사람 취급을 제대로 받을 수가 없었다. 과거제도는 조선의 청년들에게 천국과 지옥으로 나뉘는 분수령이었고, 양반과 상인으로 분리되는 분계선이었다. 3대에 걸쳐 벼슬을 하지 못하면 양반 자격이 박탈되어 일반 평민으로 전락하고 만다. 가문을 살리고 죽이는 경계였다. 조선에는 직업이 없었다. 대부분의 일이 천시되는 경향이 있었다. 일은 아랫것들이 하는 것이고 양반들은 학문을 하고 풍류를 즐기는 것이 전부였다. 농사가 천하의 근본이라고 하면서도 양반이 직접 농사를 짓는 것은 부끄럽고 가련한 일이었다. 모든 노동이 아랫것들의 몫이란 생각은 결국 모든 노동은 하찮은 것이라는 등식이 성립되는 때였다. 상공업은 더욱 천시되어 양반이 할 일이 아니었다.

조선에서 살아남을 수 있는 길은 과거였다. 더욱이 양반의 자제가 과거에 급제하지 못하면 인생이 힘들어진다. 부모 잘 만나 보장된 경우가 아니면 추락하고 마는 것이 조선이었다. 그래서 당연히 사내라면, 꿈이 있는 청년이라면 목숨을 걸고 공부해야 했다. 한 집안을 살리고 죽이는 일이 과거시험이었다.

류성룡은 모범적인 아이였고 자라서는 모범적인 청년이었다. 규범과 예의, 그리고 법도를 어기지 않았다. 도인이 도를 닦듯 몸과 마음을 흐트러트리지 않았다. 심지어 앉는 자세마저 반듯했고 글 읽기와 정신수양을 일상화했다. 나무랄 것이 없는 학자였다. 류성룡은 부모의 기대를 저버리지 않았다. 류성룡뿐만이 아니라 류성룡의 형인 류운룡도 자신의 자리를 굳건히 했다. 류성룡에게는 큰형이 있었지만, 일찍 죽었고, 둘째 형인 류운룡이 실질적인 맏이였다. 류성룡과 류운룡 형제는 능력자였다.

류성룡은 과거에 매달리기보다 인간 성숙과 당시의 세계관인 유학을 이해하는데 할애했다. 직접적인 과거시험 공부가 아니라 한 단계 높은 학문의 길에 관심이 컸다. 지름길을 선택하지 않았다. 돌아가는 우회길을 선택했다. 보다 탄탄한 학문의 세계를 경험하려 했다.

류성룡이 형 류운룡을 그리워하다

형제는 우애가 있었다. 서로를 위해주고 서로를 아꼈다. '형만 한 아우 없다'는 말을 류운룡을 공부한 사람들은 종종 이야기한다. 형제의 탄생 일화를 보면 재밌다. 한 인물이 태어나는 것은 하늘이 점지를 해야 가능한 것인 듯싶다. 류성룡과 류운룡의 형제의 의가 좋은 것도 일화를 보면 이해가 된다. 실화가 아니라 전해오는 이야기이다.

류성룡과 류운룡 형제의 어머니가 어릴 적에 동네 토담터에서 소꿉장난을 하고 있었다. 지나가던 중이 아이를 보고 말했다.

"오호. 이 아이가 큰 인물을 낳을 상이로다. 다만, 10년만 말을 하지 않으면 되는데."

중은 말을 마치고 사라졌다.

어린아이는 그로부터 말을 하지 않았다. 집안에서 난리가 났지만, 어린아이는 말을 하지 않았다. 나이가 들어 혼기가 가까워져 왔다. 출가할 때가 되어서는 얼굴이 예사롭지 않아 큰 인물을 낳을 인물이라고 아는 사람들이 말했다.

형제의 아버지가 역시 젊었을 때 이야기다. 형제의 아버지가 식년 문과에 급제한 후 벼슬로 나가기 전 청년 시절이었다. 청년이 혼기가 되었을 때 청년의 아버지가 말했다.

"너의 5대조 되시는 분이 풍산 상리에서 이곳으로 이사를 온 까닭은 대인을 낳을 터라 하여서니라."

"예. 들어 알고 있습니다."

"네가 장가들 때가 되었는데 적당한 혼처가 있다. 한데 말을 못 한다고 한다."

"아들 하나만 잘 낳는다면 벙어리면 어떻습니까. 아버님의 뜻에 따르겠습니다."

청년은 벙어리 처자와 혼인을 했다. 혼인 첫날 처자의 얼굴을 보니 아까운 인물이었다. 벙어리인 것이 못내 아쉬웠다. 첫날밤을 치르고 새벽에 횃닭이 울었다. 신부가 일어나 말했다.

"서방님 저를 맞아주셔서 고맙습니다. 서방님과 저는 큰 인물을 낳을 것입니다."

벙어리 인줄 알았던 신부가 말을 하자 신랑은 놀랐다.

경북 의성현 사촌리에 사는 신부의 어머니는 이조참의 이형례의 딸이며 아버지는 송은처사松隱處士 김광수다. 신랑은 훗날 황해도 관찰사를 지낸 류중영이다.

두 사람 사이에서 아이가 내어났다. 류운룡은 태어나자마자 벙어리였다. 류운룡의 어머니는 난감했다. 큰 인물을 낳으려고 10년 동안 벙어리 노릇을 하면서 공을 들여 낳은 아이가 또한 벙어리인 것을 안타까워했다. 실망한 어머니는 하나를 더 낳기로 결심했다. 다시 한 아이를 낳았는데 그 아이가 바로 류성룡이다. 아이가 태어나자 벙어리였던 형이 말문을 열었다.

전해오는 이야기다. 류운룡을 일러 이인異人이라고도 하고 인물이라고도 한다. 동생 류성룡과 류운룡은 사이가 좋았다. 전설에 전하는 바에 의하면 서로가 필요해서 형제로 만난 듯하다. 형제애도 좋아 류성룡은 형 류운룡을 그리는 시를 짓기도 했다. 지금 겸암정사 앞에는 겸암사라는 시 한 수가 새겨져 있다.

내 형님 정자를 지어 겸암이라 이름 지었네.
대나무 그림자 섬돌을 쓸어내리고
매화는 뜰 가득 피었네.
발끝엔 향기로운 풀냄새 모이고
호젓한 길에는 흰 안개 피어나네.
그리움 눈물 되어 소리 없이 내리고
강물도 소리 내며 밤새 흐르네.

류운룡은 류성룡과는 다른 성격의 소유자였다. 류성룡은 꼿꼿하고 안정된 성격이었고, 류운룡은 꼿꼿한 것은 같았지만 호방하고 활달한 성품이었다. 사내다운 성격에 효심이 강했다. 의협심도 강했다. 퇴계 이황이 세상으로부터 적당히 등을 돌리고 도산 퇴계로 돌아와 서당을 열었을 때 제일 먼저 배움을 청한 인물이 류운룡이었다. 이황에게는 첫 제자였다. 류운룡의 학문적 자질과 성실함에 감동해서 류운룡을 아꼈다. 겸암이라는 호를 지어준 것도 이 같은 인연이 있어서였다.

류운룡과 이황, 사제 간의 관계는 각별했다. 26세 되던 4월의 봄날에 류운룡은 이황 선생을 모시고 청량산 유람을 하기도 했다. 스승과 제자가 산에 올랐다. 산은 오르는 것이 아니라 드는 것이라는 선인들의 말이 어울리는 아름다운 산이었다. 산은 제 자리를 지키는 것만으로도 산은 키가 훌쩍 커 있었다. 산은 움직이지 않고도 나무를 기르고, 풀을 기르고, 살아있는 생명을 길렀다. 하늘에서 받은 비로 내를 만들어 보냈지만, 산은 움쩍도 하지 않았다. 그럼에도 산에는 생명들이 들어와 살았다. 큰 산에 들어 스승과 제자는 삶과 세상에 대해 이야기를 했다. 청량산은 이황이 아끼던 산이있나. 그리고 스승 이황의 상싱 같은 산이기도 했다. 둥근 암산巖山으로 특이하기도 하고, 깊은 산이었다.

류운룡이 이황을 처음 찾아간 것은 16살 때였다. 조선 유학의 거두인 이황에게 처음으로 걸어 들어간 인물이었다. '수선부급 등문청업 首先負笈 登門請業'이다. '가장 먼저 책을 짊어지고 문하로 들어가 학업을 청했다.'는 의미다. 배움을 청한다는 것은 스승으로 모신다는 말이다. 성리학의 거봉인 이황이 안동의 16살의 풋내기지만 이인의 기질을 가진 류운룡과의 만남은 안동의 이야깃거리가 되었다. 그만큼 두 사람의 명성이 있었다. 큰 스승 밑에 큰 제자인 셈이다. 아무도 이황의 문하에 나가지 않았을 때 류운룡이 처음으로 나간 것을 '수선首先'이라고 한다. 류운룡이 이황에게 배움을 청하러 찾아간 후로 다른 제자들이 수업을 받으러 모여들었다.

류운룡은 동생 류성룡과는 달리 성품이 활달했다. 감정을 솔직하게 드러내는 화통한 면이 있었다. 스승 이황이 써준 '겸암謙庵'에 의지하여 자기 수련과 너그러운 포용력을 갖추려 노력했다. '겸謙'에는 겸손하다는 의미와 자신의 현재에 족하다는 의미도 있다. 또한 자기를 낮춘다는 의미를 지니고 있다. 류운룡의 호방하고 확실하게 끊는 성격을 아는 스승 이황이 류운룡에게 맞는 이름을 지어주었다. 류운룡은 자신의 마음을 헤아려 지어준 호를 가슴에 품고 살았다. 집을 지을 때도 스승이 남겨준 '겸謙'을 넣어 겸암정사謙菴精舍라 했다. 류운룡은 스승의 당부를 잊지 않고 후일 여유로운 도량과 온후한 인격을 완성했다.

류운룡은 어릴 때부터 총명해 모든 경사經史를 통독했다. 경사를 통독했다는 것은 예사로운 일이 아니다. 당대의 선비라면 공부했던 사서삼경은 물론이고 다른 서책들을 두루 섭렵했다는 이야기다. 류성룡과 류운룡 모두 천재였다. 류운룡은 류성룡보다 3살이 많았다. 형과 아우가 모두 관직에 나가 선조 때의 국정을 운영하였다.

스승과 제자의 관계는 오래 지속되었다. 이황에게서 오랫동안 공부했으며 이황의 학문을 계승한 사람이 또한 류운룡이었다. 류운룡이 정자를 지었다는 소식을 스승인 이황이 전해 들었다. '군이 새 정자를 지었다는데 내가 가서 함께 공부하지 못하는 것이 아쉽네.' 라는 시와 함께 겸암정謙菴亭이라는 현판을 손수 써서 내렸다. 겸암정사에 붙어있는 현판은 지금까지 전해지고 있다.

이황은 류운룡을 일러 이렇게 말했다.

"뜻이 비범하고 향학심이 대단해 참으로 얻기 어려운 사람이다."

제자에게 큰 칭찬이었다.

류운룡이 이인이라는 별칭을 듣는 이유는 우선 벼슬에 뜻을 두지 않았다는 것이다. 류운룡은 스승 이황이 너무 일찍 과거에 나가는 것을 삼가도록 권유를 받았다. 류운룡은 스승의 권고를 받아들여 잠시 보류했다가 결국은 세상으로 진출하는 것을 포기했다. 결국 형 류운룡은 야인으로 묻혀 살다가 음서蔭敍로 관직에 나갔다. 조선 시대는 2품 이상 관리의 자제에게 무시험으로 관리가 되도록 하는 제도였다.

처음에는 스승인 이황이 너무 어린 나이에 벼슬길로 나가는 것을 막았다. 류운룡은 벼슬길을 접는 것이 옳은 길임을 자각하고는 벼슬에 뜻을 두지 않았다. 이황은 스승으로서 출세를 거부하는 제자를 보며 자신이 벼슬길을 막은 것만 같았다.

류운룡은 관직으로 나가는 대신 일찍 가르침의 길을 열었다. 29세 되던 해에 겸암정사에서 공부를 하면서 제자를 가르쳤다. 세상으로 진출하지 않고 학문의 길로 들어섰다. 안타깝게 생각한 아버지와 스승이 한마음으로 세상으로 나갈 것을 권유했다. 34살의 늦은 나이였다. 재능을 익히 알고 있었으나 출사의 길을 포기한 류운룡에게 간곡하게 부탁했다. 첫 출사의 길이 전함사 별좌였다. 전함사별좌典艦司別坐는 조선시대 전함典艦의 수리나 관리를 하던 관청의 5품 관직이었다. 전투에 사용할 배를 관리하고, 선박재료들을 배양하며 배를 새로 만들거나 수리하는 일을 담당하는 직책이었다. 류운룡은 이듬해 의금부도사로 임명되었으나 사양했다. 다시 사포서 별제로 임명되었다. 능력을 인정받아 현감으로 진급했다. 지방관의 책임자 자리였다. 진보현감과 인동현감직을 지냈다. 이후로 한성부 판관, 풍기군수, 원주목사 직을 수행했다.

인동현감으로 재직한 7년간의 치적은 다산 정약용이 편찬한 목민심서 호전戶典에까지 올라 있을 정도로 알려져 있다. 공덕비의 내용이다.

백성의 일을 날마다 어루만져주었고
국방과 군사의 일에는 열심이었다
여서일무마 군병근시설
黎庶日撫摩 軍兵勤施設

백성의 입장에서 일을 해 주고 백성의 마음으로 해결해주는 마음이었다. 또한 나랏일 중에서 원성을 사기 쉬운 것이 군사시설의 보수와 축성에 관한 일이다. 또한 병졸들을 관리하고 훈련시키는 일이다. 원성을 살 일을 했음에도 칭송을 들었다는 것은 공평했고, 공감을 살 일을 했다는 의미다. 당시는 임진왜란이 일어나기 직전이었다. 영남의 작은 고을에서 대의를 보고 군사시설을 점검하고 보수했다는 것은 의미가 있다.

또한 임진왜란 당시에 류운룡은 풍기군수로 있었다. 험준한 산악에서 전쟁의 혼란기를 틈타 나타난 도적들을 제압했다. 문인의 풍취보다는 세상을 품는 기개가 있었던 선비였다. 세상을 당당하게 살아가는 도인과 같은 모습이었다. 류운룡이 세상으로 나가 있는 동안 이황의 문하에서 함께 공부했던 권호문은 이렇게 시를 지어 그리워했다.

그대마저 붉은 먼지 속으로 달려가니
이곳 산림에는 이제 사람이 없네
군역주홍진 임하무가인
君亦走紅塵 林下無可人

그만큼 류운룡은 세상으로 나가 벼슬을 마다하는 사람이었는데 세상으로부터 자유롭던 류운룡마저 벼슬길로 나아가니 사람이 없다는 말이다. 류운룡은 본래 벼슬살이를 즐기지 않았다. 학문으로는 높았으나 세상으로 나가 인정을 받고 이름을 날리는 것에는 관심을 접었다.

류운룡을 말할 때 류운룡 자신이 가진 능력이나 높은 경지의 학문을 논하기보다 류성룡의 형이라는 수식어가 먼저 붙는다. 그리고 다음으로 따라오는 말이 '류성룡의 공은 형인 류운룡에게 있다.'는 말이다. 분명하게 류운룡은 정상적인 조선의 선비의 모습이 아니라 이인異人이라는 표현이다. 조선의 선비가 지향했던 바는 학문이 무르익은 후에 세상으로 나아가는 출세의 길을 잡았다. 세상을 이끌고 세상을 바꿀 수 있는 틀이 출세였다.

그렇다면 류운룡은 무엇이 달랐을까. 이인異人은 재주가 신통하고 비범한 사람을 말하기도 하지만 보통 사람과는 다른 사람이라는 의미다. 당대의 시류와 세상 사람들이 걷는 길을 달리한 사람을 말한다.

류운룡은 도인의 기질이 있었고, 활달했고, 호방했다. 우선은 출세의 길을 접었다. 세상으로 나가는 길을 차단하고 나면 조선의 선비는 딱히 할 일이 없었다. 조선은 운신의 폭이 좁은 나라였다. 류운룡은 어려서부터 남달랐다. 할아버지의 근무지인 간성에 가서 금강산을 유람했다. 천성이 글만 파는 학자의 기질은 아니었다.

류성룡은 형 류운룡을 이인異人이나 철인哲人으로 생각했다. 이인異人은 다른 생각이나 다른 세계관을 가진 사람들을 말한다. 같은 공간에 있으면서 다른 공간에서 온 듯한 인물이다. 유교 사회에서 도인과 같은 풍모와 태도를 가진 사람이다. 보통 사람과는 다르다는 의미다. 또한 철인의 모습으로 보였다. 류성룡이 품행이 정돈되고 안정된 사람이었다면 류운룡은 파격적이고 독특한 면을 가지고 있었다.

류운룡에 대한 이야기가 전설같이 전해지는 것들도 류운룡의 특별한 성격 때문이다. 류성룡이 임진왜란 당시 있었던 이야기에서도 확인된다. 명나라의 지원군으로 이여송이 원정군의 대장으로 왔을 때 류성룡의 역할이 컸다. 4만 군대가 평양성 탈환을 할 때 류성룡이 이여송을 만나 소맷자락에서 지도 한 장을 꺼내 건네주었다. 뜻밖의 지도였다. 평양이 샅샅이 그려진 지도였다. 전쟁을 승리로 이끄는데 절대적인 역할을 했다. 이 지도가 바로 류성룡의 형인 류운룡이 마련해서 준 것이라고 전한다. 동생 류성룡이 지도가 필요할 것을 예견하고 건네주었다고 한다. 류운룡다운 파격의 소유자이기에 가능했다고 사람들은 생각했다.

다른 이야기도 전한다. 류성룡과 형 류운룡에 대한 이야기는 또 있다. 류성룡이 뛰어난 인물이라는 것을 알아챈 일본에서 류성룡을 죽이기 위해 자객을 보냈다. 류운룡이 미리 알고 류성룡에게 말했다.

"오늘부터 사흘째 되는 날, 저녁 금강산 유점사에서 왔다는 대사가 '사랑방에 하룻밤 자고 가겠다.'고 할 것이네. 그 중을 내 집으로 보내게."

꼭 그렇게 하도록 당부를 했다. 류운룡의 말대로 스님이 한 사람 찾아와 류성룡의 사랑방에서 하룻밤 묵어갈 것을 청했다.

참으로 신기한 일도 있구나 싶어서 승려에게 자신을 찾아온 사연을 물었다.

"올 가을철을 맞아 팔도 명산대찰을 찾아 유람 행각을 하고 있습니다. 삼남으로 내려가던 중 오늘 서울에서 류상공의 존엄하신 명성을 들었습니다. 하룻저녁 대감을 모시고 높은 교훈을 듣고자 합니다."

"그렇다면 나와 함께 같이 잠도 자겠다는 말씀이십니까?"

"네, 외람되고 황송하지만…!"

류성룡은 형 류운룡의 당부대로 오늘은 다른 일정이 있어 어려우니 다음날 밤에 보자며 청지기를 시켜 승려를 류운룡 집으로 보냈다.

류운룡은 허심탄회한 대화에는 곡차가 있어야 한다며 술자리를 폈다. 처음에 주저하는 체하다가 못 이긴 듯 술잔을 받기 시작한 중은 그만 주는 대로 잔을 들이켰다. 끝내 곯아떨어졌다. 류운룡은 가짜 승려의 윗도리를 헤쳐 그가 품고 있던 날카로운 일본도를 찾아냈다. 류운룡은 무시무시한 비수를 뽑아 들고 승려 가슴을 깔고 앉아 비수로 목을 겨누며 소리쳤다.

"이놈아! 너는 풍신수길의 밀명을 받고 류상공을 암살하러 왔지. 아무것도 아닌 나도 풍신수길의 일거일동을 알고 있는데, 유명하신 류상공이 어찌 모르겠는가. 목숨만은 살려 줄 테니 이 밤으로 네 나라로 돌아가 풍신수길에게 이 사실을 고하라!"

자신의 정체를 들킨 중은 류운룡의 선견에 놀라서 도망했다.

류성룡은 임진왜란 중에 나라를 구한 영웅으로, 형 류운룡은 범상치 않은 이인으로 전한다. 류운룡은 동생 류성룡처럼 높은 벼슬을 하지는 않았다. 통 큰 가슴으로 살다간 사람이었다. 대유 이황 문하에서 경사經史에 밝고 촉망을 받는 인재였으나 벼슬에 뜻이 없어 과거를 보지 않았다. 일에 있어서는 힘을 다하고 명예와 지위에 뜻을 두지 않았다.

지금도 형과 아우가 서로 만나러 가던 길이 있다. 형제길이다

하회마을 부용대에 가면 길이 하나 있다. 지금 이름은 서애 오솔길이지만 원래는 형제길이었다. 류성룡과 류운룡이 서로 오가던 길이다. 특별하게도 부용대 양편에 형제가 집을 마련했다. 부용대를 바라보고 왼쪽에는 류운룡의 겸암정사가, 오른편에는 류성룡의 옥연정사가 자리 잡고 있다. 형제가 서로 오가던 길이다. 지금도 흔적이 남아있다. 류운룡과 류성룡이 오가던 길이 서애 오솔길이라는 이름으로 남아있다. 단애의 절벽인 부용대에 올라서서 하회마을을 바라보면 왜 하회마을인가를 알게 된다.

부용대에 올라가서야 물이 도는 하회河回라는 말이 실감 난다. 낙동강 상류가 마을을 감아 돌면서 흘러가는 것이 한눈에 보인다. 부용대를 중심으로 한쪽에는 류성룡의 옥연정사가 있고, 반대쪽에는 형인 류운룡의 겸암정사가 있다. 부용대를 중심으로 양편에 형과 아우가 나란히 거처를 잡고 있다. 두 형제가 만나기 위해 다니던 길이다. 단애 절벽인 부용대의 허리를 가로질러 아슬아슬하게 두 사람이 교차해서 지날 만큼의 좁은 길이 있는데 그 길이 바로 형제길이다. 형제의 우애를 확인할 수 있는 길이다. 절벽의 한 부분에 길을 내서 다닌 마음이 따뜻하고 고맙다.

"형님 먼저, 아우 먼저." 하며 서로를 위해 배려하고 아껴주던 마음을 만나게 하는 길이다. 지금도 그대로 남았다. 류성룡이 형 류운룡과 학문을 논하고 형제애를 돈독히 하기 위해 하루에도 몇 차례나 오갔던 길이다. 옥연정사와 겸암정사를 직선으로 연결하는 길이다. 부용대를 올라가는 길은 산을 타고 올라야 하지만 형제길은 직선 길이다. 마음의 거리가 좁아서 길도 가장 짧은 길을 굳이 절벽에 냈다. 겉으로 보기에는 형제길은 보이지 않는다. 둘만의 길이다. 주위엔 집도 없다. 진정 둘만을 위한 길이다. 사람들이 이용할 일이 거의 없다. 꼭꼭 숨겨두고 이용한 길이었다. 수직절벽에 길이 있으리라고 생각하기가 어렵다. 류성룡이 벼슬에서 막 물러나 있을 때는 하회마을의 원지정사에서 머물렀다. 옥연정사를 나룻배를 타고 오갔다.

조선의 위기를 어렵게 극복하고 물러나서 옥연정사를 짓고 형과 왕래를 자주했다. 우애가 남달랐다. 세상에서 상처받은 마음과 왕과의 관계에서 겉으로 드러내지 못하고 삭혔던 갈등을 형과 마음을 나누면서 달랬다. 나라에 대해, 백성에 대해 더 충성을 다하지 못한 것이 한스럽고 나라를 건강한 반석 위에 놀려놓지 못한 안타까움도 형제길을 오가며 내려놓았다. 겉으로 드러나지 않은 숨은 형제길에 류성룡의 아픔과 슬픔이 있었다. 상처로 크는 것이 인생인 것을 어찌하겠는가.

류성룡이 파직을 당하고 마음을 내려놓고 낙향해서 정처를 정한 곳이 원지정사였다. 평생을 나라를 위하고 전란을 맞아 국난을 극복하고자 행했던 수많은 행적의 결과는 파직이었다. 쫓겨나듯 돌아온 고향에서 그래도 위로해준 것이 청춘시절에 지은 원지정사였다. 원지정사에서 바라보는 수직절벽의 부용대가 삶을 이야기해주는 듯했다. 삶은 언제나 한순간에 곤두박질쳐서 추락할 수 있음을 수 차례 목격했다. 삶이 살짝 언 강을 건너는 것과 같이 겨우겨우 사는 것이듯 조정의 하루는 살얼음판을 걷는 것과 같았다. 첨예한 욕망의 장소였다. 국사를 논하면서도 사익과 자신이 속한 집단이익을 위해 날 선 대립이 오가는 곳이 조정이었다. 그곳에서 인생을 보낸 노회한 류성룡은 쫓겨난 것이 오히려 고마웠다.

낙동강이 마을을 감싸 안고 도는 하회마을에서 위안을 얻었다. 회한이 가득했지만 어찌하랴. 이미 지나간 일이고 이미 늙어있는 것을. 류성룡은 원지정사에 머물면서 거의 매일 나룻배로 낙동강을 건너 부용대 옆의 옥연정사를 찾았다. 역사의 현장에서 통탄과 고난의 날을 보냈지만, 고향으로 돌아와 안식에 들었다. 원지정사에서 옥연정사와 겸암정사를 오가면서 모처럼의 한가함을 즐기고 있었다. 류성룡이 배를 타던 너럭바위가 있다. 낙동강이 몸을 담그고 편평한 바위만 일부 드러낸 문파대다. 거인의 발가락을 닮았다고도 하고 연꽃을 닮았다고도 하는 문파대에서 배를 타고 내렸다.

낙동강 상류에서 하회마을을 휘감고 도는 곳에 만송정萬松亭 숲이 있다. 1만 그루의 소나무가 심겨서 붙여진 이름이다. 소나무 숲을 조성한 사람이 류성룡의 형인 류운룡이다. 운치가 있지만 풍광을 위해

심은 것은 아니다. 하회마을 북서쪽 강변에 퇴적되어 하얗게 빛나는 모래가 종종 마을을 기습하듯 쳤다. 마을로 쳐들어오는 바람을 막고 모래를 막기 위해서였다. 쳐들어오는 것이 전쟁뿐이겠는가. 자연도 인간을 친다. 사람이 사람을 치고, 살아있는 것들은 경쟁을 하면서 상대를 친다. 하회마을에도 거친 바람과 거친 모래가 마을을 쳤다. 류성룡의 형제는 나라를 걱정했지만, 자신이 살고 있는 마을을 보호하기 위해서도 숲을 조성했다. 세상이 한 개인을 칠 때 종횡으로 힘들고 벅찼다. 추락하는 심정을 달래줄 사람이 필요했다. 류성룡에게는 형 류운룡이 있었다. 형제는 자신을 이끌어가는 인생의 안팎으로 친했다. 정신적으로도 필요했고 삶을 살아가는데도 힘이 되었다.

선비로서 살아간다는 것은 겸애와 청빈을 받아들이겠다는 선언이기도 하다. 돈과 권력에 집착하면서 선비를 자처할 수 없다. 대인배로서의 길이 있고 소인배로서의 길이 있다. 선비라면 대인배의 길을 선택해야 한다. 출세가 개인의 보신이 아니라 나라와 백성을 위한 출세여야 하는 것을 누구보다도 잘 알고 있는 두 사람이었다. 공간으로 크게 만들어져 있는 도포자락이 허세를 부리는 옷자락이 아니라 세상에 대해 헌신해야 할 큰 옷자락이어야 한다. 그것이 나라와 백성을 위한 몫이라고 생각할 때 진정한 선비다. 형제는 진정한 선비의 길을 선택했다. 그리고 겸애와 청빈을 실천했다.

형제는 효자였다

류성룡과 류운룡 모두 효자였지만 부모를 모시는데 직접 나선 것은 형 류운룡이었다. 류성룡은 조정에 나가 있는 기간이 길어 부모와 함께 한 시간이 짧았다.

류성룡 형제는 효자였다. 아우와 형이 모두 걸출한 유학자였고 지극정성으로 모친을 섬긴 자식이기도 했다. 아버지는 류성룡이 35세 때 타계했다. 류성룡도 부친상을 당해 벼슬을 그만두고 형과 함께 3년상을 치렀다. 두 형제는 홀어머니에 대한 봉양에 힘을 기울였다. 류성룡은 관직을 떠난 적이 거의 없었다. 또한 중앙 요직에서 벗어난 적이 거의 없었다. 33세 때 상주목사를 지낸 것과 잠깐 동안 경상관찰사를 지낸 것 외에는 중앙에서 벗어나 생활하지 않았다. 그만큼 왕의 신임이 있었다. 형만 한 아우가 류성룡이었다. 류성룡이 상주목사를 지내게 된 것도 류성룡의 효에 대한 마음이 있어서였다.

류성룡은 고향을 떠나왔지만, 고향에 대한 그리움이 있었다. 서재에 안동 하회마을에 대한 그림을 걸어놓았다. 류성룡은 어머니 생각에 젖으면 밤을 새우곤 했다. 숙면을 취하지 못해 안색이 좋지 않았다. 하루는 왕이 류성룡에게 물었다.

"경은 무슨 병을 앓고 있지는 않소?"

"전하, 그렇지 않습니다. 다만 잠을 좀 못 잤을 뿐입니다."

"잠을 못 이루었다니요. 그럼. 무슨 마음의 병이라도 있소?"

"예, 전하. 마음의 병을 앓고 있습니다."

"어허, 그거 그래서 안 되지요. 내가 도와줄 방도는 없소?"

류성룡은 그렇지 않아도 조심스럽게 말을 하고 싶었던 것이 있었다. 오늘 같은 기회를 기다려 왔었다. 곧장 아뢰었다.

"소인은 몸만 한양 땅에 있을 뿐입니다. 마음은 늘 고향의 어머니 곁에 가 있습니다. 어머니를 봉양하고 싶은 마음은 간절하나 몸이 떨어져 있어 그저 밤잠을 설칠 뿐입니다."

왕은 류성룡의 효성에 눈시울을 적셨다. 지그시 생각에 잠겼다가 눈을 감았다. 그리고 입을 열었다.

"상주는 경의 고향과 가까운 곳이니 그곳 목사로 부임하여 소원대로 어머니를 봉양하도록 하시오."

류성룡의 마음이 통했다. 류성룡이 벼슬길에 오른 후 지방 근무를 하게 된 것은 이때가 처음이었다.

형제는 효성에 있어서는 서로 뒤지지 않으려고 경쟁하는 사람 같았다. 류성룡이 관직에서 오래 있을 수 있게 된 것에는 형 유운룡의 도움이 컸다. 형 류운룡이 어머니를 모시는 데 적극적으로 나서주어서였다. 류운룡은 임진왜란이 발발하자 벼슬길을 바로 그만두었다. 팔순 노모를 업고 식솔들과 함께 고향 하회에 돌아와서 어머니를 모셨다. 형 류운룡의 마음가짐이 굳었고, 관직을 그만두는 데 동생인 류성룡의 도움이 있었다. 류성룡이 왕에게 형 류운룡을 해직시켜 어머니를 모시도록 해달라고 읍소한 결과였다. 형제는 사이가 좋았고 서로 도왔다.

임진왜란이 일어나기 10년 전인 1582년 류성룡은 대사헌으로 있었다. 그리고 그해에 다시 함경도관찰사에 임명되었으나 관직을 사양했다. 어머니의 병이 원인이었다. 류성룡이 경상도 관찰사로 임명되었을 때는 어머니에 대한 지극한 마음이 있었지만, 함경도관찰사를 사양했던 사람이 경상도 관찰사를 받으면 염치가 없다고 사양했다. 선조가 류성룡에게 임지가 어머니를 가까이서 보살필 수 있는 경상도라고 강권하여서 마지못해 부임하였다. 염치를 아는 선비정신의 발로였다.

류성룡은 대사성에 임명되었으나 어머니를 봉양하기 위해 사양하고 나아가지 않았다. 대사성은 조선시대 최고학부인 성균관의 실질적인 최고 책임자였다. 선비로서 영광된 자리였다. 정3품의 당상관직으로 문과 출신으로 학문이 뛰어난 자만이 임명되는 자리였다. 조선의 대표적인 학자들인 권근이나 정인지, 서거정 등이 있었던 학문의 경지가 인정되어야 하는 자리였다. 대사성에 임명되었다는 것은 류성룡이 그만큼 학문으로 인정받았다는 것을 말한다.

류성룡이 60세가 되던 해에 어머니가 타계했다. 당시 나이 60세면 시묘살이 하기에 이미 늦은 나이였지만 여막에서 시묘살이를 했다. 류성룡이 저술한 신종록愼終錄, 영모록永慕錄, 상례고증喪禮考證 등이 시묘살이 중에 나온 저술이었다. 시묘살이 중 거처하는 공간을 여막이라고 한다. 일반적으로 여막은 산소에 있지 않다. 신주를 모신 빈소殯所가 있는 건물 외벽을 이엉으로 엮어 만들었다. 집에 마련한 빈소에 신주를 모시면서 외벽을 바람이 숭숭 통하는 이엉으로 덧씌웠다. 일종의 움막이다. 그곳에서 기거했다. 부모를 돌아가시게 한 상주는 죄인이라는 생각이 기본이었다. 거칠고 불편한 자리에서 상복을 벗지 않고 힘든 생활을 스스로 선택해서 했다. 바람이 통하고 비와 눈에 들이치는 곳에서 생활하는 것으로 죄를 갚겠다는 자식 된 도리였다.

여막은 삼년상이라는 제도에 따른 여묘살이를 위하여 등장한 움막이다. 효를 중시하는 사회에서 부모를 돌아가시게 한 상주는 거친 자리에서 상복을 벗지 않고 고통스러운 생활을 함으로써 그 죄를 갚겠다는 자식의 마음을 표현한 것이다.

의례에는 효자는 움막에 거처하고, 거적 위에서 흙덩이를 베고 자며, 상복을 그대로 입고 지낸다. 류성룡은 인간 된 도리를 무시하지 않았다. 사회적인 관습이나 도덕적인 윤리를 지키려 노력했다. 류성룡은 실질적이고 상황적인 논리를 따르는 현실주의자였고 명분을 중요하게 여기는 도덕주의자였다. 세상의 흐름에 적응하고 사람으로서 해야 할 일을 받아들이며 융통성이 있고 상황인식에 밝아 세상을 살아가는 모습이 물처럼 부드럽고 유연했다.

05

출세의 길에 나서다

출세出世, 사내대장부가 갈 길을 출세라고 한다. 유학에서 말하는 남아로서 가야 하는 의무의 길이며 책임의 길이었다. 류성룡의 출세 길은 무난했다. 시대가 요구하는 명분과 실리가 있는 길을 선택했다. 류성룡의 행동과 움직임은 가볍지 않고 진중했으며 가야 할 길과 가지 말아야 할 길을 선택한 후 올곧게 나아갔다. 한눈을 팔지 않았다. 인생의 길은 시간의 길이다. 시간에 떠내려가지 않으려면 정신을 차려야 한다. 물속에 사는 물고기는 떠내려가지 않으려 자면서도 꼬리를 흔든다. 그렇지 않으면 자신의 의지와 상관없이 떠내려가고 만다. 인생도 그렇다. 류성룡은 쉬지 않고 학문의 길에서 갈고닦은 평생학습자였다. 과거시험보다 인간 됨에 관심을 가졌고, 지식보다 세상을 통찰할 수 있는 학문에 열중했다. 작은 그릇으로 빨리 만드는 것이 아닌 큰 그릇을 느리게 만들어야 함을 몸과 마음으로 선택하고 그 길을 걸어갔다. 오히려 결과는 컸다.

22세 되던 가을에 생원진사 초시에 합격했다. 과거시험으로 첫 시험이었다. 과거제도는 복잡하고 어려웠다. 첫 시험에 통과한 사람을 진사나 생원이라고 한다. 역사극을 보다 보면 많이 접하는 이름이다. 김 진사, 이 생원 하며 부르는 사람들이 바로 과거시험의 첫 단계인 초시에 합격한 사람들이다. 과거시험에 첫 시험에 합격한 것만으로도 시골이나 마을에서는 지식인으로서 인정을 받았다.

이어서 복시가 있다. 복시는 초시에 합격한 사람들이 보는 시험으로 성균관에 입학할 수 있는 자격을 부여받는 시험이다. 여기에 합격해야 낮은 벼슬이라도 할 수 있다. 이듬해에 치러진 복시시험에서 류성룡의 진가가 발휘된다. 복시시험은 반드시 한양에서 치러졌다. 각 100명씩을 뽑았다. 23세 되던 여름, 류성룡은 합격만 해도 영광인 자리에서 생원시生員試에 1등, 진사시進士試에 3등을 했다. 조선 500년 동안 생원과 진사시험을 통과한 사람은 생원 2만 4,221인, 진사 2만 3,776인을 합쳐 모두 4만 7,997인이 전부다. 초시에 통과한 것만으로도 조선 500년 동안 지식인으로 인정받는 5만 명 안에 든다는 말이다. 류성룡은 생원시와 진사시에 모두 합격했다. 두 시험에 모두 합격한 사람을 양시兩試라고 하는데 드문 일이었다. 양시에 모두, 그것도 1위와 3위를 차지했다. 류성룡은 노력하는 천재였다.

류성룡이 시험에 합격했다는 소식을 듣고 스승인 퇴계 이황은 기뻤다. 장부가 꿈을 꾸고, 꿈을 이루어가는 것이 인생 목표다. 당대의 최고학자인 이황이 아끼던 형제가 자리를 잡아가는 모습을 보고 스승으로서 흐뭇했다.

류성룡은 양시에 합격한 후 바로 아버지에게로 달려갔다. 아버지를 만나 감사를 드렸다. 인생의 한 고개를 넘었다. 큰 세상으로 나가는 첫 번째 언덕이 과거였다. 사내로서 과거를 통과하지 않고는 출세의 길이 원천 봉쇄되어있는 사회가 조선이었다. 음직蔭職이 있었지만 음직으로 벼슬길에 올라서는 날개를 펴는 것은 한계가 있었다.

류성룡은 이제 성균관에 입학하기 전에 다시 절로 들어갔다. 공부를 하기 위해서였다. 이번에는 혼자가 아니라 함께하는 사람들이 있었다. 형 류운룡과 류중엄과 함께 황해도 해주에 있는 신광사로 들어갔다. 젊은 혈기와 학문에 대한 열정이 넘치는 시기였다. 혈기왕성하면서도 학문적인 열정이 강한 사람들의 결합이었다. 류성룡과 바로 위의 형인 류운룡의 형제애는 깊었다. 거기에 류중엄이 가세했다. 류중엄은 집안사람으로 호는 파산이다. 산사로 찾아 들어간 세 사람은 모두 이황의 문하에서 공부한 사람들이었다. 류중엄은 타고난 성품이 순진하며 학문을 파고듦에 간절하고 독실했다. 공자 문하의 안회라 일컬었다. 류중엄도 안회처럼 젊은 나이인 34세로 세상을 떠났다. 류성룡은 나이 상관없이 격의 없게 사람들을 사귀었다. 형 류운룡보다 1살이 더 많은 류중엄과도 친분을 유지했다. 신광사에서 몇 개월 동안 머물렀다. 황해도 해주에 있는 신광사는 아버지 류중영이 관찰사로 재직하고 있는 인연이 있었다. 류성룡이 깊이 사귄 사람들을 보면 한결같이 학문에 관심이 있는 인물들이었다. 학구적인 열망이 컸음을 발견한다.

이어서 형 류운룡, 류중엄과 함께 신광사를 나와 문헌서원에 들어가 독서에 열중했다. 문헌서원도 황해도 해주에 있는 서원이었다. 황해도 벽성군에 있었던 서원으로 조선 전기 최충과 최유선을 추모하기 위해 창건한 서원이다. 최충은 고려의 명재상이었다. 고려 유학을 꽃피운 인물이며 우리나라 최초의 개인 교육기관을 연 사람이었다. 이른바 구재학당을 열었다. 집안에 학당을 세워 먹고 자면서 공부할 수 있는 사설 학당을 설립했다. 최충은 안으로는 명재상이면서 밖으로는 명장名將의 면모를 보였다. 문무를 겸한 인물이었다. 최충을 일러 고려사에서는 "동방학교의 일어남이 최충에서 비롯해 해동공자海東孔子라고 일컬었다."라고 적었다. 최충은 교육의 아버지라고 할 수 있다. 또한 최충은 고려의 현종·덕종·정종·문종에 이르는 네 명의 왕을 섬겼다. 명재상이었으며 교육자였다. 류성룡의 일생과 연결하면 유사한 점이 많다.

류성룡은 영의정으로서 임진왜란이라는 큰 국난을 극복하고 전시 총사령관의 역할인 도체찰사로서 전장의 총지휘관 역할을 수행했다. 조정을 떠난 후에 저술에 집중한 류성룡과 최충은 닮은 바가 있다.

최충의 발언에서 의미심장한 의미를 발견한다.

"선비가 세력에 빌붙어 벼슬을 하면 끝을 잘 맺기 어렵지만, 글로써 출세하면 반드시 경사가 있다."

출세의 길에서 권력과 손을 잡으면 마무리가 안 좋지만, 학문과 손을 잡으면 경사가 있다는 발언이 시사하는 바가 크다. 최충이 자식들에게 유언으로 남긴 말은 곧 류성룡의 인생과 관통한다. 학문에 뜻을 두고 정진해 온 류성룡을 위한 발언 같다. 우리나라 최초의 사립학교를 세운 최충을 기리기 위해 세운 문헌서원에서 류성룡은 독서에 열중했다.

류성룡에게는 마지막 관문인 시험이 기다리고 있었다. 이제 성균관에 입학할 자격인 소과에 합격했으니 대과를 준비해야 했다. 조선에서 모인 최고의 지성들인 100명의 인재들과 경쟁이 남아있었다. 세 번의 시험이 준비되어 있었다. 최종시험에서 33명을 선발했다. 과거 급제는 바로 33명의 합격자를 말한다. 시험관의 면모를 보면 국가에서 얼마나 과거시험제도에 무게를 두었는가를 알 수 있다. 시험관으로 의정議政 1명, 종2품관 이상 2명이 독권관讀券官, 정3품관 이하 4명이 대독관對讀官이 되었다. 지금으로 말하면 총리급이 주관하고 장차관급이 직접 나가 감독 및 시험을 주관했다. 류성룡은 최종시험인 대과에 합격했다.

25세가 되던 해 10월에 급제하였고 11월에 승문원권지부정자로 보임되었다, 이듬해 4월에 예문관 검열檢閱 겸 춘추관기사관記事官으로 옮겼다. 예문관은 국왕의 말이나 명령을 담은 문서의 작성을 담당하기 위해 설치한 관서로 왕이 쓰는 각종 의례문서·명령서 등을 짓는 일을 맡은 관서였다. 또한 춘추관은 역사 기록 관련 업무를 수행하는 기관이었다. 지금의 대한민국의 국가기록원, 국사편찬위원회에 대응하는 기관이다. 문관으로서 전형적인 자리였다. 국왕과 가까운 거리에서 직접 일을 담당하는 기관이었다. 가까이서 왕의 일상을 기록하는 사관도 춘추관 소속이다. 류성룡은 처음부터 왕과의 지근거리에서 만났다.

5-1

중앙에서 변덕스러운 선조와 함께하다

회초리를 맞는 왕이 있었다. 지존의 왕이 회초리를 맞다니. 있을 수 없는 일이었다. 하지만 절대왕정인 조선에서 실제로 일어나고 있었다. 어머니에게 회초리를 맞는 왕, 명종이었다. 왕으로 즉위한 나이가 12세였다. 지금의 초등학생 나이였다. 나이가 어려 어머니인 문정왕후가 국사를 휘어잡았다. 왕이 장성해서 직접 국사를 운영할 때도 문정왕후의 비정상적인 행태는 지속되었다. 한글로 만든 자신의 생각을 적은 쪽지를 중관中官에게 시켜 왕에게 전달했다. 중관이 곧 환관이자 내시의 별칭이고 중사中使라고도 한다. 중관이나 중사라는 표현은 왕과 신하들 중간에서 말을 전달하는 역할이기 때문에 '가운데 중中'을 사용한 것으로 보인다.

명종은 다 큰 어른애의 전형이었다. 명종은 어머니 문정왕후의 지시를 보고 나서 지시사항을 집행했다. 행할만한 것은 행하고 행하지 못할 것이면 곧 얼굴에 수심을 나타내며 쪽지를 말아서 소매 속에 넣었다. 이로써 매양 문정왕후에게 거슬렸으므로 문정왕후는 불시에 임금을 불러들여 자신이 지시한 것을 행하지 않은 것에 대해 따졌다. 왕은 온순한 태도로 사태를 설명했다. 문정왕후는 버럭 화를 내곤 했다. "네가 임금이 된 것은 모두 내 오라버니와 나의 힘이다."라며 호통을 치곤 했다. 자신의 감정을 못 이길 때는 회초리를 들고 와 왕의 종아리를 쳤다. 왕 위에 군림하는 어머니가 있었다.

매를 맞는 왕이었다. 왕의 얼굴에 눈물 자국까지 보일 때가 있었다. 명종에게는 '눈물의 왕'이라는 별명이 붙기도 했다. 명종이 스스로 정치적 철학을 소신대로 펼 기회가 원천봉쇄되어 있었다. 어머니인 문정왕후와 외숙인 윤원형을 비롯한 소윤 일파의 욕망의 산물이었다. 나라를 위한 정치가 아니라 집안을 위한 정치가 판을 치고 있었다. 썩은 정치의 현장에 첫발을 내디딘 것이 류성룡이었다. 조정은 늘 시끄러웠고, 사욕집단 같았다. 사화로 피비린내가 나는 현장이었다.

류성룡은 어지러운 세상의 한복판에서도 정신을 바짝 차리고 자신의 세계를 만들어가고 있었다. 류성룡은 1564년 23세에 소과시험인 생원과 진사시에 합격하고, 1566년 25세에 대망의 문과시험에 급제하여 비교적 순조롭게 벼슬길에 나아갔다. 류성룡은 혼란한 세상을 만들어내는 중심인 조선의 조정으로 들어갔다. 명종이 타계한 1566년, 류성룡이 입궐을 했다. 선조 즉위 한 해 전에 류성룡은 입궐했다. 류성룡이 벼슬길에 들어설 때는 명종이 나라를 다스리고 있었다. 류성룡이 패기를 앞세운 약관의 벼슬길에서 선조를 만난 것은 이듬해였다. 명종이 타계하고 선조가 들어섰다.

1567년이었다. 류성룡의 나이 27세, 선조의 17세였다. 류성룡과 선조의 나이는 10년 차이였다. 패기 넘치고 칼날 같은 기개가 살아있는 27세의 청년 류성룡과 왕가의 자식으로 모든 권력을 한 손에 쥔 절대강자인 17세의 어린 왕이 만났다. 류성룡과 어린 왕 선조, 두 사람의 만남이었다.

두 사람이 만났을 때 세상은 어지러웠다. 선조가 어린 나이로 집권을 했을 당시 먹고 살기 힘들어진 농민들이 스스로 도적의 소굴로 들어가 의적이라 부르짖었다. 대표적인 사람이 임꺽정이었다. 나라의 혼란이 극에 도달할 즈음 명종은 타계하고 류성룡은 관직의 길로 나섰다. 류성룡의 출세 길과 선조의 왕으로의 등극이 맞물린다. 류성룡과 선조의 운명적인 만남은, 처음으로 관직을 가져 궁으로 들어온 사람과 막 즉위한 왕으로 조정이라는 한 공간에서 이루어졌다. 청운의 꿈을 가진 청년 류성룡은 예문관 검열 겸 춘추관 기사관이라는 직함으로 왕과는 근접해서 만날 수밖에 없는 자리였다. 선조는 방계승통의 약점을 극복하는 것이 제일 과제였고, 신하들을 이용하는 왕실 이기주의자였다. 시대적으로는 명종 이전에 있었던 100년 이상 훈척의 시대를 청산하는 것이 제일 큰 과제였던 시기다.

선조가 즉위한 후 류성룡이 임명받은 자리는 사헌부감찰이었다. 사헌부 감찰직은 조선시대 사헌부에 있던 정6품직으로 관리들의 비위를 규찰하는 일을 담당했다. 지금으로 이야기하면 검찰이라고 할 수 있다. 조선시대 대표적인 사법 기관으론 의금부와 사헌부가 있었다. 의금부는 왕명에 따라 움직이는 왕의 친위 수사기관이고 주로 반역이나 왕실 관련 사건처럼 접근이 어려운 사건이나 중범죄를 다뤘다. 요즘으로 하면 검찰에 정보를 다루는 국가정보원 같은 첨단정보를 다루는 기관이었다. 사헌부는 관료들의 범죄와 부정부패를 다루던 곳이다. 요즘으로 치면 검찰 기능에 감사원 기능을 더한 곳이다. 의금부와 일부 역할이 일부 겹치지만 사헌부는 관료들을 대상으로 운영된다는 점에서 차이가 있었다. 막강한 권력기관이라 서로 탐내는 자리이기도 했고, 지금의 검찰이나 감사원처럼 스스로 청렴의무를 지켜야 하는 자리이기도 했다.

27세의 젊은 나이에 사헌부감찰로서 대외업무 역할을 처음으로 한 것은 성절사聖節使의 일행인 서장관書狀官이었다. 조선시대 중국에 보냈던 사신의 하나다. 서장관은 3인의 대표자 중 한 관리로 정사正使와 부사副司와 함께 일했다, 일본에 가는 통신사 밑에도 서장관이 있었다. 류성룡은 명나라로 가는 성절사에 참여해서도 자신의 주장을 실현하였다. 유교적인 입장에서 원칙과 소신을 펴는 젊은 유학자였다. 명의 태학생太學生 수백 명이 왕양명, 진백사의 학문을 주장한데 반해 류성룡은 설문청이 정통유학의 종주임을 주장하여 감탄과 존경을 받았다. 명나라 연경의 학자들과 당시 학계의 추세에 대해 문답을 했다.

"진사백은 도를 깨달은 것이 정밀하지 못하고, 왕양명은 선학禪學으로 얼굴만 바꾸었으니 설문청은 학문의 순정純正함만 못하다."

류성룡은 패기 있는 목소리로 설파해 연경의 학자들을 놀라게 했다. 세 사람은 모두 명나라의 대표적 유학자들이다. 류성룡이 깊이 있고 파고드는 공부를 한 바가 드러나는 순간이었다. 한학에 웬만큼 공부하지 않고서는 이름을 꿰차면서 사상적 토론을 할 수가 없었다. 진백사陳白沙는 이름이 헌장獻章으로 유교경전의 해석에 몰두하는 명대의 주자학에 반발하고 실천성을 강조한 인물이다. 성인이 되는 길로 자득自得의 수양론修養論을 폈다. 학문을 하는 것은 오직 마음에서 구해야 한다고 주장했던 명대 심학心學의 거두다. 왕양명王陽明은 거리에 가득한 사람이 모두 성인이라고 선언했다. 이학理學을 비판하고 심학의 체계를 세운 데 있다. 그러면서 '거리에 있는 사람들이 모두 성인의 자질을 발휘하여 성인이 되지는 못한다. 그 까닭은 도리를 알고는 있지만 실천하지 않기 때문이다. 실천하지 않는 앎은 무지와 다르지 않다.'라며 실천을 강하게 주장한 인물이다. 실천 속에 앎이 있다며 앎이란 실천을 통해 비로소 완성되는 것으로 지행합일知行合一을 주장했다. 성은 왕王, 이름은 수인守仁이다.

류성룡이 강하게 학문의 순정함을 가진 사람으로 본 설문청薛文淸은 본래 이름이 설선薛瑄이다. 독서를 자기 심신의 마음공부로 익히지 않으면 고금천하의 책을 다 읽어도 아무런 도움이 되지 않는다고 한 인물이다. 사상가로서는 특이하게도 시가 형식을 빌려 철학 사상을 담아냈다. 사상과 문학을 관통하는 중심 개념은 복성復性, 즉 인성의 근본을 회복하는 것을 종지宗旨로 삼았던 인물이다. 유학의 본거지에서 인물을 하나하나 거론하면서 학문을 논한 것으로 류성룡이 얼마나 유학에 심도 있는 공부를 했는가를 알 수 있다.

또한 궁중조례에서 유생儒生을 도사道士와 승도僧徒의 뒷줄에 세우는 잘못을 지적, 즉석에서 시정시킴으로써 명나라 조정을 놀라게 했다. 유학을 숭상하는 나라에서 젊은 유학생儒學生들에 대한 대우를 주장해 관철하는 당돌함도 가졌다. 열정과 패기가 넘치던 20대의 류성룡이었다. 류성룡은 유학으로 무장된 순수하고 열정이 넘치는 관리이면서 유학자였다.

5-2

출세가도를 달리다

29세 때 사가독서賜暇讀書를 받았다

성균관은 조선의 최고 교육기관이다. 성균관은 관리를 선발하는 역할과 길러내는 역할도 함께 했다. 류성룡이 과거 1차에 합격하여 들어간 곳이 바로 성균관이었다. 성균관에서 공부하면서 시험을 봐 다시 시험을 본다. 국가에서 원하는 인재를 만들기 위한 전초기지라고 할 수 있다. 류성룡은 성균관에서 선발하는 과거에 합격하여 관리로 정식 들어간 곳이 성균관이었다. 성균관 전적典籍이라는 직함이다. 성균관 전적은 정6품으로 높은 관직이다. 29살에 이미 정6품의 벼슬에 올랐다. 성균관은 학문이나 공부하는 선비로서는 의미 있는 자리였지만 권력과의 직접적인 관계는 적었다.

류성룡은 관직에 있으면서도 공부할 기회를 얻었다. 류성룡은 29세 때 사가독서賜暇讀書를 받았다. 사가독서는 공부에 전념케 하기 위해 왕이 신하에게 내리는 혜택이었다. 세종이 집현전 학사 중에서 재주와 실행력이 뛰어난 자를 선발하여 유급휴가를 주고 연구에 전념하게 한 것에서 비롯되었다. 독서를 할 수 있는 시간을 주어 보다 능력 있는 관리로 만들기 위해서 주는 제도였다. 왕이 때로 술과 음악, 물품을 내려 격려했다. 사가독서에 뽑히는 관리는 전체 관리 중 보통 3~6명이 전부였다. 조선시대를 통틀어 320명에 불과했다. 사가독서에 뽑힌 관리를 사가문신이라고 불렀는데 영예였다.

류성룡이 사가독서를 다녀와서 바로 연경을 다녀왔다. 연경에 다녀온 후 홍문관 수찬으로 임명받았다. 류성룡의 파격적인 출세는 다음으로 이어졌다. 성균관에서 잠시 근무하다 받은 자리가 공조좌랑이었다. 행정의 중심인 공조좌랑으로 승진을 했다. 조정의 6부 중에 하나로 국가경영의 축으로 들어가는 계기였다. 건설부와 상공부를 합한 것보다도 광범위한 부분을 담당하는 핵심부서다. 궁실·성지·관공서의 청사·가옥·토목공사·피혁·모포 등에 관한 사무를 맡아보았다. 또한 공예품의 제작, 금은·주옥·동납철의 관리, 도기·기와 및 도량형 등에 관한 업무까지 총괄하는 자리였다. 또한 산림·소택·나루터·교량·궁궐의 정원·식목·목탄·목재·석재·선박·차량·필묵·및 칠기 등에 관한 임무를 가졌다. 조선의 상공업을 총괄하는 자리였다.

소속된 관청으로 상의원尙衣院은 왕의 의복과 궁중에서 필요로 하는 일용품 및 금은보화 등을 공급하는 일을, 선공감繕工監은 토목과 건축에 관한 일을, 수성금화사修城禁火司는 궁성과 도성의 성곽 수리 및 궁궐·관청의 청사, 민가의 소방 등의 일을, 전연사典涓司는 궁궐 미화에 관한 일을 수행하였다. 장원서掌苑署는 궁중 정원의 꽃과 과일나무 등에 관한 일을 맡아 보았고, 조지서造紙署는 국가의 공문서를 만드는 종이 만드는 일을, 와서瓦署는 기와와 벽돌 만드는 일을 관장하였다.

공조 내에 류성룡 위로는 6명이 전부였다. 판서 1인, 참판 1인, 참의 1인, 정랑 3인이 상관으로 있었고, 다음으로 공조좌랑工曹佐郎이었다. 공조좌랑은 요직이었다. 29살의 류성룡은 열정과 능력이 있었다. 류성룡이 인정을 받게 된 것은 류성룡이 가진 통찰력과 능력이 우선이었지만, 스승인 퇴계 이황의 뛰어난 제자라는 것도 인정이 되었다. 한곳에 머무르지 않고 요직을 두루 거쳤다. 공조에서 병조로, 병조에서 이조로 옮겨가며 공무수행을 했다. 조정의 6조 중에서 공부·병부·이부의 좌랑을 거쳤다는 것은 조정의 핵심 업무를 다 파악할 수 있는 기회를 받았다고 할 수 있었다. 류성룡을 큰 재목으로 키우려는 의도였다. 어느 자리에 가도 정무를 확실하게 했음을 보여준다.

아버지 관찰사 류중영이 타계하다

류성룡은 사가독서를 받고 돌아왔다. 홍문관 수찬에 임명되었다가 바로 사간원 정언에서 이조좌랑으로 자리를 옮겼다. 모두 조정의 핵심적인 자리였다. 젊은 나이에 상승궤도를 올라탔다.

조선시대 언론삼사言論三司라고 하는 사헌부·사간원·홍문관을 포함하여 류성룡은 조선의 조정에서 중요한 부서와 중요한 직책을 두로 섭렵했다. 명실공히 조선의 관리로서 조선 조정을 전부 익히고 있었다. 류성룡이 벼슬길에 있어 탄탄대로를 가던 도중에 아버지가 타계했다. 류성룡이 32세 때였다. 쉬지 않고 국가 임무를 수행하고 있을 때 아버지 상을 당했다. 아버지 류중영은 한양에서 타계했다. 정확하게는 경저京邸에서 타계했다.

경저는 조선시대 서울에 설치한 지방 향리의 집무소다. 한양에 설치된 지방관아라고 할 수 있다. 지방업무인 한양의 여러 관청, 경재소 간의 사무 연락을 담당했던 곳이다. 아버지의 타계로 관직에서 내려와 형 류운룡과 함께 3년 상을 치렀다. 벼슬길에 들었다가 처음으로 성찰하는 시간을 가질 수 있었다. 류성룡에게 큰 슬픔과 함께 그립던 고향에서의 생활이 이어졌다. 옆에서 모시지 못하던 어머니에 대한 정을 달랠 수 있는 시간이 주어졌다. 류성룡에게 부친상은 고향에 대한 그리움을 달랠 수 있는 계기가 되었다. 류성룡은 형 류운룡과 함께 시묘살이를 했다.

원지정사는 왕성하게 관직생활을 하던 류성룡이 잠시 벼슬을 접고 낙향을 생각했던 곳이다. 혈기왕성한 청년으로서 조정에 들어가 바쁜 정사와 과중된 업무에 지쳐있었을 때 아버지 상을 당해 고향에 내려와 있는 동안 류성룡은 안정과 평화를 즐겼다. 더구나 아버지 상을 당해 많은 생각을 하게 되었다. 류성룡은 하회에 내려와 있는 동안 서재로 작은 건물을 하나 지었다. 원지정사는 작다. 방 하나에 작은 마루가 전부다. 하지만 정자로는 일품이다. 정자의 규모가 크고 화려한 것이 아니라 소박하고 작지만 하회마을에서 가장 빛나는 부용대를 바라볼 수 있는 곳이다. 부용대는 깎아지른 절벽이다. 절벽이 주는 단절이 아니라 곱고 아름답다. 부용대는 절벽이면서 친근감을 준다. 바로 부용대와 정면으로 마주 보고 있다. 마치 서로 대좌하고 앉은 듯하다.

의기가 넘치고, 활력이 넘치는 류성룡은 반대로 서재를 만들고 조촐한 누각을 만들었다. 류성룡은 세상살기가 바쁠 때 한 발 물러섬을, 반대에 부딪혔을 때 자신의 돌아봄을 생활화한 안정되고 정제된 삶을 유지했다. 류성룡이 자신의 마음을 담아 생애 처음으로 지은 집이었다. 원지정사는 류성룡의 마음의 고향 같은 곳이었다. 마음이 힘들 때, 실제로 몸이 병이 났을 때 찾아와서 쉬곤 하는 류성룡의 피신처였고, 안식처였다.

사람은 누구나 눈물주머니 하나를 가지고 태어난다. 삶이 벅차고 힘들다는 것을 예시하고 있다. 힘들 때마다 위로해 줄 눈물주머니, 즉 눈물샘이 있듯이 인생을 살면서 지치고 주저앉을 때 쉴 공간이 필요하다. 그것이 류성룡에게는 고향의 원지정사였다. 단애斷崖의 부용대가 오히려 위안이 되는 역설의 현장이었다. 산의 중심을 잘라낸 모습처럼 부용대의 깎아지른 절벽이 류성룡에게는 기댈 수 있는 언덕이었다. 세상의 절벽은 왕과 대신들이 모여 있는 조정이었고, 고향의 절벽인 부용대는 마음을 기댈 수 있는 평안의 장소였다.

어린 시절부터 찾아다녔던 아버지의 임지, 아버지의 어깨 너머로 세상을 배웠던 류성룡에게는 아버지의 타계는 관리로서 살아가는 자신의 모습을 바라볼 수 있는 계기가 되었다. 아버지가 살아온 모습이 바로 자신의 모습이기도 했다. 아버지의 인생을 거울삼아 자신을 투영해서 바라볼 수 있는 시간에 원지정사를 짓고 원지정사에 머무르면서 생각했다. 누구나 마음의 언덕이 필요하다. 류성룡에게는 원지정사였다. 실제로 류성룡이 병이 났을 때 찾아와서 머무르면서 요양을 했던 장소다. 또한 하회마을 원지정사는 류성룡이 벼슬을 그만두고 은거할 때 자주 쓰던 별장이었다.

왕의 사우師友로 인정받다

벼슬아치 중에서 가장 영광된 것이 사우師友다. 류성룡은 선조로부터 사우로 대접받는 최고의 관리로 성장했다. 왕의 스승으로 인정받는 영예였다. 신하로서 더 이상의 인정을 받을 수 없는 최고의 영예였다. 왕에게는 스승 같은 신하가 필요했다. 또한 친구 같은 신하가 필요했다. 스승 같은 신하를 사신師臣이라고 한다. 신하지만 학문과 경륜이 높아 배울 점이 많은 신하다. 친구 같은 신하를 우신友臣이라고 한다. 편하게 정사를 논할 수 있고 사적인 문제까지 흉허물없이 터놓고 말할 수 있는 신하다. 사신과 우신을 합친 신하가 있다. 사우師友라고 한다. 스승이면서 친구, 친구 같으면서 스승 역할까지 할 수 있는 사람을 사우라고 한다. 왕에게도 사우가 필요했다. 군신이 유별하지만 군신은 같은 배를 탄 사람들이었다.

큰 나라를 혼자서 다스릴 수 없다. 왕과 신하가 함께 의논하고 연구해서 결정하는 정치가 필요하다. 최고의 정치라고 하는 군신이 만나 함께 협력하는 정치가 필요하다. 이른바 군신공치君臣共治다. 선조에게는 류성룡이 필요했다.

선조는 10대였고, 류성룡은 20대였다. 두 사람은 10살 차이였다. 선조는 어렸고, 류성룡은 청년이었다. 어린 나이에 국가권력을 가진 선조로서 정치를 논하고 결정할 때 조언과 방향을 알려줄 사람이 필요했다. 대화를 격의 없이 나눌 수 있는 젊은 사람이 필요했다. 류성룡이 적격이었다. 문풍으로나 기품으로나 돋보이는 존재였다. 류성룡은 학문으로 다져진 시간을 가졌다. 시험을 보기 위한 공부가 아닌 깊이 있는 학문을 위해 다져진 인품 있는 사람이었다. 아버지와 할아버지의 임지를 찾아다니며 세상을 배웠다. 어깨너머로 배웠고, 실제로 현실정치를 할 수 있는 경험을 가지고 있었다. 류성룡은 나이에 비해 학문과 실전경험이 많았다.

군주 혼자의 의견으로 집행하는 정치는 독재로 나쁜 정치다. 신하들과 의논하여 정책을 만들어가는 공동의 통치가 협치로 좋은 정치다. 선조에게 친구 같으면서 스승 같은 존재로 류성룡이 적격이었다. 선조의 마음을 흔든 사람이 류성룡이었다. 선조는 류성룡을 사우師友로 대우했다. 하늘 같은 존재인 왕에게도 인간적인 정을 나눌 수 있는 사람이 필요했다.

류성룡은 성격이 부드럽고 온화한 성품에 지적 완성도가 높은 인물이었다. 자기 관리가 누구보다도 철저한 사람이었다. 타인에게는 관대하고 자신에게는 냉정한 사람이었다. 사람을 사귐에 있어 모난 데가 없었다. 한 마디로 인품이 뛰어난 사람이었다. 선조로서는 국정을 논하고 자문을 받을 때 더없이 필요한 사람이 류성룡이었다. 반대로 선조는 어리고 마음의 변화가 날씨 같은 왕이었다. 류성룡이 고향의 느티나무 같은 존재라면 선조는 길가의 갈대와 같은 존재였다.

왕을 상군上君 · 중군中君 · 하군下君으로 나눈다. 하군은 군주 자신의 지혜와 힘만을 사용하는 군주다. 중군은 대신들의 힘을 이용하는 군주다. 상군은 군신이 함께 힘을 합해서 일하도록 하는 군주다. 하군下君은 독재로 흐를 수 있고, 독단으로 인한 폐정으로 치달을 수 있다. 중군中君은 대신들이 이끌어가는 정치다. 군주로서 장악력이 부족해 대신들에게 끌려갈 수 있다. 상군上君은 군신이 힘을 합쳐 문제를 해결하고, 결정하는 군주다.

선조도 상군이 되고 싶었다. 류성룡 같은 능력 있고 세상을 읽어내는 직관과 통찰력이 있는 신하를 가까이서 접하고 느낄 수 있는 사람은 지근거리에서 생활하는 사람이 가장 잘 안다. 자신이 능력은 없어도 능력 있는 사람을 볼 줄은 안다. 자신이 어질지는 못하지만 어진 사람은 안다.

선조는 얼굴을 마주하고 국사를 논하고 결정하면서 한 사람 한 사람의 언행이 보였다. 또한 언행이 하나같이 일치하는 사람을 보게 된다. 류성룡은 한마디로 반듯한 사람이었다. 행실이 바르고 생각은 투명했다. 무엇보다 좌우로 치우치지 않고 정도를 찾아 일갈하는 큰 사람이었다. 그리고 날카롭게 대립할 때 양보할 줄 알았고, 상황이 정상적으로 전개되지 않을 때 물러설 줄 알았다. 그리고 다시 상황이 무르익으면 소신을 전개하고 상대를 설득하는 부드러움을 가진 인물이었다. 당장은 진 것 같고 당장은 시원하지 않지만, 상대를 이해시키는 탁월함을 가지고 있었다.

분란을 일으키지 않으면서 사태를 해결하고, 논쟁을 만들지 않으면서 타개책을 마련하는 인물이었다. 첨예하게 대립하고 경쟁으로 치닫는 조정 안에서 절대로 필요한 존재였다. 타협과 조정자 역할을 원활하게 했다. 서로 다른 이해관계를 조정하는 능력자였다.

선조가 류성룡의 상소를 병풍으로 만들어 어전에 세우다

상소는 왕에게 올리는 글이다. 간언諫言이나 의견, 진정을 전달하는 글이다. 간언은 아랫사람이 위 사람에게 하기 어려운 말을 어려움을 무릅쓰고 하는 것을 말한다. 자신의 안위보다 나라와 백성을 위하여 하는 말이다. 용기가 필요하다. 간언을 잘못해 귀양을 가거나 사약을 받기도 했다.

상소의 목적은 왕이 마음을 바꾸도록 하는 것에 있다. 잘못하면 오히려 일을 그르칠 수가 있다. 상소의 목적은 잘못 생각하고 있는 왕의 생각을 바꾸어서 바른길로 가게 하는 데 있다. 왕을 화나게 해서 이루어질 일이 별로 없다. 바른말을 거슬리지 않게 하면서 설득할 수 있다면 최고의 상소가 될 것이다. 선조는 류성룡의 상소를 받고 내용을 베껴서 병풍으로 만들어 자신의 좌우에 두도록 했다. 스스로 왕 자신의 마음을 바꾸려고 했다. 그것도 모자라 병풍으로 만들어 자신의 바로 옆에 두어 수시로 깨우치도록 했다. 이것이 진정한 상소다.

류성룡은 진사시와 생원시에 모두 합격한 걸출한 학자였다. 명나라에 사신으로 가서는 학문을 토론하면서 선비들의 생각을 바꾸어놓았다. 그만큼 유학자로서 능력이 있었고 문장력도 갖추었기 때문이었다. 설득력이 뛰어난 사람이 류성룡이었다.

설득은 내 마음으로 상대의 마음을 움직이게 하는 능력이다. 손가락 하나 까닥하지 않고 상대를 움직이게 하는 것이 설득이다. 특히 마음을 움직이게 하려면 마음으로 다가가야 가능하다. 마음은 마음으로만 만질 수 있기 때문이다. 사람을 설득하려면 갖추어야 할 것들이 있다. 첫째, 설득을 하려면 마음을 움직여야 할 이유가 필요하다. 목적을 실현해야 할 이유가 반드시 있어야 설득이 시작된다. 류성룡에게는 나라와 백성이 있었다. 나라와 백성을 위한 올바른 정치가 있어야 한다. 둘째, 설득하려면 우선은 진정성이 필요하다. 더구나 늘 함께 얼굴을 대면하고 만나는 사이에서는 진정성, 다시 말해 믿음이 필요하다. 평소에 자신에 대한 믿음을 주지 못하는 상황에서는 어떤 설득도 무용지물이 된다.

셋째, 사실 그대로를 인정하고 확인하면서 잘못된 점을 지적해야 한다. 아무리 내가 좋은 생각을 가지고 있다고 해도 상대를 설득하지 못하면 의미가 없다. 설득에는 기술이 필요하다. 설득은 옳고 그름보다 '상대가 있는 마음 겨루기'라고 할 수 있다. 상대방이 있는 설득의 과정에서 내용을 부풀리거나 단점을 줄여서 이야기하면 오히려 약점이 되어 설득에 장애가 될 수 있다. 넷째, 극히 객관적인 입장에서 바라보고 평가하면서 상대를 이해시켜야 한다. 다섯째, 상대의 마음을 어루만지면서 다른 입장을 설명해야 한다. 아무리 정당한 내용이라고 해도 상대의 기분을 상하게 하면 상대가 감정적으로 대응하게 된다. 감정적인 상황에 도달하면 그 순간 설득은 물 건너갔다고 봐야 한다. 아무리 옳아도 상대의 마음은 움직이지 않는다.

설득은 마음을 움직이는 최고의 기술이다. 사람을 이해해야 가능한 세계다. 류성룡은 사람의 마음을 읽을 수 있는 종합적이고도 입체적인 사고를 지닌 사람이었다. 설득은 어려운 기술이다. 힘으로 상대를 굴복시키기는 쉽지만, 마음으로 상대를 굴복시키기는 어렵다. 더구나 상대가 흐뭇하게 받아들이면서 설득이 되었다면 최고다. 칼을 쥐고 있는 사람, 전권을 가지고 있는 사람을 설득해서 자신의 의지로 움직이게 하는 것은 큰 부담이다. 설득의 목표는 상대를 내가 생각한 대로 움직이게 한다는 것을 염두에 두어야 한다. 내용의 정당성보다 앞선 것이 상소를 올린 사람에 대한 믿음이 있어야 하는 이유다.

류성룡은 누구보다도 부드러웠지만, 자신의 의지를 확고하게 전개하고 상대를 설복시키는 힘을 가지고 있었다. 일반론에 기초한 충분한 개연성을 가지고 있어야 가능한 능력이었다. 적을 만들지 않는 것이 정치에서는 필요하다. 적을 만들고 싶지 않아도 다른 생각을 가진 집단이해로 만들어진 붕당정치 아래에서는 적이 생길 수밖에 없다. 힘과 능력이 있다고 해도 적이 많으면 자신의 의지를 펼 수가 없다. 자신을 보호한다고 주위를 가시나무로 울타리를 만들면 결국 자신은 가시나무 안에 갇히고 만다. 반대로 당장은 힘이 들어도 주위에 꽃을 심어보라. 꽃밭 한가운데 자신이 서 있게 된다.

류성룡은 자신의 주위에 한 송이, 또 한 송이 꽃을 심는 사람이었다. 그럼에도 불구하고 정적이 있었다. 생각이 다르고 철학이 다른 사람 간에는 집단이기주의가 첨예하게 대립할 수밖에 없었다. 극한의 상황에서도 류성룡은 정적을 가능한 한 감쌌다. 소신이 없는 사람처럼 보였지만, 결국은 조정 안에서 다시 만나 정책을 토론하고 국사를 논해야 하는 사람임을 누구보다 잘 알고 있었다. 아무리 미워도 가족이듯이 아무리 미워도 같은 나라 안의 백성이고 관리였다. 다름을 인정하지 않으면 다른 사상을 가진 사람을 끌어안을 수 없다. 정치는 타협과 양보가 필수적인 덕목이다. 타협은 양보를 전제로 한다. 조금씩 양보하지 않으면 경계선에서 대립할 수밖에 없다.

류성룡은 조선의 전쟁을 이끌어온 수장이었다. 현장에서, 왕을 대신하여 전쟁을 이끌어가면서 곡예와 같은 외길을 달렸다. 강대국의 군사력을 움직이게 할 수 없는 약소국의 관리로서 피눈물 나는 모욕을 감수해야 했고, 적과의 전쟁을 치러야 하는 중간지대에서 외로운 정치인이었다. 한쪽으로 치우칠 수 없는 절체절명의 절벽에 선 책략가였다. 왕으로부터 권력을 위임받았으나 사건마다 재가가 필요했고, 밑으로부터는 조선의 입장을 대변하지 않는다는 아우성과 마주쳤다. 그리고 전장에서는 적과의 치열한 대치 상황 속에서 죽음을 무릅쓴 장수와 군사들이 류성룡을 바라보고 있었다. 그리고 백성들은 자신들을 버린 왕과 나라를 원망했다. 세상은 류성룡을 의지했으나 누구도 류성룡이 고투하고 있는 현장을 도와주지 않았다. 오히려 잘못된 점을 헐뜯었다. 무능하다고 하면서 정작 어떤 대안도 가지고 있지 않은 사람들이 조정의 대신들이었다. 전쟁 중에도 모략이 있었다.

류성룡은 문인으로서 도체찰사 역할을 해냈다. 도체찰사都體察使는 왕명으로 지방에 파견되어 군사 관련 업무를 총괄하던 임시 관직이었다. 왕명으로 대신급 인사가 현장에 파견되어 업무를 총괄하는 일이었다. 격변의 상황에서 지방관으로 처리하기 힘든 사건을 현장에서 지도하는 임무였다. 군사와 국정에 관한 중대한 사업을 추진하는 주체로 설정되면서 최고위층 관료가 도체찰사로 지역에 파견되어 국가적 사업을 처리하는 자리였다.

학자로서의 입장인 문인과 장수로서의 입장인 무인의 입장을 대결하는 자리 한가운데 류성룡이 있었다. 왕과 현장의 장수들 입장의 경계에 류성룡은 서 있었다. 백성과 조정의 입장 사이에 선 사람이 도체찰사였다. 류성룡은 영의정으로 도체찰사 자리를 맡았다. 조정과 타협안을 만들어야 하고 타협안을 만들어내야 하면서도 혼란한 전장 상황을 이끌어가야 하는 자리가 도체찰사였다. 도체찰사는 힘들고 벅찬 자리였다. 정세를 읽어야 가능한 자리였고, 현장에서 직접 뛰어야 하므로 즉각적인 판단을 해야 하는 자리였다. 판단과 결단으로 거친 파도를 헤쳐나가야 하는 태풍의 눈 같은 자리였다.

류성룡은 치열한 현장 정치인으로서 영의정이라는 중책을 맡아 담대하면서도 일관되게 자신의 소신대로 정책을 폈다. 위로는 왕을 설득하고 아래로는 대신들을 이해시켰다. 그리고 나약하고 헐벗은 백성들을 다독였다. 힘들고 벅찬 길이었지만 나무라지 않고 중립자로서 선택한 길을 갔다. 한쪽만을 편중되게 해서는 안 되는 것이 영의정이라는 자리임을 알고 있었다. 정파를 떠나 왕과 조정과 백성을 대변하면서 초지初志가 같은 정책을 폈다.

류성룡이 조선의 5대 재상 안에 들게 된 데에는 이유가 있었다. 7년 전쟁이라는 질곡을 헤쳐나간 중심인물이 류성룡이었다. 발이 두 개 있는 것은 한 발은 땅을 디디고 한 발은 앞으로 나가라는 의미다. 보수와 진보가 함께 있어야 하는 이유다. 보수만으로는 성장이 멈추고, 진보만으로는 체제가 무너진다. 마찬가지로 다른 세계를 가진 사람들이 붕당을 만들어 주장할 때 필요한 것이 소통이다. 소통의 정치를 이끌어간 사람이 바로 류성룡이었다. 류성룡은 두 개의 다른 수레바퀴를 돌게 했다. 때론 치욕으로 부르르 떨기도 했고, 때론 적절한 조치로 위기를 극복하기도 했다.

다른 세계의 충돌지점에 류성룡은 서 있었고, 극한상황으로 빠지는 것을 막아낸 인물이 류성룡이었다. 위기를 극복하는 남다른 촉과 미래를 내다보는 예지가 있었다. 조선의 명재상이라고 칭송을 받는 황희는 정치적인 감각이 뛰어나고 사리 판단이 정확했지만, 사위가 관리를 살인한 것을 힘으로 무마하는 등 문제가 많았다. 조선을 뒤흔든 한명회는 군주를 바꾸는 데 절대적인 공을 세운 모사謀事의 대명사로 자신이 속한 집단의 이익을 위한 사람이었다. 정조 때 명재상으로 거론되는 채제공은 수원화성을 축성하는 데 절대적인 공을 세우고 개혁 군주를 보좌하고 조선의 중흥을 만들어가는 역할을 수행했다.

류성룡의 경우는 달랐다. 국가의 위기를 극복하는 데 중요한 조타수 역할을 했다. 조타수는 배의 키를 조종하는 사람이다. 국가가 위험한 상황에 빠졌을 때 위기의 극복을 위해 배가 나아가야 할 방향과 응급조치뿐만 아니라 거친 파도의 크기와 흐름을 이해해야 거친 바다에서 항해를 할 수 있다. 풍랑이 이는 바다에서 길을 잃은 배는 좌초할 수밖에 없다. 배에 탄 사람들은 아우성치며 조타수만 바라보면서도 조타수를 원망하는 답답한 정국이었다. 때론 욕을 먹고 때론 고마워하며 조석으로 변하는 배 안에 탄 사람들을 위무하고 이끌어가야 했다.

류성룡은 그런 자신을 당당하면서도 부끄럽게 생각했다. 중심을 잃지 않고 일관되게 정국을 이끌어갔다. 그러면서도 자신의 부족함을 안타까워했다. 그러나 류성룡은 변덕과 일관성이 없는 군주를 나무라지 않았고 자신의 정책에 딴죽만을 울리는 무리에게 비수를 들이대지 않았다. 류성룡은 타협과 소통의 달인이었다.

출세의 길이 탄탄대로였다

류성룡이 아버지의 타계로 벼슬을 잠시 접고 고향 하회마을에서 기거를 했다. 류운룡과 함께 3년 상을 마치고 사간원 헌납이란 직책으로 다시 벼슬길에 올랐다. 사간원은 임금에 대한 견제역할을 수행하는 자리에서도 핵심이었다. 간쟁과 논박을 하는 곳이다. 간쟁諫諍은 간절한 마음으로 임금에게 옳지 못한 일을 말하여 잘못을 고치게 하는 것이다. 논박論駁은 남의 주장이나 견해에 대하여 잘못된 점을 조리 있게 지적하며 따지는 일이다.

절대지존의 가장 가까운 곳에서 잘못된 정책이나 잘못된 결정에 대해 비평을 하는 역할이었다. 신하들에 대한 탄핵, 그밖에 정치 문제에 관해 논하는 언론 기관의 역할을 담당했다. 또한 왕권과 신권의 균형을 추구한 조선 정치철학의 이상을 실현하는 기관이었다. 왕에게 정책에 대해서 비수를 들이댈 수 있어야 하는 자리였다. 왕에게 잘못된 점을 지적한다는 것은 한여름날에 곤두선 서릿발같이 몸이 사려지는 일이다. 절대권력을 가진 임금에게는 철퇴가 들려있다. 하지만 30대의 류성룡에게 주어진 임무였다.

사간원의 관헌으로는 정3품의 대사간大司諫, 종3품의 사간司諫, 그리고 바로 밑에 정5품의 헌납獻納이 있었다. 류성룡은 사간원 헌납이었다. 믿음이 가지 않는 사람에게서 정책에 대해 옳고 그름의 판단을 들으려 하지 않는다. 그만큼 류성룡에 대한 신임이 컸다.

류성룡은 36세 되던 해에 의정부 검상檢詳이 되었다. 의정부 검상은 의정부에 두었던 정5품 관직으로 의정부의 모든 실무를 담당하는 요직이었다. 임기가 끝나면 승진하여 자리를 옮겼고, 바로 윗사람인

사인에 결원이 생길 때에는 재직기간에 관계없이 승진할 수 있는 자리였다. 다음으로 옮겨간 자리가 홍문관 부응교였다. 홍문관은 두 번째였다. 이어진 자리가 예문관 검열에서 춘추관 기사관으로 자리를 옮겼다. 맡은 자리마다 중요하고 학식과 견문이 있어야 하는 자리였다. 류성룡은 조선의 요직을 다 거쳤다고 할 수 있을 만큼 화려하고 중책인 자리를 맡았다. 중량감 있는 자리였다. 탁월한 행정 능력과 탁견이 있지 않으면 발탁되기 어려운 자리였다.

조금만 더 살펴보자. 류성룡의 관직은 놀라울 정도다. 예문관 겸열로 춘추관 기사관을 겸직하다가 다음으로 대교에서 전적·공조좌랑을 거쳐 감찰로서 성절사聖節使의 서장관이 되어 명나라에 갔다가 이듬해 돌아왔다. 다시 부수찬·지제교로 경연검토관經筵檢討官·춘추관기사관을 겸한 뒤 수찬에 제수되어 사가독서를 받았다. 그 후로 정언·병조좌랑·이조좌랑·부교리·이조정랑·교리·전한·장령·부응교·검상·사인·응교 등을 역임하고 37세 되던 해에 사간이 되었다.

이듬해에는 직제학·동부승지·지제교로 경연참찬관·춘추관수찬을 겸하고, 이어 이조참의를 거쳐 39세에는 부제학에 올랐다. 류성룡은 39세에 관료들의 꿈인 당상관이 되었다. 동부승지는 정3품 당상관직이다. 조선의 관리에게 당상관은 의미가 컸다. 당상관이 되어야 비로소 고위직 관리라고 할 수 있었다. 당상관은 조의朝議를 행할 때 당상堂上에 있는 교의交椅에 앉을 수 있는 고위직으로 인정받는 자리였다. 당상관은 양반 관료를 천거할 수 있는 인사권, 소속 관료의 고과표를 작성할 수 있는 포폄권褒貶權, 군사를 지휘할 수 있는 군사권 등의 중요 권한을 독점했다. 당상관이 되면 비로소 남아로서 출세했다고 할 수 있었다. 중요 국정에 참여하여 자문하거나 각종 의식 행사에 참여할 수 있었다.

류성룡이 옮겨 다닌 관직을 세기도 힘들다. 전천후의 업무능력과 업무범위를 소화해내고 있었다. 조선의 관직을 섭렵했다고 할 수 있을 정도로 다양하고 특별한 임무를 맡아서 수행해냈다.

5-3

조선의 중요 관직을 두루 섭렵하다

류성룡은 벼슬길에서 벗어난 본 적이 거의 없었다. 그리고 조정을 벗어난 적이 거의 없었다. 류성룡이 부친상을 당하여 3년 동안 복상한 기간이 관직에서 벗어난 기간이었다.

류성룡이 39세 되던 해에 홍문관 부제학으로 임명받았으나 류성룡은 사양했다. 힘이 들었고 벅찼다. 세상은 나를 위해 준비해 놓고 기다린 적이 없었다. 인생은 내가 해결하고 개척해야 하는 길이었다. 너무 많은 업무량과 개인으로서 살아온 인생을 뒤돌아보았다. 많지 않은 나이임에도 아버지는 돌아가셨고, 어머니는 벌써 69세로 늙었다. 관직에 들어간 이후로 되돌아볼 시간이 없었다. 앞만 보고 달려왔다.

한 번도 제대로 부모님을 모신 적이 없다고 생각했다. 이미 연로한 어머니를 모시기 위해 벼슬을 사양했다. 젊은 나이에 이미 높이 올랐다. 그리고 많은 관직에 있었다. 하지만 내 시간이 필요했다. 훗날 류성룡은 술회했다. 자신이 하지 못한 3가지를 술회했다. 그대로 류성룡의 마음의 일단을 읽을 수 있다. 류성룡은 삼한三恨이라고 했다. 첫째는 임금과 어버이의 은혜를 보답하지 못했다. 둘째는 벼슬이 지나치게 높았는데, 일찍 벼슬에서 물러나지 못했다. 셋째는 망령스럽게 도道를 배우겠다는 뜻을 두었으나 이룩한 것이 없다. 류성룡이 나이 들어 자신의 인생을 돌아보며 아쉬워한 세 가지였다.

류성룡은 39세 나이에 벼슬을 사양하고 고향으로 내려가고 싶었다. 진심이었다. 이미 연로하신 어머니를 모시고 싶었다. 효자 노릇은 못하더라도 자식의 도리로 어머니를 곁에서 모시고 싶었다. 왕은 허락하지 않았다. 류성룡은 반복해서 벼슬을 사양했다. 줄다리기가 시작되었다. 왕은 인재를 놓친다는 아쉬움과 국정을 마음 놓고 토로할 사람이 필요했다. 류성룡의 입장도 양보하기 어려웠다. 아버지에게 효도 한 번 못한 것도 아쉬운 일인데 노모마저 모시지 못한다면 나중에 후회할 것 같았다. 아무리 국사가 중요하지만, 개인의 인생도 필요했다.

힘겨루기가 몇 차례 오간 후 왕은 양보해서 정 그렇다면 어머니를 모실 수 있도록 고향 근처에서 관직을 수행하라면서 내려준 것이 상주 목사였다. 경상도에서 가장 큰 도시가 경주와 상주였다. 상주는 여전히 경상도의 중심도시로 건재했다. 지방관으로서 한가한 때 시간을 내 고향에 다녀오라는 배려였다. 류성룡이 지방직에 임명된 것은 잠시 한 번 더 경상관찰사를 한 것이 전부였다. 지방직인 두 직책 역시 짧았다.

류성룡의 의지와는 상관없이 왕은 가까이 두기를 바랐다. 왕은 외로운 자리다. 누구와도 마음을 터놓고 이야기하기 어려운 자리가 지존의 자리였다. 권력 암투와 조직 간의 이익을 위해 모인 곳이 조정이었다. 매일 올라오는 사건과 무관할 수 없고, 정책개발을 하다 보면 이해관계가 부딪혀서 치열한 경쟁이 생긴다. 문제의 중심에 서 있는 사람이 결국은 임금의 자리였고 결정을 해 주어야 하는 자리였다. 당연히 누군가의 조언과 해결 방법을 찾아내야 하는 것이 왕의 자리였다. 통찰력과 직관이 필요한 사람이 필요했다. 그 사람이 선조에게는 류성룡이었다. 그러한 이유로 류성룡은 대부분의 관직생활을 중앙의 요직에서 수행했다. 왕과 근친거리에서 국사를 논하고 나라를 이끌어가는 정책의 중심에 있었다.

아무래도 지방의 수장 자리는 여유와 한가함이 있었다. 조선의 모든 일이 집중되는 곳이 조정이었다. 류성룡에게 지방직은 호사였다. 결국은 다시 40세 되던 해에 중앙으로 불려 올라갔다. 한양에 있을 때 받았던 홍문관 부제학 자리가 다시 떨어졌다. 한양으로 올라오자마자 류성룡에게 떨어진 특명이 있었다. 대학연의大學衍義와 무빙차자無氷箚子 10조목을 지어 올리라는 왕명이었다. 대학연의大學衍義는 대학을 풀어 왕으로서 국사를 펴고 국책을 결정할 때 사용할 수 있는 교본을 만들라는 엄명이었다. 최고의 지성인에게 내리는 왕의 명령이었다. 한마디로 대학연의는 군왕을 위한 책이었다. 조선의 제왕학을 만들라는 의미이기도 했다.

대학연의는 오래전부터 국가시책으로 발행했다. 나라마다 다른 국시國是가 있었기에 조금씩 달랐다. 하지만 선조 자신의 제왕학을 만들라는 것이기도 했다. 유교의 경전인 대학을 제왕 입장에서 풀어 쓴 책이다. 조선의 독서법은 '강일독경 유일독사剛日讀經 柔日讀史'였다.

마음이 굳센 날에는 경전을 읽고, 마음이 풀어진 날에는 역사서를 읽는다는 것이었다. 경전을 읽는 것은 마음의 깨달음을 위해서 필요하고, 역사서를 읽는 것은 해이해진 마음을 긴장과 역사적인 사명을 갖도록 하라는 의미다. 역사는 일종의 성문법이라고 할 수 있다. 역사에는 준엄한 사실들이 들어있었다. 한 나라의 흥망의 원인과 간신과 충신으로 나뉜 인간적인 도리가 다 들어있다. 왕으로서의 지침을 만들어 올리라는 명이었다. 류성룡에 대한 믿음을 가늠할 수 있다.

류성룡의 무빙차자는 내용이 아름다워 널리 전파되어 세상 사람들에게 외워졌다는 기사가 선조수정실록에 실려 있다. 선조가 칭찬했다고 서애연보에도 실려 있다. 차자의 내용은 서애별집 2권에 실려 있다. 10개 조목 중 9조목의 내용은 다음과 같다.

"오직 백 년 동안 쌓여온 폐단이 고질병에 빠져 풀리지 않고 있습니다. 그리하여 군인의 수효는 날마다 줄어들어 인보隣保에 대한 위독이 물과 불보다도 심하고 공물과 세금을 보살피지 않아 방납하는 무리들이 호랑이와 같습니다. 큰일입니다. 나머지는 다 논할 수 없습니다."

"지금에 와서 변통되지 않는다면, 벌판이 타들어 가는 불꽃처럼 무서운 형세가 날로 심해져 나라의 근본이 쓰러질 것입니다. 맹자에 이르기를, '한갓 착하기만 한 것으로 정사를 할 수 없고, 유명무실한 법은 저절로 행하여질 수 없다'고 하였습니다. 이 말은 본말을 다 들어서 한 말입니다. 신 등은 원하건대 전하께서는 누적된 폐단을 물리쳐 민생을 후하게 하여야겠습니다."

무빙차자無氷箚子의 무빙無氷은 마음이나 말속에 얼음을 감추지 말라는 의미로 심중의 마음을 그대로 드러내는 것이고, 차자箚子는 조선시대 관료가 국왕에게 올리는 간단한 서식의 상소문이다. 무빙차자는 겨울에 얼음이 얼지 않는 기상 이변이 있는 것을 계기로 국왕에게 보다 진솔하게 국사의 문제점을 진언하는 관행이다. 무빙차자는 1581년, 선조 14년에 류성룡이 홍문관 부제학으로 있으면서 동료들을 대표하여 작성한 것이다.

군인의 수효 부족을 지적하면서 말한 '인보隣保의 위독'이란, 조세 또는 병역자원의 감소로 인해 일족이나 이웃의 의무 이행 부담이 과다해지는 것을 말한다. 조선은 보통 병역의무 이행 대상자 3인을 1개 조로 편성하여 1명이 정군(正軍, 실제 복무자)이 되면 나머지 2인이 봉족(보인)이 되어 화폐 역할을 한 면포를 내어 그 정군의 가족 생계를 돌보아 주는 제도를 세조 10년에 만들어 유지해 왔다. 흉년이 겹치고 지배층의 수탈이 심해지는 등의 이유로 유랑·도피자가 발생하는 결원이 생기면, 그 이웃이 결원의 몫까지 더 무거운 병역의무를 행해야하는 벌칙이 있었다. 감당하지 못한 사람들이 다시 유랑·도피자를 발생시켜 병역자원이 더욱 줄어들게 되는 악순환이 발생하였다. 그래서 류성룡은 '인보에 대한 위독이 물이나 불보다도 심하다.'라고 한 것이다.

방납하는 무리들이 호랑이와 같다고 한 것은 방납防納은 백성들이 납부해야 할 현물세인 공물과 진상품을 업자들이 강제적으로 대납하면서 대가로 원래 가격의 2-10배 이상을 백성들로부터 빨아들이는 최악이자 최장기의 부정부패였다. 방납의 배후에는 왕실과 훈척 및 권세가들이 항상 도사리고 있었고, 수령·아전·토호·업자들이 서로 이권을 매개로 하여 결탁해야만 가능하였다.

선조수정실록에서는 서애 선생이 대표로 집필한 이 상소문의 문장과 사리가 모두 아름다워 널리 전파되어 외워졌다고 했지만, 선조는 실천에 옮기지 않았다.

변덕 많은 동거였지만 류성룡에 대한 선조의 신임은 두터웠다. 류성룡은 언관으로부터 영의정까지 두루 섭렵한 인물이었다. 조선의 언관이라고 하면 삼사를 말한다. 조선의 관리로서 가장 인정받는 자리는 영의정보다도 언관이었다. 두렵고 위태로운 자리지만 최고의 자리였다. 왕에게 충언을 할 수 있는 자리였다. 조선시대 언론을 담당한 기관이 사헌부·사간원·홍문관이다. 류성룡은 모두를 거쳤다. 언론삼사言論三司라고 하는 기관은 물론 임금과 가장 가까이에서 왕명을 직접 수행하는 승정원까지 접수했다. 더 이상의 자리는 조선에 없었다. 직위로 더 높은 자리는 삼정승과 판서가 있었지만, 의미가 없었다. 말년에 류성룡은 판서를 시작으로 우의정·좌의정·영의정 자리까지 오른다. 더 이상 관리로서 오를 수 있는 자리가 없었다.

류성룡의 가족관계를 본다

조선은 아들의 나라였다. 딸은 혼례를 치러 시댁으로 가도 이름을 가져가지 못했다. 족보에도 이름이 오르지 못했다. 족보에 아들의 이름은 있지만, 딸 본인의 이름은 없고 여女 밑에 남편의 이름과 아들의 이름이 있다. 시집온 며느리의 부, 조부, 증조부, 외조부 이름은 나와 있는데 정작 며느리는 안동 김씨 정도만 표기되어 있다. 시집간 여자는 성씨와 고향만을 가져갈 수 있었다. 그래서 군 단위 경계를 넘으면 진천댁, 경주댁, 성주댁이나 나주댁, 원주댁 등으로 불렸다. 군 단위 경계 안이면 마을 이름을 불러서 같은 예천군이라 하더라도 금당실댁, 용궁댁으로 불리었고 친정에서는 시댁 성에 따라 김실이, 이실이 등으로 불렀다.

류성룡에게는 여섯 아들이 있었다. 본부인 전주 이씨와 사이에서 4명의 아들과 측실 선무랑 장윤업의 딸인 인동 장씨에게서 2명의 아들이 있다. 본부인과 사이에서 장남 류위柳褘, 차남 류여柳袽, 3남 류단柳襢, 4남 류진柳袗이 있다. 측실 인동 장씨의 자식으로 5남 류초柳初, 6남 류첨柳襜을 두었다. 딸은 전주 이씨와의 사이에서 2명, 측실에게서 1명이 있다. 딸에 관한 내용은 기록마다 조금씩 다르게 나온다.

류성룡은 자식을 먼저 보내는 아픔을 겪었다. 맏이 류위柳褘는 어려서 사망하고, 차남 류여柳袽는 28살의 젊은 나이로 죽고, 3남 류단柳襢마저 33세에 요절했다. 4남인 류진柳袗만이 본부인에게서 낳은 자식으로는 정상적인 삶을 살았다. 벼슬도 하고, 학문도 깊었다. 장남과 차남이 류성룡보다 먼저 죽었다. 부모는 죽어서 청산에 묻고, 자식이 죽으면 가슴에 묻는다고 했다. 불효 중에 으뜸이 부모보다 먼저 죽는 것이라고 했다. 그만큼 부모보다 자식이 먼저 죽는 것이 큰 아픔이었다. 류성룡은 아내를 먼저 보내고, 자식 장남과 차남을 먼저 보냈다. 그리고 류성룡이 타계한 후 다시 3남이 타계했다. 류성룡은 자식 복이 없었다. 애통함 속에서도 류성룡은 국사를 게을리한 적이 없었다.

측실인 인동 장씨로부터 낳은 다섯째인 류초는 아버지인 류성룡에 대한 글을 남겼다. 류천선생유고柳川先生遺稿다. 인생농사란 것이 개인의 성공과 사회적인 공헌도에 의해 결정되지만 누구에게나 중요한 것이 있다. 바로 자식농사다. 자식농사가 부모로서 우선 할 일이다. 류성룡은 아들들에게 성공으로 가는 길을 한 발 늦출 것을 주문했다.

류성룡은 평생을 벼슬길에서 벗어난 적이 적었다. 누구보다도 벼슬길의 어려움과 두려움을 동시에 알고 있는 사람이었다. 첨예한 대립과 음모도 함께 있는 곳이 벼슬길에 나선 사람이 가져야 하는 숙명임을 알고 있었다. 그리고 준비되어야 벼슬길에 나아가서도 자신의 위치를 지킬 수 있음을 이야기했다.

앞서 나아가면 물러나는 것도 빠르다
멈추지 않고 나아가는 것이 유익하다
진예즉속퇴 불여종용불폐지위유익야
進銳則退速 不如從容不廢之爲有益也

아들에게 보낸 편지에 나오는 내용이다. 세상일이 그렇다. 앞서 서둘러 나가면 쉽게 지치고 만다. 먼 길을 가는 사람은 뛰어가지 않는다. 인생길은 멀고 먼 길이다. 인생은 성공이 중요한 것이 아니라 성공의 의미가 중요하다. 인생에 의미가 없으면 노동에 불과하다. 과거시험에 합격하는 것이 중요한 것이 아니라 과거시험에 합격해서 무엇을 할 것인가가 중요하다. 결혼을 하는 것보다 결혼을 해서 어떻게 살았느냐가 중요하다.

사내가 출세의 길에 들어섰다면 대장부로서 할 일이 있다. 그것을 실현하는 것이 중요하다. 목적이나 의미가 없다면 그 사람은 오히려 그 자리에 있는 것이 바른길로 가는 것에 방해가 된다. 공익을 위해 사는 사람이 사회에 걸림돌이 된다면 무엇에 쓰겠는가. 류성룡은 자식들에게 일침을 놓았다. 서둘러 벼슬길에 나가려고 하지 말고 준비하는 시간을 더 가지라는 당부였다. 류성룡에게는 걱정거리가 있었다. 맏이 류위柳褘가 두창痘瘡, 지금으로 이야기하면 종기와 부스럼으로 고생하고 있었다. 결국 맏이는 아버지보다 먼저 세상을 떠났다. 평생이 순조로운 사람은 없다. 나만 인생이 고통이 아니라 만인에게 다 같은 고통이 있다. 류성룡도 자식을 먼저 보냈다.

류성룡은 아들들을 산사에 보내서 공부하도록 배려했다. 산사에서 공부하고 있는 아들의 안부를 스님으로부터 서신으로 받았다. 아들에게 보낸 편지에서 마음의 일단을 확인할 수 있다.

"스님이 전하기를 너희들이 새벽까지 책을 읽는다는데 맞느냐. 옛책에 삼경까지 잠에 들지 않으면 피가 심장으로 돌아가지 못해 초췌해진다고 했다."

아들의 건강을 먼저 걱정해 편지를 쓰는 아버지였다. 맹자에도 나오는 말이다. '기진예자 기퇴속 其進銳者 其退速, 나아감이 빠른 사람은 후퇴하는 것 또한 빠르다.'라고 했다. 논어에도 나온다. '욕속즉부달欲速則不達, 서두르면 도달하지 못한다. 서두르거나 빨리 나아가려고 하면 오히려 발목이 잡힐 수 있다.' 과거공부에 몰입하는 것보다 폭넓은 지혜를 얻을 수 있는 공부를 당부했다.

류성룡은 벼슬보다 사람으로서 완성되는 길을 자식들에게 권했다. 그 길로 선비답게 공부하기를 주문했다. 공부는 학문의 길이었다. 벼슬길보다 학문을 해서 사람 된 도리를 깨우치기를 간곡히 주문했다.

류성룡은 사회적인 공인公人으로서 성공을 이루었으나 사인私人으로서는 이루지 못한 것이 많음을 토로했다. 공인의 자격으로 부모를 모신다는 것은 어려운 일이다. 벼슬을 내려와야 가능한 일이었다. 그리고 도에 관심을 가지고 인간으로서의 완성을 시도하고 싶었지만 결국은 시도도 하기 쉽지 않은 상황이었다. 조선을 움직이는 핵심적인 자리에서 평생을 보낸 사람으로서 엄두도 내기 어려운 목표였다. 공인의 길을 걸어서 사인의 욕망을 버려야 했던 자신을 아쉬워했다. 류성룡은 자식들에게 인간완성의 길을 먼저 주문했고, 다음으로 세상으로 나가는 출세의 길을 당부했다.

조선 최고의 지성知性의 자리에 서다

임진왜란이 일어나기 10년 전에 류성룡은 이미 큰 것을 얻었다. 최고의 인생이었다. 4남인 류진柳袗이 태어났고, 류성룡은 조선의 지성으로 인정받는 해였다. 류성룡은 조선의 관리로써 최고의 지성으로 인정받는 자리를 두루 거쳤다. 사간원 대사간으로 임명되었고, 승정원 우부승지에서 도승지로 특진되었고 사헌부 대사헌에 올랐다. 정승 판서가 위에 있었지만, 조선에서 이보다 더 빛나는 자리를 차지한 사람은 없었다. 사간원 대사간은 최고의 지성이 맡는 자리였고, 사헌부 대사헌은 최고의 감찰기관의 장이었고 승정원의 도승지는 왕과 가장 가까운 자리에서 권력이 들고나는 것을 집행하는 최고 권력의 자리였다. 조선에서 류성룡은 지성과 권력의 핵심에 있었다.

왕의 언행과 정책에 잘못이 있을 때 바로잡는 기관의 장이었고 그릇된 정치와 부당·부적합한 인사 등을 책임지는 자리를 맡았다. 또한 지존의 권력을 직접 집행하는 자리가 승정원 도승지였다. 41세의 류성룡은 조선을 거머쥔 사람이 되었다. 최고의 영예를 짊어진 사람이었다. 그리고 황화집皇華集을 발간하는데 왕이 직접 류성룡을 지목하여 서문을 쓰도록 했다.

황화집은 조선시대 명나라의 사신과 조선의 원접사遠接使가 서로 주고받은 시를 모은 책이다. 일종의 문집이다. 원접사는 명나라와 청나라의 사신을 맞이하는 관리로 2품급의 관리가 나갔다. 지금으로 하면 장관급이 나가서 영접했다. 올 때는 영접사, 갈 때는 반송사라고 불렀다. 조선과 중국의 관리들은 모두가 학자고 문장가였다. 문인의 나라였다. 시를 짓고 노래를 만드는 것이 자연스러운 나라였다. 조선의 관리와 중국 최고급의 관리들의 글이 곧 조선을 대표하고 중국을 대표하는 문인들의 문집이라고 할 수 있다. 국가가 주도해서 발행하는 문집에 왕이 직접 류성룡을 지목해서 서문을 쓰도록 한 것은 대단한 영예고, 인정받는 것을 의미한다.

조선에서는 명나라 사신을 특별히 환대했다. 명나라 사신으로 조선에 처음 온 사람은 예겸과 사마순이라는 인물이었다. 명나라 황제 경제景帝가 등극한 조서를 가지고 조선을 방문했다. 조선에서는 최고의 문장가인 정인지를 원접사로 하고 신숙주와 성삼문을 종사관으로 임명해서 의주로 보냈다. 양쪽 관리들이 만났을 때 노래를 지어 부르고 친목을 도모했다. 사신이 돌아간 후 세종이 직접 서로 시를 지어 노래로 부른 내용을 모아 책으로 편찬하게 했다. 그것이 첫 황화집이다. 중국의 사신이 왔을 때 서로 나눈 시문을 글로 간행했다.

글의 내용은 명나라 사신이 도착하고 헤어질 때의 환영이나 이별의 자리에서 문장으로 서로의 마음과 상황을 노래한 것들이다. 아쉬움이나 풍류 등 다양했다. 원접사가 압록강에서 사신을 맞이해 한양에 이르는 동안의 여로에서 베풀어지는 연회나 산천 경치를 읊은 것이 대부분이다. 때로는 사행의 목적과 당대의 사상적·철학적 관심을 주제로 한 것들이었다. 양국 외교 담당자들의 외교관계로 만나 읊은 것이다. 기법이나 수준이 높다. 또한 당대의 사상·외교에 관한 내용들도 엿볼 수도 있다.

선조 때 황화집의 서문을 지은 류성룡은 여러 가지 의미에서 40대 초반에 최고의 영예를 누리고 있었다. 권력으로나 유학자로서의 명성도 함께 가지고 있었다. 거기에 조선을 대표하는 문장가로서도 인정받은 셈이다. 그것도 직접 왕명에 의해서 지목받은 것은 최고의 영예였다. 촉망받던 류성룡은 용의 등에 올라탄 관리였다. 왕의 절대적인 신임과 자신이 가진 능력이 만나 탄탄대로를 걷고 있었다.

류성룡은 조선의 운명을 짊어진 중책을 맡고 있었다. 류성룡은 조선을 수호하고 조선을 이끌어갈 책임이 있는 자리에 있었다. 류성룡은 조선의 안위를 위해 준비하고 있었다. 1583년으로 임진왜란이 일어나기 9년 전이었다. 우선 급한 것은 변방을 침략해 오는 북방이 먼저였다. 조선의 운명을 뒤흔들 만큼 변고는 없었다. 조선은 개국 이래 200년 동안 평화를 즐기고 있었다. 내부에서는 들끓고 다투고 분쟁이 있었지만, 외부로부터의 침략이나 큰 위협은 없었다. 안정을 구가하면서 문약해지고 있었다. 안으로 다지고 변화와 혁신을 꾀할 내부 활력이 현저하게 떨어지고 있었다. 류성룡은 안정 속에서도 조선의 미래를 위해 준비하고 있었다. 비변오책備邊五策을 지어 올렸다. 변방경비에 대한 대책이었다. 국경을 인접하고 있는 북방의 경비가 우선이었다.

중요한 것은 한 개인으로서 해결할 수 있는 일이 아니었다. 국왕의 마음이 조선의 진로를 바꿀 수 있었다. 전쟁이 없는 평화 시기에 전쟁을 준비하는 것에 반발하는 사람들이 있었다. 안정을 굳이 해치면서 국방을 공고히 하는 것에 반대하는 무리들이 있었다. 괜한 걱정과 농사철에 백성을 동원하는 것은 무리라고 주장하며 국토 수위에는 관심이 없었다. 몇몇 사람만이 평화 시기에 전쟁을 준비해야 한다는 생각을 가진 사람들이 있었다. 평화의 시기에 분란을 일으킬 전쟁준비에 반대여론이 컸다. 정책입안자는 언제나 최악의 경우를 대비해서 하는 것이 기본이다. 특히 한 나라를 책임지고 있는 국왕으로서는 최악의 경우를 대비하는 것이 당연한 의무다. 개인이 아닌 백성의 사활이 달린 문제이기 때문이다. 전쟁을 준비하자고 주장한 사람으로 류성룡과 율곡 이이가 있었다. 하지만 세상은 류성룡과 이이의 생각을 받아주지 않았다.

류성룡은 쉬고 싶었다. 비변오책備邊五策을 지어 올린 후에 함경도 관찰사로 특제되었다. 류성룡은 벼슬을 사양했다. 사양의 변으로 어머니의 병을 돌보아야 한다는 명분이었다. 함경도 관찰사를 고사하자 다시 대사성으로 임명했다. 류성룡은 다시 벼슬을 사양했다. 진정으로 쉬고 싶었다. 그리고 자식 된 도리를 하고 싶었다. 왕도 집요했다. 인재를 놓치고 싶시 않았다. 국사를 논할 사람을 잃는다는 생각이었다. 임금은 다시 류성룡에게 경상도 관찰사 자리를 주었다. 어머니가 계신 곳으로부터 가까운 자리라는 명분이었지만 앞서서 함경도 관찰사를 사양했기 때문에 경상도 관찰사로 갈 염치가 없다고 사양했다. 그러나 어머니가 계신 곳이니 부임하라는 왕의 명령을 더 이상 거부할 수 없었다. 관찰사는 지금의 도지사다.

그러나 바로 다시 한양으로 불려갔다. 그만큼 임금에게 류성룡은 필요한 사람이었다. 예조판서로 임명되었다. 동지경연춘추관사同知經筵春秋館事와 대제학까지 겸했다. 업무가 가중되었다. 류성룡에게는 쉬는 것이 용납되지 않았다. 그만큼 필요한 인물이었다. 안으로는 자중지란 속으로 한 단계씩 걸어 들어가고 있는 형국이었다. 조선에 위기가 다가오고 있었다.

평화가 절정일 때 나라는 썩고 있었다

조선은 안으로 곪아 터지려 하고 있었다. 평화와 안정이 준 추락의 길이었다. 다시 일어서려는 부분적인 꿈틀거림이 있었지만 들고 일어날 역량과 용기가 없었다. 현장에서 공상工商은 이미 죽고, 무역은 끊어진 지 오래되었다. 우물 안 개구리로 우물 밖을 몰랐다. 우물 안 개구리 울음소리는 더욱 커졌다.

조선이 병들고 있을 때 한 선비의 노력으로 조선이 다시 일어나기에는 역부족이었다. 조선의 석학인 퇴계 이황과 율곡 이이는 타계했고,

남명 조식 같은 재야 지식인도 타계했다. 몇 사람의 힘으로 조선이 재건될 것을 기대하기 어려운 지경으로 흐르고 있었다. 조선이 무너지고 있을 때 일본에서는 조선과 명나라를 정복하려는 준비가 착착 진행되고 있었다. 일본은 무사계급의 우두머리인 다이묘들 간의 150여 년 내전이 마무리되고 있었다. 도요토미 히데요시라는 인물에 의해 일본이 통일되고 있었다. 전투로 날이 시작되고 전투로 날이 저무는 일본은 모두 전사였다. 훈련된 병사들은 일사분란하게 전술에 의해 움직이고 있었다. 내부 통일 후 솟아오르는 힘을 밖으로 분출할 것을 타진하고 있었다. 이미 준비하고 있었고, 전쟁은 이미 기정사실화되어 있었다.

병들어가는 조선에 다시 깨어나기 어려울 만큼 큰 내란이 일어났다. 내분이었다. 조선이 건국되고 나서 나라가 위태로울 때마다 떠도는 소문이 있었다. 이른바 정도령이었다. 이씨 조선은 정씨 성을 가진 정도령에 의해 무너지고 정씨 성을 가진 사람이 새로운 나라를 세운다는 이야기였다. 이미 정도령이라는 전설은 누군가를 겨냥하고 있었다. 조선은 집권세력 간의 당쟁으로 분열되어 치열한 암투가 있었다. 권력을 잡으려는 세력과 권력을 놓지 않으려는 세력 간의 음모가 준비되어 있었다. 죽이지 않으면 죽임을 당할 수 있다는 것을 서로가 알고 있었다. 살아남기 위해 관리들은 몸조심을 했지만 피해 가기에는 역부족이었다. 조선의 방향타를 쥐고 있는 조선의 왕은 당쟁을 계기로 왕권을 강화하고 싶었다.

조선을 뒤흔든 사건의 중심에 정씨 성을 가진 정여립鄭汝立이 등장한다. 일본에서는 조선을 넘보고 군사들이 훈련량을 늘리고 있을 때 조선에서는 자멸의 길을 파고 있었다. 작게 출발한 사건은 짚단에 불을 지른 것처럼 뜨겁게 타올랐다. 중심인물인 정여립은 대담했다.

"왕기는 전라도에 있고 전주의 남문 밖에 있다."

승려 의연에게 지방을 떠돌면서 이 말을 퍼뜨리라고 시켰다. 이씨가 망하고 정씨가 흥한다는 말이 떠돌고 있었다. 정감록은 이씨 조선을 뒤숭숭하게 만들고 있었다. 조선의 이씨들에게는 거슬리는 예언서였다. 정여립 사건이 커진 것은 정여립이 준비한 흔적이 있었기 때문이다.

정여립은 관직에서 밀려난 인물이었다. 관직에서 밀려나 낙향했다. 전라도 진안에서 학문을 강론한다며 사람들을 모았다. 더욱 이씨 조선을 당황하게 한 것은 조정이나 세상에 불평인 사람들을 모아 무술을 단련시켰다는 점이었다. 실제로 무력을 사용할 수 있는 기반을 가지고 있었다. 왜구들이 배를 타고 전라도 손죽도損竹島에 침입하자 전주 부윤 남언경의 부탁으로 왜적을 물리쳤다. 강력한 전투력을 가지고 있었음이 증명되는 사건이었다. 정여립이 죽도에 서실書室을 짓고 실제로 대동계를 조직해 활쏘기 모임을 열면서 세력을 확장했으므로 가능한 일이었다.

정여립은 신분에 제한 없이 조선이 고집하고 있는 유학과는 다른 혁명적인 사상을 가르쳤다. 신분 혁파를 주장했다. 인권을 폈다. 정여립이 편 사상의 핵심은 천하공물론天下公物論이었다. 천하는 공공의 것인데 어찌 주인이 따로 있겠냐는 것이다. 왕권을 독점하고 있는 조선의 이씨 왕조로서는 용납할 수 없는 역적이었다. 만민이 평등하다는 것이 대동계의 사상이었다. '황후장상의 씨가 따로 있느냐'던 외침이 다시 전라도의 죽도에서 싹이 트고 있었다. 그저 싹이 트고 있었을 뿐이다. 어떠한 행동의 조짐이나 구체적인 계획이 만들어지고 있지 않았다.

조선의 왕으로서는 용납할 수 없는 일이었다. 조선의 왕은 칼을 들었다. 누구를 향할지 알 수 없는 칼의 방향이었다. 자신에게 칼을 겨누는 것에 대해 용납할 수 없었다. 모든 왕조는 자신의 안위를 먼저 걱정한다. 백성을 위해 왕조를 유지하려는 것이 아니다. 마찬가지로 모든 권력은 자신의 권력 유지를 위해 행동한다. 권력의 속성이다. 이씨 조선을 지키려는 것이 왕의 목표다. 정씨 조선을 용납할 리가 없다. 왕은 눈을 부릅뜨고 적을 색출하려 했다. 왕의 마음에 들지 않으면 역적으로 몰려 집안이 몰살당할 수 있는 위기가 찾아왔다. 기회를 이용해 자신에게 대드는 세력을 손보려 했다.

나라의 국방은 이미 물 건너가고 있었다. 모든 관리들의 목 앞에 칼이 겨눠지고 있었다. 안전지대가 따로 없었다. 권력을 가진 자가 칼을 들고 공포정치를 펴고 있었다. 조선은 한순간에 공포 속으로 빠져들었다. 정여립에 의해 민란이 일어난 것도, 정여립이 조선에 도전장을 선포한 것도 아니었다. 단지 조선의 왕은 이씨가 아니어도 된다는 사상교육을 시킨 것이었고, 죽도라는 곳에 무술을 배우는 사람들이 있었다는 것만으로 조선 전체를 죽일 듯이 뒤졌다. 정여립 일당만을 색출하면 될 일을 조선 전체로 확대해서 일을 확대하고 과장하고 있었다.

서인이었다가 동인으로 당을 바꾼 정여립을 만난 것만으로도 역적으로 몰렸다. 선조와 정철은 잘 맞았다. 서로의 이익에 필요한 확대였다. 가사문학의 대가로 알려진 서인 정철은 동인 백정이라고 할 만큼 정철의 옥사는 험악했고, 악랄했다. 전주는 물론 전라도 전체가 쑥밭에 되었다고 해도 과언이 아닐 만큼 많은 사람을 죽였다. 선조와 정철에 의해 죽은 조선의 선비만도 1,000여 명에 이르렀다.

류성룡도 안전지대에서 벗어났다고 장담할 수가 없었다. 눈을 시퍼렇게 뜨고 정여립과의 관계를 파헤치고 있어 조금이라도 연루가 되면 목숨을 부지할 수가 없었다. 류성룡은 험난한 시대에 변덕 많은 선조와 국사를 의논해야 했다. 모두가 납작 엎드렸다. 난세에 왕을 설득해서 나갈 방향을 찾아야 하는 것이 공신의 도리였다. 조선은 유지되어야 하고, 백성은 살아야 하기 때문이었다. 험난한 시대를 살아가는 공신으로서 류성룡은 흔들림 없이 자신의 길을 가고 있었다. 하지만 기울어가는 조선을 혼자의 힘으로, 또는 몇몇의 힘으로 방향을 틀기에는 어려움이 있었다. 아무리 뛰어난 공신이라고 해도 역할은 한정되어 있었고 운신의 폭은 좁았다.

조선은 정여립 사건을 기점으로 선비의 목소리는 줄어들고 일본으로부터 공격에 대한 준비는 더욱 시들해졌다. 성을 다시 정비하고 축성하는 것을 반대하면서 평화를 의도적으로 깨려는 세력이 다시 일어서고 있었다. 당장 위급한 상황만을 모면하고 선조의 비위를 맞추려는 태도에서 비롯되었다.

나라가 이성을 떠나 감정으로 흐르는 듯했다. 붕당 간의 싸움으로 이어지고 있었다. 류성룡은 자신의 역할이 부재함을 깨달았다. 벼슬을 사직했다. 류성룡이 할 역할에 한계가 뚜렷했다. 선조가 류성룡의 사직을 허락하지 않자 다시 벼슬을 내놓았다. 선조는 허락하지 않았다. 선조는 자신에게 필요한 사람을 놓아주지 않았다. 냉정과 이성적인 통찰력으로 조선을 안내할 사람을 필요로 했다. 류성룡은 다시 자핵自核의 소疏를 올렸다. 자핵은 자기의 죄를 스스로 탄핵하는 것을 말한다. 자신의 죄상 또는 허물을 스스로 진술하여 반성하고 꾸짖는 것이다. 류성룡은 조정을 떠나고 싶었다.

국사를 함께 논하던 사람들이 자리에서 사라져갔다. 역적의 누명을 쓰고 죽임을 당했다. 조선의 선비들이 사라져가고 있었다. 류성룡은 지쳐가고 있었다. 거기에 류성룡의 부인인 전주 이씨가 세상을 떠났다. 나랏일을 한다는 명목으로 집안일은 소홀한 자신을 바라보았다. 세상이 부질없었다. 판서의 대열에 올랐으나 죽이고 죽임을 당하는 살벌한 세상에서 류성룡 자신의 역할은 그리 중요하지 않았다. 붕당을 이루고 사욕을 위해 벼슬길에 오른 것이 아니었다. 백성을 위하고 나라의 안위를 위해 일하려고 자리에 있었던 사람들이 죽임을 당하고 사라져가는 현장에서 류성룡은 탄식했다. 사직을 꿈꾸면서도 자신의 할 일은 미루지 않고 하고 있었다. 그것이 류성룡이었다.

류성룡은 초지일관 같은 모습을 보였다. 어릴 적 공부를 하기 위해 한자리에 앉으면 석상처럼 그 자리에서 몸가짐을 흩트리지 않고 있었듯 자신의 자리를 지켰다. 아침에 앉으면 점심까지, 오후에 앉으면 저녁까지 정좌한 채로 공부에 매진했다. 성품과 몸가짐은 단정했고 행실이 단정했다. 평생 초지初志가 일관一貫된 사람이 류성룡이었다. 바르고 곧았다. 류성룡의 힘은 여기에서 나왔다. 한결같이 중심을 지키는 사람이었다. 등대가 한 자리를 고집하는 것으로 배를 안내하듯 류성룡은 중심을 잃지 않고 자신의 역할에 충실했다. 넘보지도 부족하지도 않게 꾸준하게 소신을 지켜 일했다.

전란의 조짐 속에서도 당파싸움으로 나라가 기울어가다

임진왜란이 일어나기 2년 전, 죽고 죽이는 처참한 조선의 상황에서도 전쟁이 일어날 듯한 분위기는 예사롭지 않았다. 일본은 이미 조선에게 전쟁을 선포한 상태였다. 정여립 사건이 터져 어수선한 상황인 1589년 일본은 이미 전쟁을 선포한 것과 마찬가지였고, 조선은 국란으로 치달을 것을 암시하고 있었다.

도요토미 히데요시가 일본을 통일하는 과정에서 1585년에 관백이 되었다. 이듬해인 1586년에는 대정대신이라는 직책으로 천황의 지위를 빌려 전국을 통치했다. 천황은 이름뿐이었고 일본은 도요토미 히데요시의 손아귀에 쥐어졌다. 도요토미 히데요시는 오사카를 중심으로 통일사업을 계속하여 1590년, 마침내 일본 전국을 통일했다. 실질적이면서도 확고한 일본의 일인자가 되었다.

도요토미 히데요시는 세계전략을 구상했다. 조선과 명을 정벌하여 세계를 통치하겠다는 전략이었다. 일본을 통일한 여세를 몰아 조선을 이어 명나라까지 통치하겠다는 통 큰 전략이었다. 도요토미 히데요시는 대마도 군주의 아들인 소 요시토시(종의지宗義智)를 조선으로 보냈다.

"명나라로 쳐들어갈 터이니 길을 안내하라."

황당하기 이를 데 없는 조서였다.

다음 말은 더욱 황당하다. 아랫사람에게 명령하듯 방법까지 곁들여서 엄포를 놓고 있었다. "소 요시토시가 바닷길에 매우 익숙하니 조선 사신은 그와 함께 일본에 오라."

도요토미 히데요시의 요구였다.

류성룡은 현실주의자였다. 명분보다 실리를 따지는 현장주의자였다. 류성룡은 대제학으로 있던 1598년부터 계속 일본과 외교와 통상을 해야 한다고 진언하고 있었다. 일본이 전쟁을 선포한 것이 확실했다. 어떻게 해야 전쟁을 선포한 것이라 믿어야 하는가. 더구나 외교문서에서 더 이상의 전쟁 선포는 없었다.

명나라 군대를 천군이라고 부르던 조선에 명나라를 정복하겠다는 선언부터 황당하고 오만방자한 내용이었다. 거기에 길을 안내하라는 명령은 더욱 가관이었다. 조선의 왕과 관리들에게 명나라는 모든 면에서 떠받들고 있는 나라였다. 상국으로 모시는 나라를 공격하는데 조선도 협력하라는 조서를 받고도 대비하지 않는 나라가 나라인가. 왕은 왕 같지 않았고, 벼슬아치들은 벼슬아치가 아니었다. 류성룡이 강하게 일본과의 교섭을 주장했지만 무산되었다.

예상을 웃도는 일본의 조서 내용에 놀라 일본으로 사신을 보내기로 결정했다. 일본의 진정한 의도가 무엇인지 알아야 한다는 이유에서의 사신 파견이었다. 전쟁 준비를 전혀 하지 않은 것은 아니었지만 지지부진했다. 조선 조정은 1590년 정여립 사건으로 어지러웠지만 미룰 수가 없었다.

어렵게 일본으로 사신이 출발했다. 당시 도요토미 히데요시는 자신의 능력을 과대평가하고 있었다. 광적이었다. '태양의 아들'을 자처하면서 중국을 정복하여 천황의 거처를 북경으로 옮기고, 더 나아가 인도까지 점령할 것을 믿고 있었다. 양자강 하구 남쪽의 영파에 막부를 설치하여 아시아를 호령하겠다는 야망을 불태우고 있었다. 뿐만 아니라 1591년 포르투갈령인 인도의 서부 해안에 위치한 고아의 총독에게, 1593년에는 스페인령인 필리핀 루손의 총독에게 사신을 보내 조공을 요구했다. 응하지 않으면 군사력을 동원해서 정복하겠다고 협박했다.

선조는 통신사를 구성해 일본으로 보냈다. 정사에 황윤길, 부사에 김성일, 그리고 서장관에 허성을 임명했다. 1590년 3월, 일본의 사신 종의지宗義智 등과 함께 1591년 봄에 서울을 출발하여 4월에 대마도를 거쳐 일본 오사카로 들어갔다. 통신사 황윤길과 부사 김성일 일행이 일본 정세 파악을 한 후 선조에게 보고했다.

선조가 일본통신사 정사인 황윤길에게 물었다.

"반드시 병화가 있을 듯합니다. 항구마다 배들이 많이 정박하였는데, 아무리 보아도 그것들이 모두 어선같이 보이지 않았습니다. 도요토미 히데요시의 눈은 광채가 있고 담략이 남달라 보였습니다. 전쟁을 대비하여야 할 줄로 압니다."

이번에는 선조가 부사인 김성일에게 물었다.

"얼굴은 원숭이 같고 눈은 쥐와 같았으며 생김새도 변변치 못하니 두려울 것이 못됩니다. 황윤길이 장황하게 아뢰어 민심을 동요시키니 사리에 매우 어긋나는 줄로 아옵니다."

선조로서는 난감했다. 모여 있던 중신들도 아리송했다.

서장관 허성이 두 사람을 이어 답할 순서였다. 허성에게로 시선이 모아졌다. 두 사람이 서로 다른 의견을 보이고 있으니 한 사람의 생각이 결정적인 역할을 할 것이기 때문이었다. 서정관인 허성은 황윤길과 같은 의견을 말했다. 그렇다면 답은 나와 있었다. 전쟁 대비를 해야 했다. 누가 봐도 전쟁을 준비하는 것을 모를 리가 없었다. 나라 전체가 전쟁 준비를 하고 있는 것을 모른다면 정상적인 식견이나 안목을 가진 사람이 아니었다. 허성은 사실대로 답변을 했다.

놀라운 것은 이런 내용이 일본이 보낸 국서에 이미 명시되어 있었다.

"군사를 거느리고 명나라를 치겠으니 길을 빌려 달라."

누가 봐도 선전포고다. 그럼에도 참 한심한 작태가 벌어졌다. 이런 국서를 펴서 읽었음에도 조선 조정에서는 도요토미 히데요시의 의도가 무엇인지에 대해 논란을 벌였다. 전쟁을 선전포고한 것으로 보지 않는 무능이 심히 우려를 넘어 한심스럽다. 전쟁 준비를 하고 있지 않다는 배짱이 오히려 두렵다. 참으로 한 나라의 국왕으로서, 한 나라의 고위공직자로서 처신이 안타깝고 무지無智롭다.

일본은 물론 세계를 정복하고 세상을 자신의 무릎 앞에 꿇어 앉히겠다는 야욕을 가진 사람을 만나고 돌아와서도 민심 동요를 우려해 일본이 공격하지 않을 것이라는 통신사 부사인 김성일의 발언은 돌이킬 수 없는 정치적 오판이었다. 물론 변명은 백성들이 전쟁이 일어날 것을 두려워해 나라가 어지러워질 것이라는 명분을 내세웠지만, 평소 곧은 말만 했던 한 나라의 관리로서 있을 수 없는 일이었다. 한 나라를 이끌어가는 위정자는 가장 나쁜 상황에 대비해야 하는 것이 기본이었다.

사실 일본이 조선을 쳐들어오리라는 것이 중론이었다. 선조에게 전달된 도요토미 히데요시의 글만 봐도 확인할 수 있었다. 좀 더 자세한 내용을 살펴보자.

"사람의 한평생이 백 년을 넘지 못하는데, 어찌 답답하게 이곳에만 오래도록 있을 수 있겠습니까. 국가가 멀고 산하가 막혀 있음에도 한

번 뛰어서 곧바로 대명국에 들어가 일본국의 풍속으로 4백여 주를 바꾸어놓고 제도帝都의 정화政化를 억만 년토록 시행하고자 하는 것이 나의 마음입니다. 귀국이 선발주자가 되어 입조한다면 명나라에 대한 걱정을 해결하게 되어 가까운 근심을 없게 되는 것이 아니겠습니까. 먼 지방 작은 섬도 늦게 입조하는 무리에게는 입조가 허용하지 않을 것입니다. 내가 대명에 들어가는 날 사졸을 거느리고 군영에 임한다면 더욱 이웃으로서의 맹약을 굳게 할 것입니다. 나의 소원은 삼국에 아름다운 명성을 떨치고자 하는 것일 뿐입니다."

이보다 더한 전쟁선포가 있을까. 명나라를 치는 데 너희 조선이 앞장서라는 말에는 앞장서지 않으면 공격을 하겠다는 내용이다. 백성의 목숨이 달리고 나라가 위태롭게 되는 전쟁을 가볍게 본 죄는 크다.

어전에서 물러 나와 류성룡이 이황 문하의 선배인 김성일에게 물었다.

"황윤길의 말과 다르게 말씀하셨는데, 후일 병화가 있다면 어떻게 하려고 하십니까?"

"나도 어찌 왜적이 침입하지 않을 것이라 단정하겠습니까. 다만, 온 나라가 불안에 휩싸일까 봐 그런 것입니다."

김성일은 정치적 실수를 한 것이었다. 임진왜란 발발 후에 서인들이 동인들에게 '무비초화無備招禍', 즉 전쟁에 대비하지 못한 책임을 씌우는 단초를 제공했다. 그렇지만 선조실록에 의하면, 당시 동인 중에서도 허성은 김성일의 주장을 옳지 않게 보았고, 서인 중에서도 이항복과 같은 사람은 김성일이 불침을 단정하지는 않은 것으로 보았다.

불안이 문제가 아니었다. 당장 준비해야 할 문제였다. 일본이 조선을 칠 것인지 누구도 장담할 수 없는 일이었다. 그러나 다시 말하지만, 국사를 담당하고 있는 담당자들은 가장 나쁜 결과에 대비해서 결정해야 옳다. 특히 국방문제에 대해서는 더욱 최악의 상황에 대비해야 한다. 나라의 존폐가, 나라의 흥망이 달려있기 때문이다. 반대로 김성일과 함께 동인이었던 서장관 허성은 일본이 쳐들어올 것이라는 발언을 했다는 이유로 동인들에게 미움을 사서 곤욕을 치렀다. 국사가 문제가 아니라 당리가 먼저인 사람들이었다. 결국 책임져야 할 사람은 결정해야 할 당사자인 왕이었다. 모든 책임은 결정자가 지고 집행해야 하는 것이었다.

조정은 어제와 오늘이 다르지 않았다. 전쟁이 일어나느냐, 마느냐를 놓고 대립하면서 총력을 기울여 전쟁을 준비하지 않았다. 정여립 모반사건이 아물지도 않았음에도 세자책봉 문제를 놓고 서인의 세력 정철이 쫓겨나고, 다시 동인이 세력을 잡고 있었다. 당장 눈앞의 사건만 무마하면 그만이었다. 결정권을 가진 선조는 갈팡질팡하며 자신의 권력을 강화하는데 이용하고 있었다. 이후로도 논란이 계속되었다. 이번에는 명나라에 보고를 할 것이냐 아니냐를 놓고 부딪혔다.

영의정인 이산해가 자신의 생각을 말했다.

"명나라에서 우리가 왜국과 사사로이 통했다고 책망한다면 변명할 말이 없을 것이니 숨겨 두는 것만 못할 것 같습니다."

중국의 왕조들은 자신이 모르는 주변국 간의 외교를 금지했다.

좌의정인 류성룡은 달랐다.

"마땅히 사유를 갖추어서 명나라에 보고해야 합니다."

류성룡의 판단은 명확하고 사리와 분별이 있었다. 그리고 흔들림이 없었다. 부연해서 자세하게 입장을 설명했다.

"사신이 이웃나라에 볼일이 있어 왕래하는 것은 국가로서 떳떳한 일입니다. 사실을 숨기고 알리지 않는다면 대의에도 옳지 않습니다. 또한 왜적이 만약 실제로 명나라를 침범할 계획이 있고, 이 사실이 다른 곳으로부터 명의 조정에 알려지면 명나라에서는 우리나라가 왜국과 공모하여 숨기는 것으로 의심할 것입니다."

류성룡의 판단은 옳았다. 류성룡의 생각을 받아들여 조정에서는 김응남을 명나라 조정에 보냈다. 마침 유구국琉球國, 지금의 오키나와의 왕세자 상녕 등은 사신을 중국에 보내 일본의 중국 침략계획에 대한 정보를 거듭 제공하고 있었다. 따라서 명 조정은 아무 기별이 없는 조선에 대해 잔뜩 의심하고 있던 상황이었다.

왜군의 침략 여부에 대해 갑론을박하면서도 전쟁 대비를 시작했지만 어설프기 이를 데 없었다. 예를 들면 국가의 안위를 위해 생각하는 인물이라면 지나칠 수 없는 것들이 있다. 전쟁무기에 대한 개발과 노력이다. 국력과 직결된 문제로 존폐가 달린 문제였다. 일본의 사신인 종의지가 공작 두 마리와 조총·창·칼 등을 바쳤다. 당연히 국가에서는 조총·창·칼에 대해 분석하고 연구해서 성능검사를 하거나 새로운 것이라면 연구개발하게 하는 것이 정책담당자의 역할이다. 선조는 공작은 남양의 섬에 날려 보내도록 하고, 조총은 군기시에 보관하도록 했다. 일본에서는 이보다 40여 년 전, 일본 종자도에서 은덩어리 두 개를 주고 포르투갈 사람들로부터 조총 두 자루를 구매하여 연구 개발해서 대량생산을 했다. 명중률에서 당시 세계 최고의 수준이었다.

조선의 조정에서는 동인들의 입김으로 김성일의 주장이 주류로 자리를 잡아갔다. 성을 쌓는 등 전쟁에 대한 방비를 하던 일마저 각 도에 명을 내려 중단시켰다. 선위사 오억령은 '일본이 다음 해에 조선의 땅을 빌려 명나라를 정복하려 한다.'는 보고를 하기도 했지만 묵살당하고 도리어 파직을 당했다. 왜관에 머무르고 있던 왜인들이 점차 본국으로 소환되어 왜관이 텅 비었다. 놀란 조선 조정은 일본의 대대적인 침략을 감지했다. 김수를 경상감사, 이광을 전라감사, 윤선각을 충청감사로 삼아 무기를 정비하고 성을 구축하기 시작했다. 또 한편으로 신립을 경기도와 황해도에, 이일을 충청도와 전라도에 급파하여 병비시설을 점검하게 했다. 하지만 이것은 때늦은 조치였다.

06

조선을 구할 육군의 명장 권율과 수군 수장 이순신을 추천하다

사람이 답이다. 결국은 사람일 수밖에 없다. 류성룡에게는 사람을 알아보는 지인지감知人之鑑 능력이 뛰어났다. 냉철하면서도 확고한 철학으로 사람을 읽는 혜안이 있었다. 당리黨利와 당략黨略에 의한 사욕이 없었다. 자신이 속한 붕당의 이익을 고려하지 않고 나라를 위한 전략을 선택했다.

한 사람이 한 나라의 운명을 지킬 때가 있다. 협곡을 막아서면 한 사람의 힘으로 군단을 막아설 수가 있다. 조선의 운명을 한 손아귀에 쥐고 흔든 인물이 있다. 권율의 천거는 아주 뜻밖이었다. 자리는 사람이 만든다. 권율은 46세의 늦은 과거급제로 이미 나이가 들어있었다. 언뜻 보기에는 관리로서 적격한 인물이 아니었다. 술과 풍류를 즐기며 관리로서의 자질이 없는 한량 같은 인물처럼 보였다.

류성룡의 눈은 예리했다. 권율에게서 사람과의 친화력과 사람들의 마음을 잡는 지도력을 발견했다. 문과에 급제하여 문관으로 근무하면서 전투를 수행해본 적도 없는 인물이 권율이었고, 무술이나 격투를 해 본 적도 없는 사람이었다. 장수가 칼과 활을 잘 쓰고 말을 잘 타야 하는 것만은 아니었다. 장수에게는 담력과 병사들을 움직이도록 만들 수 있는 리더십이 필요하다. 장군은 작전 수행능력과 상대를 제압할 수 있는 기개와 담대함을 가지고 있어야 하는데, 바로 권율이 가진 덕목이었다.

지금의 자리보다 사람이 가진 본연의 성품, 그리고 자질과 능력을 보았다. 숨겨진 능력을 찾아내는 것이 천거하는 사람의 안목이었다. 류성룡은 평소 말이 적고 주장을 하지 않았다. 그래서 그의 말에 더욱 무게가 실렸다. 말과 행동이 같은 언행일치의 삶을 실천하는 사람이 바로 류성룡이었다. 강력하게 주장했다. 그리고 자신 있게 천거했다. 인사권을 가진 왕은 류성룡의 눈을 믿었다. 조선의 왕은 변덕과 변명이 많은 인물이었다. 사람을 추천한다는 것은 모험이었다. 책임을 물을 것을 알고 있었다. 그러나 류성룡은 두려움 없이 모험을 했다.

경험 없는 장수를, 더구나 전혀 장수로서의 기질을 발휘해 본 적이 없는 관리로서의 권율을 전장의 장수로 민다는 것은 분명 예사로운 일이 아니었다. 류성룡에게는 사람에 대한 믿음이 있었다. 류성룡의 천거에 의해 권율은 서류를 다루는 관리에서 전격적으로 현장의 장수로 변신했다. 조선의 땅을 지킬 장수로 권율이 결정되었다.

조선의 바다를 지킬 장수가 결정되었다. 이순신이다. 한 사람이 나라의 흥망을 좌우할 수 있다는 큰 운명을 쥐게 된 것은 개인에게는 영광이기도 하고 짐이기도 했다. 조선이 위태로울 때 백성들의 이목은 한 사람에게 집중되어 있었다. 조선의 백성들에게 조선의 지존인 왕은 안중에도 없었다. 나라가 위기에 처했을 때 입으로는 싸우라고 소리치면서 자신은 도망가는 왕은 안중에 없었다.

조선의 운명을 자신이 결정할 수밖에 없는, 물러설 수 없는 배수진을 치고 있는 사람이 이순신이었다. 육군인 이순신을 수군으로 변모시켜 그 자리에 있게 한 인물이 바로 류성룡이었다. 류성룡이 이순신으로 하여금 조선 수군으로 조선의 바다를 지키게 만든 것이다. 류성룡의 사람, 이순신은 거친 바다에서 적을 맞았다. 적을 바로 눈앞에 두고 있었다. 전장은 붓과 책으로 유학을 연구하거나 공부하는 자리가 아니었다. 죽임을 당하지 않으려면 죽여야 하는 처참한 자리였다.

이순신은 문인의 집안에서 태어났다. 대대로 문인 집안이었다. 이순신은 문관의 자질을 지니고 있었다. 난중일기의 필력을 봐도 얼마나 출중한 문학능력을 가졌는가를 확인할 수 있다. 장수로서의 장대함과 선비의 곧음을 가진 인물이었다. 류성룡과 한양에서 어린 시절을 함께했던 류성룡의 증언에서도 보인다.

"이순신은 어린 시절 외모가 뛰어나고 기풍이 있었다. 남에게 구속을 받으려 하지 않았다. 다른 아이들과 모여 놀면 나무를 깎아 화살을 만들고 그것을 가지고 동리에서 전쟁놀이를 했다. 자기 뜻에 맞지 않는 사람이 있으면 화살로 눈을 쏘려고 해 어른들도 두려워 감히 이순신 집 앞을 지나려 하지 않았다. 또 자라면서 활을 잘 쏘았으며 무과에 급제하여 발신發身하려 하였다. 자라면서 말 타고 활쏘기를 좋아하였다. 더욱이 글씨를 잘 썼다."

발신發身은 어려운 처지나 환경에서 벗어나 미래를 개척하려는 의미를 말한다. 자신의 현재의 상황에 만족하지 못하고 성공에 대한 확고한 자신감을 가지고 노력을 했다는 의미다. 이순신은 28세 되던 해에 비로소 무인 선발시험의 일종인 훈련원별과訓鍊院別科에 응시하였으나 불합격했다. 시험장에서 달리던 말이 넘어져 왼발을 다치고 실격했다. 류성룡의 표현대로 발신하는 바가 있어 계속 무예를 닦았다. 자신의 인생을 자신이 개척하려는 의지의 사나이였다.

4년 뒤인 1576년 식년무과에 병과로 급제했다. 권지훈련원봉사權知訓鍊院奉事로 처음 관직에 나갔다. 임지는 함경도였다. 이어 함경도의 동구비보권관에 보직되고, 이듬해에 발포수군만호를 거쳐 1583년 건원보권관乾原堡權管으로 임명되었다. 건원보乾源堡는 함경도 경원에서 남쪽으로 40리쯤 떨어진 변방이었다. 경원은 북방의 전초기지로 한양에서 가장 멀리 떨어져 있는 곳으로 여진족들이 살고 있었다. 여진족들이 수시로 백성들을 해치거나 재물을 약탈하기도 했다. 경원은 고려 때 명장인 윤관에 의해 여진족들이 정벌되기도 했었다.

여진족들을 쫓아내기로 결심한 이순신은 계책을 이용하여 오랑캐들과 우두머리인 울지내를 유인했다. 미리 배치한 복병으로 울지내의 병력을 토벌했다. 이순신은 기다리는 사람이 아니라 찾아가는 사람이었다. 젊어서의 이순신은 방어보다 공격적인 장수였다. 주어진 일을 처리하는 일보다 일을 만들어서 해결했다. 스스로 일을 만들어 계획하고 실천하는 사람이었다. 여진족을 토벌한 것도 이순신 자신이 계획하고 토벌에 성공한 것이다. 이순신의 공을 높이 사 조선에서 큰 상을 내리고자 했으나 이를 막아선 사람이 오히려 이순신의 직속상관이었다. 인생의 적은 언제나 가까운 곳에 있었다.

북병사北兵使, 함경도 경성에 둔 북병영을 주재하던 병마절도사 김우서가 자신과 논의 없이 이순신이 독단적으로 작전을 수행했다는 장계를 올려 반대했다. 자신의 수하 장수의 공을 막아선 모양새였다. 이순신의 공로는 무시되었고, 포상은 취소되었다. 이순신과 류성룡은 한동네에서 자라 서로를 잘 알고 있었다. 조정에 있던 류성룡이 이순신의 성격이나 행동에 대해 모를 리가 없었다. 조정은 큰 조직인 듯하지만 결국은 궁에서 일어나는 일은 궁 안에서 공유할 수밖에 없었다. 더구나 중요 요직에 자리 잡고 있는 류성룡은 직접적이고 보다 확실한 정보를 접할 수 있는 자리였다. 이순신의 사람됨과 더불어 근태 여부와 품행을 가늠하고 있었다. 이순신의 어려움을 덜어준 사람이 류성룡이었다.

1583년 이순신의 아버지 이정이 타계했다. 향년 73세였다. 이순신은 서둘러 고향으로 내려가 3년 상을 치렀다. 이순신의 나이도 벌써 40대를 넘어서고 있었다. 42세의 이순신은 궁중의 말과 수레에 관한 일을 담당하는 사복시의 주부主簿로 종6품에 임명되었다. 불과 16일 만에 다시 함경도 경흥의 조산보만호造山堡萬戶로 전근되었다. 만호는 종4품이었다. 북방은 전투가 자주 있었다. 여진족들이 조선과의 국경분쟁도 있었지만, 먹고 사는 것이 부족해 자주 조선으로 국경을 침범해왔다. 실전을 해야 하는 자리로서는 이순신만 한 인물이 없었다. 담대함과 전략가로서의 자질을 타고 났다. 조산보만호로 추천한 것도 류성룡이었다. 류성룡과 이순과의 교감은 이어지고 있었다. 누구보다도 이순신에 대해서 잘 알고 있는 사람이 바로 류성룡이었다.

이순신은 1587년 8월에 함경도 관찰사 정언신의 추천으로 녹둔도의 농토까지 관리하는 둔전관을 겸하게 되었다. 녹둔도는 조산보에서 동쪽으로 20리 정도 떨어진 섬으로 두만강이 동해로 흘러가는 물길에 있다.

녹둔도는 피아간에 분쟁이 수시로 있었다. 전투로 실질적인 전투 병력이 필요했다. 이순신은 누구보다도 실전에 강한 장수였다. 그리고 병력이 필요한 것을 감지해서 북병사 이일에게 군사 증원을 요청했다. 들어주지 않자 거듭 요청했지만 받아들여지지 않았다. 결국 일이 벌어졌다. 조선군 10여 명이 죽고 160명의 인명과 15필의 말을 빼앗겼다. 여진족이 병력을 이끌고 둔전의 울타리를 포위하고 공격해왔다.

당시 요새 안에는 10여 명의 병사들만 있었다. 나머지 병력은 둔전의 벼 수확을 하고 있었다. 이순신이 다행히 둔전에 있었다. 적진에서 붉은 전투복을 입은 적병이 앞장서 달려왔다. 이순신은 화살을 겨누어 적을 쓰러뜨렸다. 갑작스런 적의 출현에 도망하는 것이 흔한 일이었지만 이순신은 달랐다. 이순신의 남다른 면모였다. 담력이 있고 배짱이 있는 장수였다.

적들이 모두 놀라 겁을 먹고 달아났다. 이순신은 이운룡과 함께 뒤를 추격했다. 포로로 잡힌 백성 60여 명을 구출했다. 큰 전과였다. 하지만 결과는 역시 나빴다. 모함을 하거나 질투를 하는 자들은 언제나 있었다. 위로하고 힘을 실어주어야 할 인물들이 도리어 이순신에게 모함을 했다. 아군의 피해가 있었다. 수호장인 오형과 감독관이었던 임경번이 전사를 하고 이순신도 오른쪽 다리에 화살을 맞는 부상을 입었다. 전과도 있었다. 아군도 여진족 두목과 적군의 목 3개를 베었다. 갑작스런 공격을 잘 막아냈고, 조선의 백성을 구출한 것은 분명 전과였다.

또한 이순신은 이운룡과 함께 추격하여 사로잡힌 우리 군사 60여 명을 도로 되찾아왔다. 이순신은 왼쪽 다리에 화살을 맞아 부상을 당했다. 이순신의 증원요청을 계속 거부했던 북병사 이일은 자신의 잘못을 감추려 경흥부사 이경록과 조산만호 이순신의 잘못이라 하여 잡아 가두고 조정에 벌을 줄 것을 요청했다. 선조는 전쟁에서 패배한 사람과는 차이가 있다며 결국 이순신에게 백의종군을 명하였다. 이순신의 첫 번째 백의종군이었다. 백의종군은 일체의 관직과 벼슬 없이 평복으로 군무에 참전하는 처벌이다. 군인 신분은 그대로 유지하되 직위를 빼앗는 벌이다. 하지만 이순신은 백의종군의 몸으로 다음 해 1월 여진과의 전투에서 거점인 시전부락時錢部落을 점령하는 공을 세웠다. 다시 복권되었다. 이순신은 타고난 장수였다.

이순신은 전라도 관찰사 이광에게 발탁되어 전라도의 조방장·선전관 등이 되었다가 정읍현감이 되었다. 이순신이 국가의 위태로운 상태로 몰아간 임진왜란에서 승전보를 울리는 통쾌한 역사가 이루어지게 되는 역사는 정읍현감에서부터 만들어진다. 이순신에게 주어진 자리가 정읍현감이었다. 현감은 지금의 지방군수 정도로 보면 된다. 전장에서 전투로 몸이 익은 장수에게 지방관리직을 맡아보는 자리가 주어졌다. 장수에게 주어진 자리로는 어울리지 않아 보인다.

류성룡은 감지하고 있었다. 나라가 위태로워지고 있음을. 조정의 선비와 전라도의 선비들의 목숨이 파리 목숨처럼 죽어 나가고 있었다. 정여립 사건 때문이었다. 자리보전은 물론 살아남는 것도 쉽지 않아 보이는 어두운 정세가 지속되고 있었다. 거기에 일본의 공격적인 모습은 갈수록 높아가고 있었다. 류성룡은 벼슬자리를 거두고 쉬고 싶었다. 왕에게 벼슬을 내놓았다. 자신이 할 수 있는 운신의 폭도 좁아지고 있었다. 죽고 죽이는 살육의 시대였다. 외부의 공격보다 내부의 음모와 처형이 더 두려운 상황이었다.

류성룡다운 면모는 위기에서 빛났다. 벼슬을 사양했지만 받아들여지지 않는 상황에서도 류성룡은 자신의 본분을 잊지 않고 진행하고 있었다. 욕을 얻어먹을 각오가 아니면 실행할 수 없는 일이었다. 이순신 띄우기 작업을 진행했다.

정읍현감으로 있는 이순신을 고사리진병마첨절제사高沙里鎭兵馬僉節制使로 승진시켰다. 반대가 있었다. 사간원에서의 반대였다. 무리한 승진이라는 반대였다. 병마첨절제사, 즉 첨사는 진영에 속했던 무관직이다. 절도사 아래로 병영에는 병마첨절제사, 수영에는 수군첨절제사가 있었다. 목, 부의 소재지에서는 수령이 겸직했다. 첨사는 종3품으로 종6품인 현감에서 파격적인 자리였다. 첨사는 무려 6계급 승진이었다. 사간원의 반대로 무산되었다. 류성룡은 다시 선조에게 진언하여 절충장군折衝將軍으로 만포진첨절제사滿浦鎭僉節制使로 임명했다. 다시 사간원에서 들고 일어났다. 이번에는 진도군수로 임명했다. 하지만 임지로 내려가기도 전에 다시 전라좌도수군절도사로 임명했다. 진도군수에서 전라좌도수군절도사는 7계급 승진이었다. 첨사가 종3품으로 파격 승진이라고 해서 무산되었는데, 전라좌도수군절도사는 정3품으로 하나가 더 높았다. 정상적인 상황에서는 있을 수 없는 일이었다. 이순신의 파격 승진에는 류성룡이 있었다. 류성룡의 모험이었고 도전이었다.

이순신은 예전에 함경도 경흥의 조산보만호造山堡萬戶로 종4품이었다. 과거의 최고직 자리가 종4품이었다. 때문에 종3품인 첨사 자리로 가는 것이 그리 큰 무리는 아니었다. 하지만 정읍현감에서 첨사나 전라좌수사로 가는 것은 파격 승진이었다. 당시 상황을 보면 마음이 얼마나 급박했는가를 확인할 수 있다.

사간원에서 들고일어나서 반대했다.

"전라좌수사 이순신은 현감으로서 아직 군수에 부임하지도 않았는데, 전라좌수사에 임명하시니 그것이 인재가 모자란 탓이긴 하지만 관작의 남용이 이보다 심할 수 없습니다. 바로 잡아 주십시오!"

선조는 자신의 이름으로 내린 사령장의 내용을 누구보다 잘 알고 있었다. 선조는 변명했다.

"이순신의 일이 그러한 것은 나도 안다. 다만 지금은 규정에 구애될 수 없다. 인재가 모자라 그렇게 하지 않을 수 없었다. 이순신이라면 충분히 감당할 터이니 관작의 고하를 따질 필요가 없다. 다시 논하여 이순신의 마음을 동요시키지 말라."

선조실록에 나오는 내용이다. '다시 논하여 그의 마음을 동요시키지 말라'는 선조의 말이 못을 박았다. 뒤에는 류성룡이 있었다. 믿을 만한 장수로 이순신만 한 사람이 없음을 주장하고 있었다. 전쟁이 발발할 것을 눈치챈 왕으로서 조급한 마음을 읽을 수 있다. 어떻게든 전쟁에 대비해야 해야 했다. 자신의 운명과 직결된 문제였다. 사태는 급박하게 돌아가고 있었고, 전쟁은 일어날 것이라는 징조가 점점 농후해지고 있었다. 류성룡은 긴박한 상황에서 미리 대응하고 있었다. 나라에 대한 충정이 아니면 있을 수 없는 일이었다. 대국적인 차원에서 자신의 안일을 추구할 수 없었다.

파격 승진과 사직을 반복하다가 결국 전라좌도수군절도사로 자리를 잡았다. 부임지는 여수였고 이순신의 나이는 47세였다. 이순신에 대한 사람됨을 좀 더 살펴보자. 이순신을 평할 때 두 가지 수사를 동시에 들여놓아도 어색하지 않다. 냉기와 온기를 지닌 선비. 그러나 무인인 장수였다. 칼을 든 이순신과 붓을 든 이순신이 어색하지 않은 것은 이순신이라는 존재가 양면을 모두 섬뜩할 만큼 같이 가지고 있어서다. 전장을 오갔던 조카 이분이 쓴 이충무공행목에 다음과 같이 기록했다.

"처음에는 두 형을 따라 유학을 배웠다. 유학으로 성공할 만한 소질이 있었다. 그러나 매번 붓을 던졌고 군인이 되려고 했다. 이순신은 22세 겨울이 되어서 무예를 배우기 시작했다. … 겨우 한두 잠을 잔 뒤 사람들을 불러들여 날이 샐 때까지 의논했다. 정신력이 보통사람보다 배나 더 강했다. 때때로 손님과 한밤중까지 술을 마셨다. 닭이 울면 반드시 일어나 촛불을 밝히고 앉아 사색했다. 책과 서류를 보거나 사람들을 불러 모아 전술을 강론했다."

칼과 붓을 든 무인이면서 선비임을 그대로 증언하고 있다. 이순신은 선비로서 강직하면서도 무인으로서 장대했다. 이순신은 칼을 든 군인의 삶보다는 붓을 든 무인으로 보는 것이 더 타당하다. 글로 성공할 수 있을 만큼의 재능이 있었다. 난중일기가 증명한다. 냉기가 흐르는 온혈의 장수였다. 류성룡은 이순신을 잘 알고 있었다. 이순신에 대한 류성룡의 평판이다.

"이순신의 사람됨은 말과 웃음이 적고 얼굴은 단아하며 근엄하게 생겨서 마치 수양하는 선비와 같았으나 속에는 담기膽氣가 있었다."

류성룡 역시 책 읽는 선비의 느낌을 가졌다. 담기는 두려워하지 않는 배짱과 힘을 말한다. 전장에서 전략과 전술을 구사하고 현장에서 지휘하는 담력을 가져야 할 장수로서의 장점을 모두 가진 인물이 이순신이었다.

신의 한 수였다. 이순신을 알고 있는 류성룡으로서는 물러설 수 없는 이순신의 파격 승진이었다. 나라가 위급한 상황에서 한 장수의 역할이 얼마나 큰지를 알고 있었다. 대장부다운 기개와 물러서지 않는 뚝심을 이순신에게서 보았다. 류성룡으로서는 모험이었다. 인사가 잘못되면 천거한 사람이 책임을 져야 했다. 모든 책임을 감수해야 하는 것이 사람 추천이었다. 류성룡은 반대를 이겨내고 이순신을 전라좌도의 수군 책임자 자리로 임명했다. 임진왜란이 일어나기 한 해 전이었다.

07

전쟁 직전까지 소모적인 당쟁으로 해가 뜨고 해가 저물었다

류성룡의 시대는 당쟁이 본격적으로 시작되는 시기였다. 선조는 조선에서 당쟁을 즐긴 군주였다. 전쟁이 반발하기 직전은 현기증이 날 만큼 어지러웠다. 전쟁이나 민란이 일어난 것이 아님에도 무려 1천 명이 살상되는 살육의 시기였다. 그것도 조정대신들과 선비들이 죽어 나가는 시기였다. 밖으로는 전쟁이 일어나리라는 것은 기정사실화 되고 있었다. 내부의 혼란이 수습되지 않아 전쟁을 예감했지만, 전쟁 준비를 할 계책도 없었다. 왕으로부터 말단까지 무능력한 모습을 보여주었다.

위에서 내리는 명령은 마지막 병영이나 지방까지 전달되지 않았다. 전쟁 준비는 말로는 무성했지만 실제로는 능력도, 자금도, 인원도 없었다. 입으로는 떠들었지만 행동으로 옮겨서 전쟁을 준비하는 자는 없었다. 류성룡은 자신의 주장을 폈지만 들어주는 사람이 없었다. 전쟁의 현장이 될 병영에는 군사의 수가 있었지만 실제 인원은 없었고, 장부상 무기는 있었지만 무기 창고는 비어 있었다. 그나마 남아있는 병력은 훈련을 받지 않은 병사들로 오합지졸이었다.

한 개인은 무력하지만 그럼에도 한 개인으로서의 나라는 존재는 세상의 동력원이 되어야 한다. 삶은 끝끝내 혼란스럽지만 삶의 당사자로서 혼돈을 극복해야 한다. 확연히 드러나는 것은 없다. 과거의 경험을 기본으로 현재를 읽어 미래로 나아갈 수밖에 없다. 인생의 어느 한 순간도 미래가 확연하게 드러난 적이 없다. 류성룡은 전지한 인간도 아니었고, 전능한 인간도 아니었다. 상황을 파악하고 사태를 해결하기 위해 역시 흔들리면서 앞으로 나가고 있는 존재였다. 더구나 왕조시대에 왕권의 전횡은 무서워서 비수가 자신에게로 향할지 모르는 긴장이 연속되었다.

류성룡의 재직기간 내내 조정은 동인과 서인으로 나누어져 있었다. 정여립 사건을 기점으로 인생에도 변화가 찾아왔다. 기축옥사라 하여 정여립과 관계된 인물들이 대거 죽임을 당하고 새로운 체제로 돌아가고 있었다. 동인 세상이었던 조정은 정여립 사건 이후 서인으로 기울었다. 서인 천하 속에서 서인을 견제할 목적으로 조선의 왕은 동인인 류성룡을 우의정으로 임명했다. 왕은 상황에 따라 한쪽 편을 들어 반대 세력을 제거하기도 하고 견제시키기도 했다. 조정의 신하들이 안절부절못하는 상황을 보고 즐기며 왕은 자신에게 유리한 상황으로 이끌었다. 서로 대립하는 것을 이용해 견제와 제거를 선택할 수 있었다. 조정의 대신들은 일종의 소모품이기도 했다.

서인의 좌장격인 정철이 귀양을 가면서 왕은 다시 동인 편을 들었다. 동인의 세상이 다시 되어가고 있었다. 혼란의 한 가운데서 류성룡은 좌의정이 되었다. 류성룡도 이제는 중신이었다. 나이가 50이었고, 관직에 있는지 20여 년이 지났다. 관록이 있는 정치인이었지만 언제 어떻게 소모품이 되어 자리에서 밀려날지 알 수 없었다.

당파싸움이 진행되면서 류성룡은 벼슬에서 멀어지고 싶었다. 사직상소를 올렸다. 안 받아주면 다시 상소를 올렸다. 진정 그만두고 싶었다. 자신의 의지대로 움직여지지 않는 것을 혼자 아우성쳐봐야 부질없었다. 서인의 영수인 정철의 처리 문제를 놓고 동인 간에도 내분이 생겨 다시 남인과 북인으로 분파되었다. 정철을 징벌하자는 강경파는 이산해를 좌장으로 하는 북인이었고, 정철을 용서하자는 온건파는 남인으로 나누어져 다투었다. 류성룡은 사람 문제에 있어서 한결같은 인간 이해에 무게 중심을 두었다. 인간과 인간 간에 분쟁보다 화해를 중요하게 여겼다. 당연히 온건파의 좌장이 류성룡이었다. 사람은 실수할 수 있는 존재라는 인식이 바탕에 깔려 있었다. 더욱 험난한 시기에 중책을 맡았다. 그렇다고 류성룡이 할 수 있는 것은 많지 않았다. 소모적인 당쟁으로 새벽부터 시작해 날이 저물 때까지 붕당을 이루어 겨루었다. 손을 쓸 수 없을 만큼 반목은 깊어졌고 서로가 서로를 믿을 수 없었다.

08

결국 전쟁이 일어나다

전시내각의 책임자가 되다

1592년 4월 13일. 조선의 개국 200주년 기념이 되는 해였다. 조선의 개국을 기념이라도 해주려는 듯 일본의 전투선들이 조선으로 침공을 시작했다. 조선의 바다에 수백 척의 일본 배가 다가왔다. 처음에는 바다를 가득 메운 배들이 무슨 배인지 감지하지 못했다. 자세히 보니 조선 배가 아니라 일본 배였다. 일본이 배로 공격을 해온 상황에서도 조선은 손을 놓고 있었다.

조선 정벌과 명나라 정벌을 위해 출정한 배가 조선의 바다를 점령하며 다가오고 있을 때 전쟁을 준비한 사람이 있었다. 류성룡과 이순신이었다. 류성룡은 좌의정으로 전쟁이 터지자 바로 병조판서를 겸했다. 지금으로 이야기하면 부총리로서 국방장관을 겸한 격이었다. 그리고 이순신은 일본이 조선을 쳐들어오기 하루 전에 거북선 진수식을 마쳤다. 전쟁 준비를 마친 날이었다. 함포사격 시험까지도 끝내고 전쟁 준비를 마친 기념으로 진영 내에 있는 활터에서 활을 쐈다. 준비된 자는 담대했고, 당당했으며, 마음 안에 평정심이 있었다.

전쟁이 일어나기 한 달 전인 3월에 류성룡은 인편으로 이순신에게 전술책을 전달했다. 남들이 말만으로 전쟁 준비를 할 때 류성룡은 전술책을 편찬했다. 증손전수방략增損戰守方略이란 병서를 저술해서 전장의 장수들에게 보냈다. 아끼는 후배 이순신에게도 전달했다. 마음을 담은 편지도 함께 동봉했다. 국가적인 위난에 대처할 병서와 마음을 담은 편지. 두 사람은 이미 조선을 구할 행동을 개시한 상태였다. 이순신은 난중일기에 선배인 류성룡이 보낸 책과 편지에 대한 감사한 마음을 적었다.

결국 일은 벌어졌다. 부산으로 쳐들어온 배를 보고 놀란 경상좌수영과 우수영의 장수는 어찌할 바를 몰랐다. 준비하지 않은 자는 허둥댈 수밖에 없다. 상황을 파악하지도 못했다. 일본이 조선을 칠 것이라는 경고가 여러 차례 있었음에도 밀정이나 염탐을 하지 않는 놀라운 배짱의 장수들이었다. 무지인지 당돌한 것인지 가늠이 가지 않는다.

조선의 바다에서 가장 큰 진영은 경상좌수영이었다. 그다음이 경상우수영이었다. 일본의 해적질을 막기 위해 수군 전단을 일본에서 가까운 곳에 배치했다. 다음으로 전라우수영이었고 가장 약체가 전라좌수영이었다. 전라좌수영은 이순신이 지키고 있었다. 4개의 진영중에서 가장 큰 경상좌수영과 우수영의 수군은 일순간에 궤멸되고 말았다. 겁에 질린 조선의 장수들이 무기고와 배에 불을 지르고 도망했다.

조선의 바다는 무너졌고, 죄 없는 조선의 백성들은 침략자들에 의해 난자당하고 있었다. 불과 하루 만에 부산성이 함락되었다. 죽음으로 정발 장군이 항전했으나 역부족이었다. 다음날에는 동래성이 함락되었다. 죽음으로 막아섰지만 역시 무너졌다. 일본이 부산을 공략한 지 4일째인 17일에 일본의 침공사실이 조정에 알려졌다. 일본의 침략이 조정에 알려지는 순간에도 양산성이 무너지고 있었다. 어른과 아이의 싸움 같았다. 비교가 되지 않는 싸움이었다. 이유는 두려움에 기가 눌려 있었다. 전투는 기 싸움이 먼저인데, 조선에서는 경험해보지 못한 전투였다. 한 번에 무너질 평화를 즐기고 있었다. 싸움을 모르는 조선의 병사들은 낙엽처럼 무너졌다. 기세에 눌려 전투라기보다 일방적으로 당하고 있었다.

조선의 조정은 발칵 뒤집혔다. 놀란 가슴을 주체할 수가 없었다. 더욱 당황하게 한 것은 부산성의 함락과 동래성의 처절한 몰락. 어느 한 곳에서도 승리 소식은 없었다. 일본군을 막아서는 장수가 없었다. 이어서 김해성과 영천성이 나가 떨어졌다.

좌의정 자리에 있던 류성룡에게 특명이 떨어졌다. 당황한 조선의 왕은 류성룡에게 병조판서 자리를 겸임시켰다. 병조는 국방을 담당하는 기관이다. 군권의 총사령관이 병조판서였다. 군 작전계획, 병기의 생산관리, 무관의 인사권 등 국방을 총괄하는 자리로 수레와 말 등의 교통수단, 봉화와 역참 등의 통신수단, 궁궐 경비 등도 담당했다. 지금의 국방부에 해당한다. 류성룡에게 주어진 직책이 또 하나가 더해졌다. 도체찰사였다. 도체찰사는 조선시대 의정議政을 맡은 임시관직으로 왕의 명을 받아서 할당된 지역의 군정과 민정을 총괄하는 임무였다. 사실상 조선 전쟁을 총책임자로서의 전권을 왕에게서 위임받은 사람이 도체찰사였다. 좌의정에 병조판서, 그리고 도체찰사까지 류성룡에 맡겨졌다.

류성룡은 위기의 조선을 안정시키기 위해 광해군을 왕세자로 책봉하도록 독려했다. 왕의 부재 시에 혼란을 줄이기 위한 기본적인 결정이었다. 왕이 변란을 당해 타계하거나 업무를 수행하지 못할 때 올 혼란은 예상하기 어렵다. 사전에 왕의 부재에 대비하기 위한 방책이었다. 조선의 왕인 자신의 부재에 대비한다는 말에 선조는 부르르 떨었지만, 류성룡은 강하게 주장했다. 결국 광해군을 세자로 책봉하도록 했다. 그리고 민심을 수습하고 직접적인 행동을 할 수 있도록 근왕애통교서勤王哀痛教書를 널리 반포했다.

근왕애통교서勤王哀痛教書는 전쟁이 반발한 것에 대한 애통함과 자신을 꾸짖는 내용, 그리고 군민에게 당부하는 내용의 글이 들어있었다. 왕은 장수와 사졸을 나누어 보내 요충을 지키게 하고 도민都民에게 엄히 지키도록 하는 유시諭示를 내려 절대로 도성을 나가지 못하도록 했다. 또한 팔로八路의 근왕병勤王兵을 징집해서 싸우라고 독려했다. 무엇보다도 왕은 죽음으로 지켜 도성을 떠나지 않겠다는 뜻을 보였다. 왕이 도성을 지킬 테니 백성들도 나라를 위해 싸울 것을 명령한 것이었다.

류성룡은 제안했다. 민심을 수습하고 위기를 해결하기 위해서 왕자들을 각도에 파견하여 근왕병을 소집할 것을 왕에게 제안했다. 류성룡은 현실주의자였다. 그리고 무엇보다도 냉정했고, 명철했다. 정세를 읽고 대처하는 태도와 정책이 안정되고 일관된 모습이었다. 확고

한 정체성이 결여된 왕은 류성룡을 찾았다. 믿고 맡길만한 사람으로 류성룡을 찾았다.

조선의 관군이 무너지다

왜군의 목표는 조선의 심장 한양이었다. 왜군은 세 갈래 길로 나누어서 한양으로 진격했다. 한양으로 전력을 다해 올라오는 이유는 하나였다. 조선의 왕을 잡아서 공을 먼저 세우겠다는 경쟁에서였다. 조선의 왕을 잡으면 최고의 공적으로 인정받게 된다.

음력 4월 13일. 봄기운이 활짝 핀 부산 앞바다로 쳐들어온 일본군은 벚꽃이 피어나듯 일순에 피어났다. 조선은 역대에 수군의 침략으로 당한 적이 한 번도 없었다. 노략질과 강탈을 하러 온 왜구가 조선의 한 부분을 쳐들어왔던 적은 있었지만, 수군의 전폭적인 공격을 받아 본 적이 없었다. 조선은 고대로부터 대부분 북방으로부터 침공을 받았다. 이번에는 남쪽 바다에서 시작되었다. 배가 상륙하기 전에 화공을 한다거나 같은 배로 싸워야 했음에도 무방비한 조선은 공격 한 번 해 보지 못하고 일본군을 받아들였다. 배로 바다에 상륙한 일본군은 곧바로 한양으로 쳐들어왔다.

부산진의 첨사 정발이 무너지고, 다대포진의 첨사 윤흥신이 무너지고, 경상좌병사 이각과 양산군수 조영규, 울산군수 이언성의 병력이 집결했으나 동래성에 포위되었고 이내 무너졌다. 도망했던 경상좌수사 박홍도 군사들을 소집해 육전에 나섰으나 역시 패퇴했다. 동래성 북쪽 소산역에 진을 친 박진의 군사 5백여 명도 무너졌다.

경상좌수사 박홍은 경상좌수영의 함선을 스스로 가라앉힌 후 경주로 도망했고 경상좌병사 이각은 자신이 진두지휘해서 방어해야 할 울산의 경상좌병영 군사들을 내버리고 북쪽으로 달아났다. 영산을 지키던 영산현감 강효윤은 일본군 선봉대의 공격을 받자 북문으로 빠져나와 밀양으로 도망했다. 박진은 간신히 빠져나와 밀양성에 불을 지르고 가족을 대피시킨 다음 빠져나왔다. 사실상 도망이었다. 전쟁이 일어나자 초기 조선의 장수들은 두 가지 중에 하나를 선택했다. 패전과 도망. 패전과 도망으로부터 자유로운 장수가 드물었다.

장수들은 도망가는 것을 먼저 배운 자들이었다. 모두가 도망하기 바빴다. 경상 수군을 지휘하던 장수들은 수군 진영을 불태우고 군사를 해산시키고 도망갔다. 초기에 성을 지키며 싸웠던 몇몇 장수들을 제외하고는 도망하기에 분주했다. 누구보다도 빨랐고, 누구보다도 비겁했다. 이후 무너지는 소리가 이어졌고, 어디 하나 제대로 싸움 한 번 했다는 소식이 없었다.

조선에 희망을 주는 첫 사건이 터졌다. 의병이었다. 나라를 위해 끓어오르는 자발적인 충의였다. 나라와 백성을 살리겠다고 일어선 사람들이었다. 군장들이 도망간 성을 지키겠다고 일어선 사람들이었다. 사충신으로 조선 최초의 의병장 송빈, 이대형, 김득기, 류식이 바로 그들이었다. 충절 하나로 싸웠다. 그러나 중과부적으로 전멸했다. 조선의 장수들이 패전하고 도망칠 때 나라를 구하겠다는 일념으로 떨쳐 일어나 싸우는 의병의 출현이 위로가 되었다.

조선의 바다를 처음 점령한 일본의 장수는 고니시 유키나가였다. 700척, 1만 8,700명 규모였다. 조선에 첫 상륙한 일본의 선봉장 고니시 유키나가는 일차 방어선을 제압한 후 곧바로 한양 장도에 올랐다. 조선의 왕, 선조를 잡기 위해서였다.

가토 기요마사가 이끄는 제2군 2만 2천여 병력이 부산에 도착했다. 제3군은 구로다 나가마사가 이끄는 1만 1천여 병력이 다대포를 거쳐 김해에 상륙했다. 수군으로 구키 요시다카, 도도 다카토라 등의 9천여 병력이 있었다. 모두 약 17만이었다. 3방향으로 다른 곳을 향해 쳐들어왔으나 목적지는 모두 한곳이었다. 한양이었다. 한양에서도 목표는 하나였다. 조선의 왕을 생포하거나 사살하는 것이었다.

일본이 조선을 침공한 사실을 한양에서는 4일이 지난 17일 저녁 무렵에 알았다. 봉화가 제대로 작동하지 않았다. 봉화가 제대로 작동했다면 하루 만에 도착했어야 했다. 사흘이란 기간은 부산에서 한양까지 말로 달려 도착할 수 있는 파발마의 속도였다. 봉화마저 제대로 작동되지 않는 전쟁 준비였음을 알 수 있었다. 일본의 조선 침공 소식이 전해지자 조정은 어수선했다. 이어지는 소식은 슬픈 소식뿐이었다.

조선 장수들이 전해준 것은 패전과 도망이라는 두 공식에 의해서 왜군은 점점 수도 한양으로 가까워 오고 있었다. 한양을 지킬 것이라는 왕의 목소리는 잦아들고, 다른 장수들처럼 도망이라는 같은 공식을 떠올리기 시작했다. 애초에 선조는 비겁한 인물이었다. 책임은 밑으로, 공적은 자신이 차지하려는 인물이었다. 비겁함은 위급한 상황에 부딪힐 때보다 적나라하게 드러나는데, 역시 선조는 그랬다. 조선이 자신의 나라라고 우기던 왕의 모습은 사라졌다. 권위와 위엄을 전면에 내세웠던 선조는 살아남아야겠다는 애절함으로 변하고 있었다.

조선은 아직도 왜군을 과소평가하고 있었다. 조선 최고의 명장 중

하나라 칭송받던 이일을 내려보내 사태를 수습하고자 했다. 간단히 수습되리라 믿었다. 그러나 이일의 군대가 먼저 상주에서 왜군에 의해 패배하였다. 조선의 왕과 대신들은 당황했다. 당황한 조정은 북방에서 명성을 날린 신립 장군을 찾았다. 믿을 수 있는 마지막 장수였다. 하지만 마지막 보루라고 생각했던 신립 장군마저 참담하게 탄금대 전투에서 패하고 자결했다.

이제 조선의 믿을만한 장수들은 모두 무너졌다. 싸움마다 무너졌고 그것도 참패였다. 우의정 이양원을 수성대장守城大將으로 삼아 도성의 성곽을 축성하고 전 북병사였던 김명원을 도원수로 임명하여 한강을 수비하게 했다. 결과는 역시 실패였다. 왕은 믿을 만한 사람을 생각했다. 류성룡이었다. 좌의정으로 있던 류성룡에게 병조판서 자리를 맡기면서 군권을 넘겨주었다. 최종 결정권은 왕에게 있었다. 그럼에도 조선의 운명을 류성룡에게 맡겼다. 패색이 짙은 조선을 지켜내야 할 막중한 책임이 있었다.

왕이 한양을 버리고 도망을, 다시 도망을 하다

조선의 믿을만한 관군이 무너진 조정은 참담했다. 용맹스러운 장수로 알려진 신립이 내려가자마자 한양 도성에서는 도망갈 채비를 하고 있었다. 왕은 이미 마음을 굳혔다. 마음을 조아리며 신립의 승리 소식을 기다리고 있었다. 하지만 기다렸던 소식은 무너지고 비보가 날아들었다. 참패했다는 안타까운 소식이었다.

조선의 왕은 바로 도망갈 채비를 했다. 영의정 이산해를 불러서 피난 갈 일을 의논했다. 이미 준비된 일이었다. 도망은 정해져 있었고, 다만 형식을 의논하는 자리였다. 발표와도 같은 자리에서 내부 반란이 일어났다. 피난 가야 한다는 사람과 한양을 지켜야 한다는 의견이었다. 이미 정해진 것을 번복할 수는 없었다. 왕이 한양을 떠나 안전한 곳으로 가고자 하는데 어찌 막을 것인가. 모든 결정은 왕이 결정해야 했다. 달리 어명이든가. 결정권은 한 곳에 있었다. 호종대신들이 결정되었다. 류성룡이 빠져있었다. 승정원의 간청으로 류성룡도 들어갔다.

류성룡도 호종대신에 포함되어 동행했다. 한양이 함락되기 4일 전에 조선의 왕은 한양을 버리고 치욕스럽게 도망을 선택했다. 사실 싸울 장수도 병력도 없었다. 대안이 없었다. 연전연패의 소식에 난감할 수밖에 없었다. 다시 돌아올 수 있을까 하는 막막함으로 궁을 나섰다.

왕자들은 나누어서 각 지방으로 내려보내 근왕병을 모집하도록 했고, 세자는 왕을 수행하도록 했다. 놀라운 것은 왕을 호위하던 금군禁軍들이 먼저 도망을 했다는 사실이다. 마지막까지 목숨을 걸고 싸워야 할 병사들이었다. 왕을 호종할 군사가 먼저 도망을 하는 웃지 못할 일이 벌어졌다. 경복궁 앞을 지날 때 백성들이 나와서 울었다. 백성은 울고 나라를 제대로 다스리지 못한 왕은 울 수도 없었다.

왕과 왕의 호종대신들과 궁인들이 줄을 지어 도망하는 순간에 하늘도 울었다. 조선의 왕이 불쌍해서가 아니라 힘들고 힘이 없이 살아온 민초들의 또 다른 수난이 기다리고 있어 비가 내렸다. 벽제에 도착할 즈음 피난을 떠나는 왕과 호종대신들은 비에 젖었다. 왕은 벽제역에서 잠시 쉬었다. 또다시 조용한 반란이 있었다. 이제 겨우 한양에서 벽제에 도달했는데 이탈자가 나오기 시작했다. 가까이서 충성을 반복하던 인물들의 이탈이었다. 관원이 도성으로 돌아가기 시작했다. 시종과 대간들까지 조금씩 뒤떨어지더니 이내 돌아오지 않았다.

혜음령을 넘어갈 때는 비가 더욱 굵어졌다. 장대비가 내리기 시작했다. 궁인들이 소리 내어 울기 시작했다. 하늘도 울고, 사람도 울고, 조선도 울었다. 조선의 자존이 무너졌다. 왕을 접대하기 위해 파견된 관리가 음식을 준비하고 있었다. 왕을 호위하는 사람들에게조차 먹을 것을 제공하지 못했다. 종일 왕을 호위한 사람들이, 굶주리며 참아왔던 호위꾼들이 부엌으로 들어가 왕을 위해 마련한 음식을 싸우듯 먹어치웠다. 왕에게 바칠 음식이 없어졌다. 음식을 준비하던 관리는 목이 달아날까 두려워 도망했다. 얼마나 구차하고 초라한 도피였는가를 알 수 있다.

피난길은 급하고, 준비는 되어 있지 않았고, 허둥대며 왕의 도망은 이어졌다. 개성을 거쳐 평양으로 가려면 파주에서 임진강을 건너야 했다. 이미 날은 저물어가고 적의 공격이 두려운 왕은 급하게 서둘러 강을 건너야 했다. 그래야 그나마 안심이 되었다. 이미 날은 저물어 어두워지고 있었다. 강 건너뿐만이 아니라 무리들이 나루터에 웅성거리고 있는 것도 어둠으로 행동이 어려워지고 있었기 때문이었다. 어두워 보이지 않았다. 급기야 임진강 나루를 관리하는 청사를 뜯어내 불을 질렀다. 적군이 청사의 재목을 헐어 뗏목을 만들어 사용할까 두렵기도 했다. 관청 건물에 불을 질러 활활 타오르는 불빛으로 강을 건넜다. 조선의 왕이 조선의 관청에 불을 질러 도망하기 위한 불빛으로 사용하고 있었다. 왕의 행차에 왕을 호위할 군사마저 도망가 버렸다. 왕의 행차는 초라했고, 왕의 권위는 마을 촌장 같았다. 왕의 음식마저 배고픔을 참지 못하고 집어먹는 상황에 조정대신은 물론 궁인들도 먹을 것이 없었다.

하루아침에 정승이 되고, 그날 저녁에 정승 자리에서 파직되다

개성에 도착해 왕의 일행은 한숨을 놓았다. 개성부의 공처에서 거처를 마련하고 그나마 안정을 찾을 수 있었다. 잠시의 안정된 상황이 오자 다시 잘잘못을 서로에게 떠넘기려는 시도가 이어졌다. 이곳에서도 주장은 컸고, 대책은 없었다. 군왕의 서릿발 같은 지시는 받을 사람이 없었고 아래로부터 전달되는 보고는 끊어졌다. 겨우 명맥만을 유지하는 조선의 권부였다.

영의정의 실책을 비판하며 대간들이 나섰다. 영의정 이산해가 나라를 망쳤다는 글이 올라왔다. 받아들이지 않자 다시 이어서 올렸다. 왕은 인정하기 어려웠다. 함께 논의하고 함께 고민한 사람이었다. 그리고 무엇보다 모든 결정은 왕 자신이 한 것이었음을 누구보다도 확실하게 알고 있었다. 그럼에도 영의정 이산해는 파직되었다.

이산해가 파직되고 류성룡이 영의정에 올랐다. 그날 저녁에 류성룡은 나라를 그르쳤다는 탄핵으로 영의정 자리에서 내려왔다. 아침에 영의정에 오르고, 저녁에 탄핵당해 영의정 자리에서 쫓겨났다. 탄핵의 핵심 내용은 적군이 한양을 쳐들어오지도 않았는데 한양을 비우게 했다는 것이었다. 도망간 것은 왕이었음에도, 탄핵의 글을 올리는 자신도 함께 도망쳐 왔음에도. 세상은 한마디로 희극 같았다.

그러는 사이에 한양은 무너지고 있었다. 정확하게 이야기하면 조선이 하나하나 자리를 내어주면 그 자리를 일본군이 전투 한번 없이 차지하며 한양으로 들어서고 있었다. 적을 막아서는 장수와 군대가 없었다. 무혈입성하고 있었다. 한양 도성을 지켜야 할 책임을 맡은 유도장 이양원이 도망했다. 도원수 김명원이 도망했다. 강원도 조방장 원호도 도망했다. 그냥 앞으로 걸어가면 점령되는 전쟁이었다. 참 특이한 상황이었다. 임금 자신은 도망을 가면서 장수들에게는 나가 싸울 것을 독려하는 한심한 상황이 계속되었다. 류성룡은 영의정에서 쫓겨나 직이 없었다. 파직되어 아무런 할 일이 없었다. 류성룡은 아무런 일이 주어지지 않았을 때 오히려 자신의 할 일을 하면 된다는 마음이었다.

왕이 개성을 떠나 평양으로 이동하는 순간에 한양은 적군에게 점령되었다. 5월 3일 한양은 점령당했다. 도망가는 왕의 행차가 얼마나 급했으면 종묘의 신주神主조차 챙기지 못하고 떠나다가 다시 챙겼다. 왕의 마음은 급했다. 자신이 안전한 곳만을 고집하고 있었다. 류성룡은 왕이 한양을 떠나 파천播遷하는 것이 필요하다고 생각했다. 반대하지 않았다. 왕이 도성을 지키다 사로잡히거나 사망하는 것은 조선에 도움이 되지 않는다고 생각했다. 피신해서 다음을 도모하는 것이 필요하다고 믿었다. 준비되지 않은 전쟁을 다시 전쟁의 와중에 준비할 수 있을 것이라 믿었다. 지금의 어려운 상황도 극복할 수 있으리라 믿었다. 류성룡은 중도를 선택했다. 다툼이 없는 타협과 다시 나라를 일으켜 세울 미래를 내다보고 있었다.

왕의 도망은 생각보다 빨랐다. 한양 도성을 떠난 날이 4월 30일이었다. 개성에 도착한 것은 5월 2일, 불과 3일 걸렸다. 개성에서 하루

묵고 바로 다시 도망이 시작되었다. 5월 3일에 출발해서 평양에 도착한 날은 5월 7일이었다. 개성에서 평양까지 4일 걸렸다. 보통사람이 걸어가기에도 바쁜 걸음이었다. 어가의 행렬이 이처럼 빠른 것은 의외였다. 궁인들과 왕은 말을 타고 달린 것이 아니라 걸어갔다. 왕과 왕비, 그리고 후궁들과 궁인들이 이동하는 것이었다. 이동이 느리고 모든 것이 어수선할 수밖에 없었다. 그럼에도 조선의 왕은 도망하는데 어느 때보다도 빨랐다. 류성룡은 여전히 영의정에서 삭탈되어 직함이 없이 호종을 하고 있었다.

왕의 도망로였던 임진강이 무너지고 함경도에 있던 두 왕자가 적에게 포로가 되었다. 임해군과 순화군이었다. 적과 싸우다 포로가 된 것이 아니었다. 두 왕자가 전시임에도 자신들에게 제대로 대우를 하지 않는다고 갑질을 하는 것을 견디다 못해 회령의 아전인 국경인이란 사람이 적에게 왕자를 잡아서 바친 것이었다.

평양에 도착해서 다소 안정을 찾았다. 류성룡은 긴급한 상황에 맞게 자신의 일을 찾아서 처리했다. 잠시 전쟁은 소강상태를 맞았다. 한양을 점령한 일본군은 곧바로 조선의 왕을 추격하지 않았다. 일본군의 예상과는 너무 다른 일이 벌어졌다. 왕이 도망한다는 것은 상상할 수도 없는 일이었다. 일본은 조선과는 전혀 다른 전쟁을 했다. 일왕은 상징적인 존재였고 새로운 무사가 권력을 잡으면 백성은 새로 잡은 권력자에게 충성하면 그만이었다. 절대복종과 절대충성만이 있을 뿐이었다. 그리고 전투는 무사들의 일이었다. 백성은 무사와 무사 간의 전투에서 승자에게 복종하면 그만이었다. 그리고 일왕과 권력을 잡은 무사가 도망한다는 것은 있을 수가 없었다.

일본군이 놀란 것은 한양을 두고 조선의 왕이 도망을 했다는 사실이었다. 텅 비어버린 한양에서 일본군은 길을 잃었다. 곧바로 추격했으면 어설픈 도망자들을 쉽게 추격할 수가 있었다. 훈련받은 무사들로 구성된 일본군이었다. 그리고 조선군이 이처럼 쉬운 상대인 줄을 몰랐다. 그럼에도 조선의 왕이 도망할 것을 예측하지 못한 것이 큰 오산이었다.

조선의 한양에서 길을 잃은 일본군은 한양에서 시간을 보냈다. 조선의 운명은 여기에서 회복의 발판이 만들어지기 시작했다. 조선 왕은 도망하기에 바빴지만, 조선은 전라도라는 곡창지대를 발판으로 해서 다시 회복의 기미를 잡을 수 있었다. 하지만 조선의 왕은 전세와 부활의 기미를 읽지 못했다. 일본군은 길을 잃고 있다가 정신을 차려 도주한 조선의 왕을 잡기 위해 다시 추격에 나섰다.

늦게야 정신을 차리고 대동강에 늦게 도착한 일본군을 피해 다시 조선의 왕은 도주를 떠올렸다. 자신은 도망을 가면서 평양성을 지킬 것을 당부했다. 죽기를 각오하고 왕이 군사를 모으고 군사권을 발동해서 지휘의 선두에 서서 독전하며 싸울 마음이 전혀 없었다. 입만 살아서 자신은 살 궁리만 하고 아랫사람들에게 싸우라고 독려하고 있었다. 류성룡은 다시 복직이 되었다. 문관으로서의 역할만 인정되었고, 군무에는 제한이 되었다. 류성룡은 자신의 본분을 지키며 업무처리를 했다.

왕은 평양성에서 다시 도주를 시작했고, 장수들과 류성룡은 평양성에 남았다. 류성룡의 역할은 명나라 군대를 맞이해서 조선이 다시 힘을 얻어 반격할 기회를 만드는 것이 일차적인 임무였다. 류성룡이 도망 중인 왕에게 보고하기 위해 성을 나와 있는 동안에 수성을 책임 맡은 병사兵使 이윤덕이 싸워보지도 않고 도망했다. 일본군이 공격하기 전에 이미 평양성은 비어 있었다. 평양성은 무혈로 점령당하고 말았다. 왕이 싸울 의사가 없이 도망가는데 누가 싸울 의사가 있겠는가.

류성룡은 군량미를 수집하고 군사를 다시 모집했다. 군무를 하지 않아야 함에도 지역을 돌며 식량창고를 확인하고 필요한 곳으로 이동시켰다. 도망하는 백성들을 위로하고 때론 동원해서 군량미를 이동하고 무기를 관리하게 했다. 그리고 창고를 지키도록 해서 필요한 곳에 보내도록 했다. 관리로서가 아니라 개인 자격으로 미력하나마 힘을 다했다. 이미 공권력은 사라지고 있었다. 심지어 왕의 곁에 사람이 없었다. 늘 그 많은 의견을 쏟아내던 사람들이 종적을 감추었다. 시종하는 사람들도 줄어들고, 민심은 이미 떠나가고 없었다. 왕은 다시 의주로 더 멀리 피신했다. 도망과 피신, 파천播遷, 그리고 몽진蒙塵. 모두 결국은 같은 말이다. 선조에게 어떤 것을 가져다 붙여도 어울린다.

의주로 몽진을 했다. 평양성으로 향하던 명나라 군사들도 의주에 도착했다. 도망가려는 왕의 일행과 조선을 구원하려고 온 명나라 군사들이 같은 장소에서 만나 다른 생각을 하고 있었다. 명나라 군사들은 남의 나라인 조선을 구하러 왔고, 조선의 왕은 자신의 나라인 조선을 버리고 명나라로 도주하려 하고 있었다. 다른 생각으로 조선에서도 먼 땅 의주는 사람으로 넘쳤다. 그리 크지 않은 도시가 원군과 도망자로 혼돈스러웠다. 영문도 모르고 정착민으로 살던 의주 사람들은 의아했다. 전쟁이 난 것도 모르고 있었던 사람들이었다, 말로만 듣던 조선의 왕이 찾아오고 명나라의 대군이 들어오니 별천지였다.

09

조선의 반격 토대가 만들어지다

평양성을 회복하다

나라는 망하지 않을 빛이 보이기 시작했다. 조선의 왕은 언제고 더 도망할 의사가 있었다. 국경을 넘어 북쪽으로 도망갈 준비가 되어 있었다. 다행히 명나라 구원병의 도착과 조선 수군의 역공이 시작되었다. 또한 조선에서 놀라운 일이 벌어졌다. 의병의 출현이었다. 관군이 도망가고 장수가 도망가는 형국에 스스로 나라를 구하겠다며 일어서는 의병들이 줄을 이었다.

일본군은 평양성을 점령하고 다시 움직이지 않았다. 조선의 국왕에게는 도망가는 것을 걱정하지 않아도 되었다. 일본군의 생각으로는 도저히 생각할 수 없는 상황이 벌어진 것이었다. 국왕이 도망간다는 것은 있을 수 없었다. 끝까지 싸우다 죽든가 자결을 선택하는 것이 일본국의 일반적인 상황이었다. 조선의 왕은 달랐다. 자신은 싸우지도 않고 도망하기에 바빴다. 무사들의 세계에서 우두머리는 전장의 실질적인 현장 책임자로 진두지휘해야 하는 것이 옳다.

평양성을 점령한 고니시 유키나가의 평양성에서의 침묵은 정세의 오판도 있었지만, 무엇보다 조선의 왕을 추격하는 것을 포기한 것은 전략적인 문제 때문이었다. 평양성을 점령하고 바로 조선의 왕에게 조롱 섞인 글을 보냈다.

"일본 수군 10만여 명이 또 서쪽 바다로 오게 되었소이다. 대왕의 행차는 또 어디로 가시려 합니까?"

평양성에 주둔한 '일본군에게 또다시 10만여 명의 대군이 곧 증원되면 더 도망칠 데가 없는 조선의 왕은 어디로 가겠습니까?'라는 비아냥의 글이었다.

하지만 고니시 유키나가의 예측은 빗나갔다. 전황은 조선 편이었다. 남쪽 바다에서는 전황이 뒤집히고 있었다. 조선 수군 이순신의 승전보가 이어졌다. 남해를 거쳐 서해를 올라와 평양성을 지원할 일본군은 이순신에 의해 차단되어 어찌할 도리가 없었다. 조선 수군에 의해 일본 수군은 하나씩 수장되었다. 제해권은 조선 수군에게 있었다. 이순신의 활약은 조선의 식량을 제공할 전라도의 곡창지대를 확보해서 군량미의 제공이 가능하게 했다. 또한 서해가 뚫리면 조선은 바로 끝이었다. 류성룡이 이순신을 이곳에 배치한 전략이 들어맞았다.

조선의 강은 서해로 이어져 있어 주요 거점지역은 모두 바다와 연결되어 있었다. 조선은 육로보다 수로로 운송이 이루어지는 해로의 나라였다. 나라에 마차가 다닐 정도의 도로도 없는 폐쇄국가였다. 서해가 뚫리면 한양은 물론 조선의 중요도시인 개성, 평양까지 구멍이 뚫리게 되어 방어 자체가 어려워진다. 또한 마지막 남은 전라도마저 빼앗기게 되어 전쟁 수행이 어려워진다. 교통과 통신이 이루어진 것은 오로지 이순신의 남해와 서해 장악에서 비롯된 것이었다.

호기롭게 평양성을 점령한 고니시 유키나가는 평양성에 고립된 모양새였다. 증원군과 군량조달이 어려워지고 있었다. 전라도를 비롯해 충청도와 황해도, 평안도가 조금씩 힘을 얻어가고 있었다.

전라도와 황해도, 평안도가 유지되는 것에는 이순신과 또 한 사람의 힘이 있었다. 한 사람이 있어야 할 자리에 있음으로 해서 얼마나 큰 영향력을 발휘하는가를 확인할 수 있다. 바로 권율이었다. 류성룡의 추천을 받은 이순신의 활약으로 바다를 장악할 수 있었고, 권율의 활약으로 육지에서는 조선의 서남부가 보존될 수 있었다. 임진왜란으로 조선이 무너지지 않은 중요한 요소가 되었다.

일본군의 북상으로 수도 한양과 개성을 이어 평양이 점령되었다. 그럼에도 서남부가 조선 군사전략의 통로가 되고, 식량 보급의 근원지가 된 것은 바다에서 이순신의 활약과 내륙에서의 권율의 힘이 컸다. 결국 임진왜란의 위기를 넘기는 데 중요한 계기를 마련한 두 인물이었다.

조선의 중심축은 이미 무너진 상태였다. 이미 기운 조선을 구하고자 마지막 힘을 내어 모집한 근왕군이 있었다. 군병을 이끌고 일본군에 대적했으나 결과는 참패였다. 마지막 희망마저 사라진 상태였다. 조선은 더 이상 기댈 곳이 없었다.

전세를 뒤집기 시작하는 계기를 마련한 사람이 바로 권율이었다. 권율에게는 1천여 명의 군사가 있었다. 일본군은 조선 전체를 장악해나가고 있었다. 안전지역으로 남은 곳은 전라도뿐이었다. 전라도가 적에게 장악되면 조선은 무너지게 되어 있었다. 이순신의 수군도 전라도가 안전하게 남아 있어 유지할 수 있었다. 전라도가 무너지면 수군의 전투식량과 전투장비의 보급이 차단당해 기댈 곳이 없었다. 일본군은 너무나 잘 알고 있었다. 이순신을 잡는 방법과 조선을 무너뜨리기 위한 방법으로 조선의 전라도를 점령해야 한다는 것을.

왜군은 마지막 남은 전라도를 공략하기로 했다. 공격대상은 권율이 자리 잡고 있는 금산의 이치고개와 진안의 웅치고개였다. 조선의 운명이 걸린 전투였다. 전투는 치열했다. 같이 활동하고 있는 동복 현감 황진이 총탄을 맞아 무너졌다. 설치한 목책이 일본군에 의해 무너졌다. 위기였다. 권율은 군사를 위로하며 싸우고 또 싸웠다. 결국 권율은 승리했다. 조선이 반격할 수 있는 계기를 마련한 전투였다.

전라도가 무너지면 조선은 더 이상 버틸 수가 없었다. 권율이 문신이었음에도 무신으로 발탁한 류성룡의 인사는 모험이었다. 권율이 문인의 기질을 가졌지만, 또한 장수의 기개와 담력을 지닌 무인이었음을 류성룡이 알아본 것이었다. 권율은 승리했다. 조선의 운명을 바꾸는 몇 개의 전투 중의 하나가 이치전투였다. 바다에서는 이순신이 해룡으로, 육지에서는 권율이 호랑이로 자라나고 있었다. 권율과 이순신을 발탁한 류성룡의 창의적 인사역량이 빛을 발했다.

권율은 군사를 모아 북상을 준비했다. 1만여 명으로 군사가 늘어났다. 오랜만의 승리 소식에 도망가던 왕은 흥분했다. 권율에게 직접 보검을 내리면서 말했다.

"명령에 불복하는 자가 있으면 이 칼로 베어버려라."

도망하는 조선의 왕으로서 모처럼 자신에 찬 목소리였다.

권율은 북상을 준비했다. 독산산성 전투에서 다시 승리를 했다. 독산산성 전투 역시 치열했다. 무너지기 직전까지 갔다. 독산산성을 포위한 일본군을 맞아 수성을 하면서 일본군의 약점이 보이면 바로 기습군을 편성을 공격해서 전과를 올렸다. 일본군은 독산성으로 들어가는 물을 끊었다. 성은 작고 물이 부족한 곳이었다. 권율은 야밤에 기병대를 이용해 기습공격을 가했다. 그리고 물을 막은 제방을 열었다. 기습과 유격전으로 불리한 전세를 뒤엎었다. 이때 전라도사 최철견이 병력을 이끌고 지원군으로 북상했다. 지원군을 보고 일본군은 포위를 풀고 물러났다. 적이 물러나는 것을 본 권율은 정예 기병 1천여 명을 풀어 적의 퇴로를 기습해 큰 전과를 올렸다.

또한 놀라운 것은 승병을 포함한 의병의 출현이었다. 일본군에게 의병이란 상상할 수 없는 존재였다. 일본군은 막부의 상황에서는 일어날 수 없는 일이었다. 막부는 일본을 통치한 세습적 군사 독재자인 쇼군의 정부로 천황을 상징과 신앙의 존재로 두고 국가 실권은 쇼군이 다스린 무사 정부체제다. 백성은 누가 쇼군이 되든 중요하지 않다. 무사들은 국가에 충성하는 것보다 먼저 어느 장수 밑에 둥지를 틀어야 하는가를 결정해야 한다. 쇼군이 바뀌어도 일반 백성들은 새로운 쇼군에게 충성하면 된다.

조선은 달랐다. 구국이란 이름으로 무장한 선비들이 들고 일어났다. 살생을 금하는 승려들이 나라를 살리고자 일어났다. 백성들이 대거 참여했다. 의병의 활약이 컸다. 무신들이 지배하는 일본에서는 있을 수 없는 일이었다. 망우당 곽재우는 평생 은거하며 살려고 했던 인물이었다. 곽재우에게 전쟁 소식이 전해진 것은 1592년 4월 13일에 일본군이 부산포를 점령하고 며칠 지나지 않아서였다. 곽재우가 살고 있던 의령은 부산에서 멀지 않았다. 한양으로 북상하고 전라도로 진출하려는 일본군이 지나가는 길목이었다. 조선의 정규군인 관군이 일본군에게 연이어 무너졌다. 일본군의 점령지가 점점 늘어나고 있었다. 곽재우는 사재를 털어 의병을 모았다. 곽재우는 동네 사람들을 모아 놓고 이렇게 설득했다.

"적병이 이미 바로 우리들의 머리 앞에 왔습니다. 우리의 부모, 처자는 장차 적병의 포로가 될 것입니다. 우리 동네에 나이 젊어 싸울 수 있는 자가 수백 명은 될 것입니다. 만약 마음을 같이 해 정암나루를 지킨다면 우리 고장을 보전할 수 있을 것입니다. 어찌 가만히 앉아서 죽기를 기다릴 것입니까."

곽재우를 따른 사람들은 불과 십여 명에 불과했다. 곽재우의 장부다움에 마음을 굳힌 사람들이 모여 부대의 모습을 갖추었다. 곽재우의 역량에 의해 인원이 늘어 천여 명에 이르렀다. 곽재우는 스스로 의병대장이 되어 일본군과 결전에 나섰다. 지세를 파악하고 있는 이점을 살려 유격전으로 일본군을 물리쳤다. 조선의 왕이 그저 살 욕심에 도망하기 바쁠 때 조선의 산하에서는 의병들이 목숨을 구걸하지 않고 하나둘 일어나기 시작했다. 곽재우의 출병은 출세를 위한 수단이 아니었다. 오직 나라를 지키고 고향을 보호하기 위한 충정에서 우러난 일이었다. 우국충정의 깃발을 들고 일어선 사람들이 많았다. 그리고 사명대사를 비롯한 승병들의 활약도 컸다. 조선의 왕은 비겁했지만, 조선의 의병들은 용맹했다. 조선의 왕은 도주했지만, 조선의 의병들은 싸우기 위해 나섰다. 조선이 위기였을 때 조선의 왕은 나라를 버렸고 나라의 주인은 조선의 백성이었다.

고공책考功册으로 백성들의 힘을 얻다

조선의 왕은 승패와 상관없이 제 목숨을 부지하기 위해서 도망가는 인물이었다. 전쟁 초기에는 섬나라인 일본의 수군이 강해 조선의 바다는 포기해야 한다 생각했고, 육지에서 승리를 장담했던 조선의 장수들은 패했다. 반대 현상과 마주했다. 바다에서는 연승이었고, 육지에서는 연패였다. 겨우 연패의 늪에서 일어나게 한 것은 바다에서의 이순신의 승전과 육지에서의 권율의 승리였다. 그리고 예상하지 못했던 의병의 활동이 컸다. 여기에 명나라의 지원으로 힘을 받았다.

명나라는 전쟁이 일어나 지원요청을 하자 의심의 눈을 거두지 않았다. 결국은 지원병을 보냈다. 조선의 왕은 고무되었고 조선의 관리들은 힘을 얻었다. 조선의 왕은 초조했었다. 언제 어디에서 평양성에 있던 적군이 자신을 치려 할지 모른다는 초조함이었다. 평양에서 의주까지는 지척이었다. 조선의 왕인 자신이 식솔들을 데리고 도망을 하는 속도로 계산해도 잠깐이면 쫓아올 거리였다. 더구나 더 도망할 곳이 남아있지 않았다. 조금 더 가 국경을 넘으면 여진족의 땅이었고 조금 더 가면 명나라의 땅이었다. 초조하던 터에 명나라 군대의 지원은 감사하고 감사할 뿐이었다.

조선의 왕에게 안도를 준 것은 일본군의 추격이 멈추었다는 점이다. 평양성을 점령하고 일본군은 움직이지 않았다. 조선의 왕을 포로로 잡는 데 실패했기 때문이었다. 더구나 바다의 차단으로 보급과 지원병이 차단당했고 권율 같은 장수의 출현으로 육지에서의 지원과 보급이 차단되었다. 그리고 더 추격하면 명나라와 후금을 자극하게 되는 것도 두려웠다. 조선의 왕에게는 다행스러운 일이었다.

상황이 개선되자 류성룡은 당장 급한 평양성을 수복하기 위한 계책을 생각하고 있었다. 명나라 군사가 싸울 수 있게 하기 위해서 필요한 것이 있었다. 시급한 것은 군량미 마련이었다. 그리고 명나라 군사들이 싸울 수 있도록 독려하는 일이었다. 류성룡은 백성들을 움직이도록 만들기 위해 고공책을 만들었다.

고공책考功冊은 전란 중인 지금 나라를 위해 일하면 공을 적어서 포상하겠다는 기록이었다. 류성룡은 사람들을 모아놓고 말했다.

"훗날 고공책에 기록된 대로 공로를 등급화하고 임금께 아뢰어 상을 내리게 할 것입니다. 고공책에 기록되지 않은 사람들은 후에 일이 안정되면 일일이 조사하여 처벌할 것입니다."

류성룡은 이미 기강이 무너져버린 상황에서 전쟁을 수행해야 했다. 장수들이 도망가고, 아전들이 도망하고, 지방관들마저 도주하는 상황이었다. 움직일 수족이 없었다. 류성룡은 국난에서 벗어나기 위해 사람들에게 임무를 주고 맡은 임무를 수행한 사람들의 행적을 기록했다. 사람들이 움직이기 시작했다. 고공책의 효과는 컸다. 소문은 소문을 낳아 찾아오는 사람들이 줄을 이었다.

도망하던 사람들이 찾아오는 진풍경이 만들어졌다. 류성룡은 전국으로 확대해서 시행할 것을 지시했다. 민심을 수습할 방도로 제격이었다. 각처에 공문을 보내어 고공책을 만들어 공로의 많고 적음을 기록하고 이에 의거하여 보고하고 상벌을 내리도록 했다. 상황이 달라지기 시작했다. 명령을 받은 사람들이 땔감을 운반하고 집을 짓고 가마솥도 설치했다. 필요한 일을 처리할 수 있었다. 불과 며칠 만에 일이 조금씩 갖추어졌다. 작은 변화로 큰 효과가 있었다. 류성룡의 생각은 확실했다. 전란 중의 백성은 엄하게 다스려서는 안 된다는 생각이었다. 류성룡은 무슨 일이 생길 때 벌로 다스리지 않고 성심성의껏 깨우치고 타일렀다. 류성룡은 전쟁 중에 가혹하게 백성을 처벌하지 않았다.

일방적으로 참패를 하던 육지의 관군들도 권율이란 장수의 출현으로 힘을 얻기 시작했다. 바다는 여전히 이순신이 지키고 있었다. 연패의 늪에서 빠져나오고 있을 때 의주에서는 평양성을 수복할 준비를 하고 있었다. 류성룡은 고공책을 사용해서 관리들과 백성들의 힘을 얻을 수 있었다. 유용한 계책이었고, 전신마비에 걸린 조선을 작동시킬 수 있는 힘을 얻을 수 있었다.

10

반격의 토대를 마련하다

평양성을 탈환하다

류성룡이 평안도 도체찰사로 임명되었다. 명나라에서도 전쟁 개입을 결정해야 할 때가 왔다. 조선을 도와 일본을 칠 것인가. 친다면 대병력이 필요하다는 것을 깨달았다. 1592년 12월이 되어 명나라 조정에서는 크게 군사를 동원했다. 대장은 제독 이여송이었다. 군사가 4만이 넘었다.

명장 이여송과 안주에서 회견하고 평양탈환을 약속했다. 전쟁이 일어난 지 이제 한해를 넘겨야 할 때가 되고 있었다. 며칠 있으면 해를 넘어갈 시기였다. 겨울은 추웠고 마음은 더욱 추웠다.

개시일이 정해졌다. 새해가 밝아오는 첫날에 평양성을 공격했다. 평양성을 포위하고 보통문과 칠성문을 공격했다. 명나라 군사는 대포와 화전으로 공격했다. 명나라의 화력이 우세했다. 류성룡은 그날의 전투를 이렇게 적고 있다.

“적병은 성 위에 올라 붉은 깃발과 흰 깃발을 세우고 막아 싸웠다. 명나라 군사는 대포와 화전으로 공격했다. 대포소리는 땅을 진동시켜 수십 리 사이의 크고 작은 산들이 요동쳤다. 화전은 공중에서 베를 짜는 올처럼 펼쳐져서 연기가 하늘을 가리고, 화살이 성안으로 떨어지니 곳곳에서 불이 일어나 수목이 모두 타고 있었다.”

명군의 승리였다. 평양성을 버리고 일본군은 도망하기 시작했다. 일본군은 지쳐있었다. 일본군은 평양성을 점령하고 군수물자와 병력을 지원받지 못하고 고립되어 있어 의기소침한 상황에서 명나라의 공격을 받으니 사기는 꺾인 상태였고 물자와 군사들은 지쳐있었다.

류성룡은 도망가는 적군을 칠 계책을 마련해 지시했다. 남의 나라의 전쟁에 참가한 명군은 움직이지 않았다. 평양성에서 패주한 군사들을 공격해서 처단해야 한양을 점령하고 있는 적군과 차단되어서 한양을 탈환하기에 더욱 필요한 조치였다. 하지만 명군은 움직이지 않았고 조선군은 형식만 갖추고 적극적으로 대처하지 않았다.

평양성을 점령한 장수 고니시 유키나가를 사로잡거나 죽일 수 있었다면 전쟁은 쉽게 조선의 승리로 이어졌을 것이다. 류성룡은 전장에서 직접 싸우는 장수는 아니었으나 지략이 있었다. 이순신에게 전술책을 선물한 바 있는 지장의 면모를 갖추고 있었다. 상황에 따른 작전을 구상해서 지시하기도 했다. 패퇴하는 군사를 공격해서 일본군을 섬멸했다면 일본군의 기세는 크게 꺾였을 것이다. 더구나 적장을 잡을 수 있었고, 잡았다면 임진왜란의 형세는 조선이 승기를 잡을 수 있는 상황이었다. 자신의 나라를 지키지 못한 허물을 어찌하겠는가. 내 나라 장수도 도망하는 형국에 남의 나라 군사가 조선을 지켜준다는 것은 무리였다.

류성룡의 전술은 옳았다. 지치고 사기가 꺾여 도망하는 일본군을 공격했어야 했다. 고니시 유키나가와 적의 장수들을 쳐서 섬멸했다면 뒷날 전투에서 패하지 않았을 것이다. 도망에 성공한 고니시 유키나가는 경기도·황해도 일대에 포진하고 있던 왜군을 집결시켜 결전을 위한 재정비를 마치고 설욕을 다지고 있었다.

류성룡의 추격전을 거부했던 이여송은 평양성의 승리에 고무되어 있었다. 하지만 한양에 주둔하고 있던 일본군과 고니시 유키나가의 부대가 합세해서 설욕을 벼르고 있었다. 이여송은 뒤늦게 자신감을 얻어 기마병으로 무장한 5,000기를 거느리고 개성과 파주를 거쳐 서울 외곽의 벽제역으로 진입하고 있었다. 지나친 자신감이 독이었다. 벽제의 혜음령을 넘던 이여송의 군대는 일본군의 계략에 걸려들었다. 평양성을 탈출해 도망하는 일본군을 곱게 보내놓고는 뒤늦게 기고만장해서 기병으로 추격했다. 벽제의 혜음령 고개에서 전열을 가다듬고 매복하고 있던 일본군이 이여송 부대를 공격했다. 일본군은 전투로 단련된 군사들이었다. 백병전에서는 유리한 싸움 능력을 지니고 있었다. 더구나 기병이 숲과 산에서 작전을 펼치기가 어려웠다. 하지만 결국은 백병전이 벌어질 수밖에 없었다. 이여송의 군대는 당했다. 일본군은 평양성의 실패를 갚아 주는 전투였다. 류성룡은 이렇게 기록했다.

"제독 이여송이 거느린 군사는 모두 북방의 기병이었다. 별다른 병기가 없었고, 다만 짧은 칼을 지니고 있었다. 그것에 비해 적은 보병들로 모두 3~4척이나 되는 길고 날카로운 칼을 지니고 있었다. 맞부딪치자 적병은 긴 칼을 좌우로 휘둘러 치면서 공격했다. 명군은 사람과 말이 함께 쓰러져 견딜 수 없었다."

이여송이 거느린 군은 뒤따라오던 후군이 오기도 전에 절반이 꺾이는 타격을 입었다. 죽을 고비를 넘긴 이여송은 이후 왜군과의 결전을 회피했다. 결국 명군은 싸울 생각을 버리고 개성을 거쳐 평양으로 후퇴했다.

권율이 조선의 사기를 살리다

군사는 사기를 먹고 산다. 류성룡이 천거한 이순신과 권율 두 사람이 조선을 구하고 있었다. 바다에서는 이순신이 육지에서는 권율이 승전을 전해주는 독보적인 인물이었다.

이순신의 활약은 컸다. 조선의 수군영水軍營 중에서 가장 작은 전라좌수사를 맡았지만 가장 강력한 군대를 육성해냈다. 준비도 철저했다. 진정한 무인이었고 준비된 군인이었다. 장수 한 사람이 얼마나 큰 힘을 발휘하는가를 보여준 독보적인 인물이었다. 이순신이란 한 사람이 조선의 바다를 막아서자 일본 수군이 멈춰 버렸다.

용장 밑에 약졸이 없고 졸장 밑에 용병이 없다는 말이 있다. 용장은 용병을 만들고, 졸장은 약졸을 만들 수밖에 없다. 군은 사기를 먹고 산다고 했다. 듬직한 장수 아래 규율이 살고 명령에 따르는 용감한 병사가 있을 수 있다. 이순신은 명부만 있고 수군은 없는 부대에 부임해서 수군을 모집하고 장부상 배와 무기는 있었지만, 실제로는 존재하지 않는 배와 무기를 건조하고 만들었다. 이름만 있는 수군영을 정비하고 새로 다듬었다. 면모를 일신해서 정예부대를 만들어놓았다. 세계 최초의 철로 만든 배인 거북선을 만들었다.

목숨 하나를 가지고 전투에 나간다는 것은 두려운 일이었다. 죽음을 감수해야 하는 전투에 참전한다는 것은 분명 두려운 일이다. 두렵지 않다면 사람이 아니다. 두려웠으나 나라를 위해 싸웠다. 죽기를 각오하고 싸우면 적이 두려워한다는 것을 누구보다도 잘 알고 있었다. 이순신은 지장이었으며 용장이었다. 지智와 용勇을 겸비한 장수였다.

이순신이 출전을 준비하는 1592년 5월 4일에 조선의 왕은 도망가는 속도가 더욱 빨라지고 있었다. 5월 3일 개성에 도착해서 쉴 틈도 없이 다시 개성에서 평양으로 도망을 가고 있었다. 조선의 왕이 도망가는 속도를 재촉할 때 조선의 외로운 장수 이순신은 첫 출정을 시작했다. 두려움을 내려놓고 전장으로 향하고 있었다. 판옥선 24척, 협선 15척, 포작선鮑作船 46척이었다. 진정한 전투선은 판옥선이었다. 포작선은 숫자로는 많지만 어부들이 생업으로 이용하던 작은 고깃배였다. 총 85척을 이끌고 첫 출전을 했다.

조선의 왕이 평양으로 도망해서 도착할 즈음 이순신은 같은 날 5월 7일에 옥포만에 도착했다. 잠시 후 먼저 나갔던 척후선이 일본 수군이 있는 곳을 발견했다. 첫 대면이었다. 병사들은 일제히 긴장했다. 이순신은 부하 장병들에게 이렇게 일렀다.

"가벼이 움직이지 말고 정중靜重하기를 태산과 같이 하라."

조용하고 무겁게 행동하라는 엄명이었다. 이순신의 군령에 따라 조선 수군은 침착하면서도 정연하게 함대를 몰아 30여 척의 일본 수군을 향해 다가갔다. 일본 수군들은 옥포의 관청과 여염집을 가리지 않고 가옥에 불을 지르며 노략질을 하고 있었다. 조선 수군 함대를 발견한 일본 수군들은 당황해 배를 타고 달아났다. 바다로 나오지 못하고 기슭을 타고 도망쳤다.

일본 수군은 이순신의 엄명에 의한 정중함을 갖춘 조선 수군의 공격을 감당할 수가 없었다. 적선들은 한 척씩 부서지면서 가라앉았다. 일본 수군은 전멸되다시피 했다. 조선 수군들은 단 1척의 배도, 단 1명의 병사도 잃지 않은 완벽한 승리를 거두었다. 이순신의 첫 출전이었고, 첫 번째 승리였다. 바로 옥포해전이다. 옥포해전에서 26척의 적선을 가라앉혔다.

숙영을 준비하던 조선 수군의 척후선으로부터 일본 수군 5척을 다시 발견했다. 이순신은 다시 함대를 몰아 합포까지 추격했다. 겁먹은 일본 수군은 필사적으로 도주해 합포 앞바다로 들어가 배를 버리고 육지로 도망을 쳤다. 조선 수군은 포구 안으로 들어가 적선 5척을 모두 태워버리는 전과를 올렸다. 1차 출전에서 두 번째 전투인 합포해전이다.

조선의 한 장수가 목숨을 걸고 전투현장에서 싸우는 동안 조선의 왕은 도망하기 바빴고 입으로는 여전히 싸울 것을 독려했다. 자신은 도망가면서 다른 장수들에게는 싸울 것을 주문하는 치졸한 왕이었다. 이어지는 전투에서 이순신은 승리로 바다를 장악했다. 해전은 이순신의 승리공식에 의해서 조선의 바다를 점령했다.

또 한 장수의 등장으로 육지에서도 승기를 잡아가고 있었다. 바로 권율이었다. 권율도 류성룡의 추천으로 장수에 등극한 사람이었다.

문인 출신으로 전투 경험이 없었다. 사내다운 담력과 배짱이 있는 장수였다. 사람을 다룰 줄 아는 풍류인생을 살아온 사람이었다. 권율을 문인에서 무인으로 변신시킨 인물이 바로 류성룡이었다.

권율은 이미 두 번의 전투에서 승리한 승리의 경험이 있었다. 이치 전투와 독산산성 전투에서의 승리 경험이었다. 두 전투 역시 어려운 전투에서의 승리였다. 권율은 한양을 수복하기 위해서 북상했다. 권율은 부대가 주둔할 곳을 찾았다. 행주산성으로 정했다. 명나라군은 벽제관 전투에서 참패하고 평양성으로 돌아갔다. 싸울 의사가 없었다. 다시 한번 전투가 준비되고 있었다. 한양을 점령한 일본군들에게 행주산성을 근거지로 마련하고 있는 권율의 부대는 가시 같은 존재였다. 일본군은 한양 점령으로 얻어낸 것이 별로 없었다. 부대의 상당 부분이 북상해 있었다. 평양성에서 후퇴해 전열을 가다듬은 부대와 한양에 주둔하고 있는 부대가 합세해서 행주산성을 공격했다.

행주산성에 주둔한 조선병력은 1만 명 정도였고, 행주산성을 공격하기 위한 일본군은 3만 명 정도였다. 여기에는 벽제관 전투에서 승리한 일본군과 이치전투와 독산산성 전투에서 참패한 적장들의 복수전 성격이 강했다. 조선군은 수적 열세였다. 하지만 권율의 휘하에 있는 병력은 승리를 맛본 부대였다. 일본의 군대도 마찬가지로 벽제관에서의 승리를 느끼고 있었다.

일본군은 전쟁이 길어지면서 힘들어하고 있었다. 한양 주둔 일본군의 소모율은 37%에 달했다. 예상하지 못한 의병의 출현으로 당황하고 있었다. 의병들은 조선의 종심縱深까지 들어온 일본군에 대해 매복전을 전개해 승리를 거두고 있었다. 일본군의 계획으로 50리마다 진지를 설치하고 소수의 군사를 주둔시켰지만, 의병으로 인해 병참선 유지가 불가능했다. 또한 군량미의 보급에 어려움을 가지고 있었다. 한판 붙어볼 만한 전투였다.

한 해를 넘긴 1593년 2월 12일, 겨울의 정점에 있는 한강변에 절벽을 끼고 토성으로 만들어진 행주산성에서 방어에 들어간 조선의 병력과 공격하는 일본군의 격돌이 시작되었다. 일본군은 7개의 부대로 나누어 공격해왔다. 먼저 기병 100여 기가 공격해 왔고, 이어서 대군이 밀려왔다. 권율은 상황이 불리한 것을 만회하기 위해 행주산성을 정비했다. 석성이 튼튼하고 안전했지만, 한양에 적군이 있고 벽제관에서 승리한 적군이 바로 근처에 주둔하고 있는 상황이었다. 토성구축을 시작했다. 흙을 쌓아 올려 다지고, 바깥쪽은 경사를 만들었다. 병사들에게는 재를 담은 주머니를 허리에 차도록 했다. 근접전에 대비해 재를 뿌려 눈을 못 뜨게 하기 위해서였다.

전투는 치열했다. 성안의 조선군은 화차火車에서 포를 발사했다. 권율의 지시로 만든 수차석포水車石砲인 특수제작한 무기도 있었다. 수차석포는 돌을 투석하는 무기였다. 진천뢰震天雷·총통 등을 쏘아대고 강궁强弓의 시위를 당겼다. 일본군의 공격이 강력했다. 1진이 무너지면 2진이 공격해왔다. 2진이 무너지면 3진이 진격해왔다. 집요하게 공격해왔다. 산성은 일본군이 몰려올 것에 대비해 성책을 내외 이중으로 만들었다. 일본군의 4진은 많은 희생자를 내면서도 계속 진격해 제1성책까지 접근했다.

조선군은 한때 동요했으나 권율은 독전을 외쳤다. 듬직한 장수 하나가 군의 사기를 올려주었다. 힘을 얻어 전세를 유리하게 이끌었다. 화차의 총통이 적장에게 집중사격 되어 적장들이 하나둘 나가떨어졌다. 그럼에도 밀려왔다. 5진과 6진이 다시 공격해왔다. 6진의 적장이 제1성책을 뚫었다. 제2성책으로 공격해왔다. 조선군은 마지막 힘을 내며 싸웠다. 가까이 접근하면 허리에 찬 재를 뿌려 눈을 뜰 수 없게 만들었다. 적군은 앞이 보이지 않자 당황해서 달아났다. 그것이 끝이 아니었다. 일본군의 7진이 다시 공격해왔다. 쏠 화살이 없었다. 투석과 재를 뿌리는 치열한 전투 상황까지 이어졌다. 백병전이 시작되었다. 부녀자들이 돌을 날라 전투를 도왔다.

예측할 수 없는 접전이 벌어지고 있었다. 성안에 군사와 무기가 바닥났다는 낌새를 알아챈 적군이 기세를 올리려 할 때였다. 마침 경기수사 이빈이 화살 수만 개를 실은 배 두 척을 몰고 한강을 거슬러 올라왔다. 적의 후방을 칠 기세였다. 지원병의 출현에 당황한 적은 성안에서 물러나기 시작하였다. 성안 권율의 용병들도 힘을 얻었다. 달아나는 적을 추격해 130급을 베었다. 승리였다.

장수 한 사람이 전투의 승패를 가른다. 무엇을 하고 있는지보다 중요한 것이 있다. 한 사람이 가진 재능 담력을 알아보는 것이 중요하다. 류성룡은 조선을 대신해 싸울 담력과 배짱이 있으면서도 통솔력이 있는 인물을 찾았다. 장수는 도망해서는 안 된다. 후퇴는 할 수 있지만 도망하는 군사를 데리고 싸울 수는 없다. 두려움을 조절할 수 있는 사람이 진정한 장수다. 세상을 평정할 수 있을 만큼 큰 심장을 가진 두 사람의 천거로 조선은 다시 힘을 얻기 시작했다. 세상일 중에서 큰일은 인재를 적소適所에 배치하는 것이다. 인사가 만사라는 의미를 실천한 인물이 류성룡이었다.

조선의 왕을 바꿔라

행주산성에서 패한 일본군은 한양을 버리고 남쪽으로 이주했다. 전쟁은 소강상태로 들어갔다. 일본군이 한양을 버리고 남쪽으로 이동하고 나서 전쟁은 지지부진해졌다. 일본군은 남쪽으로 이동해 성을 쌓고 성안으로 들어갔다. 싸울 의사가 별로 없었다. 명나라는 남의 나라의 전쟁에 싸울 생각이 없었다. 애타는 것은 조선의 류성룡이었다. 왕은 조바심과 안달을 하며 국경을 넘어서 도망하려는 마음이었고, 조선을 도우러 왔다는 명나라 군사는 갑질이 대단했다. 중간에서 양측의 입장을 받아들여 협상을 해야 하는 인물이 류성룡이었다.

한쪽의 주장대로 관철하면 한쪽은 문제가 생긴다. 정치는 어느 한쪽만의 결정을 인정하지 않는다. 정치가 욕먹는 까닭이다. 반대 세력에 있는 사람들의 모함은 상대의 약점을 잡는다. 전쟁 중에도 갈등이 있었다. 일본군이 한양을 버리고 도망하듯 남쪽으로 내려간 후 전쟁은 소강상태에 빠졌다.

조선의 군은 애초부터 전쟁 준비가 미비했고, 공격적인 전략을 짜는데 한계가 있었다. 조선은 바닥이 났다고 할 수 있었다. 군량은 물론 무기제조도 어려웠다. 백성들이 굶어 죽어가는 상황에서 전쟁을 치를 힘이 없었다. 명나라 군사는 남의 나라 전쟁에 자신들이 싸울 의사가 없었다. 조선은 명나라 군사에게 어떠한 지원도 할 수 없었다. 조선을 침략한 일본군도 마찬가지로 더 이상 싸울 힘이 없었다. 일본으로부터의 보급도 시원치 않아 전쟁을 할 힘을 잃고 있었다. 자연스럽게 전쟁은 지지부진한 상황으로 접어들었다.

조선의 왕은 조선의 입장과 명나라 군사들의 상황은 고려하지 않고 일본군을 칠 것을 독려했다. 조선의 왕은 자신의 군대가 강력하지 못함을 알면서도 강하게 주장했다. 명나라 군에게 공격할 것을 강력하게 주장했다. 류성룡의 입장 또한 다르지 않았지만 모든 것이 쉽지 않았다. 굶어 죽어가고 병들어 죽어가는 조선의 백성들을 바라보는 것만으로도 눈물이 흘렀다. 전쟁은 승리해야 하는 것인데 준비되지 않는 전쟁 상황에서 공격은 어려웠다. 국사를 책임지고 있는 관리로서 여건에 맞는 처신과 조선이 살아남을 수 있는 방책을 모두 활용했다.

류성룡은 전쟁 중에 훈련도감을 설치했다. 백성들이 굶어 죽지 않도록 구휼정책을 폈다. 고공책을 마련해 백성들이 스스로 전쟁을 수행할 수 있는 일들을 하도록 했다. 현재의 상황 속에서 여건에 맞춰 최선을 다할 수밖에 없었다. 그럼에도 조선의 왕은 어린아이 보채듯 채근했다. 전쟁은 한 해를 넘기고 벌써 반이 지나갔다.

전쟁 중 명나라에 조선의 입장을 전달하고 관철하는 역할을 맡은 것이 류성룡이었다. 명나라 장수들은 거칠었다. 조선을 한 수 아래로 보고 함부로 대했다. 남쪽으로 진격할 것을 주문하면 그 자리에서는 그러겠다고 해놓고 움직이지 않았다. 한 번은 한강에 다리가 없어 공격할 수 없다고 해서 류성룡이 말했다.

"한강에 다리를 놓아주겠다."

흔쾌히 받아들였다. 한강에 어렵게 다리를 만들어놓자 명나라 장수는 바로 거두었다. 자신의 몸이 불편해서 병이 나은 후에 공격하겠다는 핑계였다. 남의 나랏일에 목숨을 건 일을 할 의사가 애초에 없었다. 명나라는 전세를 읽고 있었고 명나라 지원군은 일본군이 쳐들어오지 않을 것을 눈치챘다. 일본군의 강화요청에 더 적극적이었다. 일본군은 남쪽으로 물러나면서 잡아 두었던 두 왕자 임해군과 순화군을 돌려보냈다. 유화책이었다. 그럼에도 조선에서는 일본군이 주둔하고 있는 것이 불편했다. 어떻게든 물리쳐야 할 대상이었다. 조선의 왕은 다시 채근했다.

조선의 군대는 우선 먹을 군량이 부족했다. 전쟁 중이라 농사를 지을 수가 없었다. 전쟁 중이라 모든 산업이 정지된 상태였다. 무엇 하나 제대로 가동되지 않고 있었다. 전쟁을 치를 의사가 없는 것이 아니라 전쟁을 수행할 기본 여건이 되어 있지 않았다. 조선의 내부사정은 딱하고, 명나라와 일본군은 전쟁 의사가 없고, 당연하게 전쟁은 전쟁 같지 않게 흘러갔다. 조선의 군대는 훈련되지 않은 군사들이었으나 일본군은 전투로 다져진 훈련된 군사들이었다. 일대일에서는 조선의 군사가 밀렸다. 지세를 알고 있는 조선군에게는 유격전투가 유리했다. 하지만 그것도 전술이나 전투 경험 부족으로 공격하기가 쉽지 않았다.

1593년 11월, 맑은 하늘에 날벼락이 치듯 뜻밖의 국서가 조선으로 날아들었다.

명나라 사신이 찾아왔다. 사신인 사헌이 명나라의 국서를 들고 왔다. 내용을 한마디로 정리하면 이랬다.

"조선의 왕을 바꿔라."

가장 놀란 것은 조선의 왕이었다. 자신의 주장을 관철하지 못하는 조선의 관리들을 책망하다 뒤통수를 한 대 얻어먹은 격이었다. 조선의 왕은 놀라고 조선의 관리들도 어쩔 줄 몰랐다. 명나라는 더 이상 전쟁을 수행할 의사가 없었다. 명나라에 계속 일본군을 칠 것을 재촉하는 조선의 왕을 바꾸겠다는 강력한 의사였다. 선조를 퇴위시키고 조선을 직접 통치하겠다는 선언이었다. 조선의 구원을 위해 출병했다가 조선을 집어먹으려는 술책이었다. 지원자가 아니라 약탈자로 변신하고 있었다.

약자는 할 말이 없었다. 졸지에 일본군과 명나라가 동시에 적군으로 돌변하는 순간이었다. 명나라와 적대 관계에 놓이면 만사가 뒤틀어지는 상황을 맞게 될 것이다. 어떻게든 무리 없이 해결해야 했다. 명나라는 조선의 반을 점령하고 있는 형국이었다. 군사력은 강했고 조선의 지배자 같은 위치에 있었다. 상국으로서의 위치와 명나라 군사가 자연스럽게 조선의 땅을 점령하고 있는 상황이었다. 마음만 먹으면 조선의 왕을 바꿀 수 있는 힘을 가지고 있었다. 조선은 명분만 있는 초라한 상황이었다. 왕을 호위할 군사마저 제대로 없는 상황이었다. 대신들도 몇 사람만이 남아있었다. 왕을 보호하고 지켜줄 사람이 조선에는 거의 없었다. 군사력을 갖지 못한 조선의 왕이 무슨 힘이 있겠는가. 한 번도 싸워 본 경험이 없는 조선의 왕은 문약하고 겁 많은 아이 같은 처지였다.

해결사는 류성룡이었다. 정적들이 류성룡을 비방하고 모략하면서도 류성룡의 실무적인 감각과 해결 능력을 인정하지 않을 수 없었다. 부당함에 대해 강력하면서도 논리적인 설명으로 사신을 설득시켰다. 명나라의 일방적이고도 무례한 행동에 정면대응을 하면서 상대를 기분 나쁘게 할 수 없었다. 상대를 욕하지 않으면서 상대를 굴복시키는 방법을 류성룡은 가지고 있었다.

명나라 사신은 조선의 왕을 바꾸겠다는 국서를 들고 온 사람이었다. 조선의 왕은 사색이 될 수밖에 없었다. 하지만 담판의 대가인 류성룡이 나가 결판을 냈다. 명나라 사신은 본국으로 돌아가면서 이렇게 술회했다.

"류성룡 공에겐 산과 강을 다시 만드는 공이 있다."

산하재조지공山河再造之功, 즉 나라를 다시 세운 공이 있다는 칭찬이었다. 역시 월권이었지만 명나라 사신인 사헌이 조선의 왕에게 말했다.

“류성룡에게 국사를 전관토록 하시라.”

류성룡에게 국사를 책임지고 맡기라는 당부였다. 그렇지 않아도 선조는 류성룡을 믿었고 의지했다. 명나라 사신인 사헌이 류성룡과 만나 이야기하고는 류성룡의 사람됨을 제대로 본 것이었다. 류성룡은 통찰력과 직관력을 가진 사람이었다. 거기에 결단력까지 갖추고 있었다. 전쟁 중이었음에도 냉철함과 예리한 판단력은 빛을 발했다. 현장에서 해결했다. 조선과 명의 줄다리기를 직접 주관하고 전쟁의 포화 속에 있는 험난한 길을 현장을 찾아다니며 독려하고 해결책을 찾아서 마무리했다. 류성룡은 분쟁을 해결하고 다툼을 화해시키는 능력을 가진 평화의 해결사였다.

전쟁 중에도 미래를 위한 국사를 챙기다

아무리 바빠도 할 일이 있었다. 전쟁 중이었기에 전쟁을 수행해야 했고, 전쟁을 이끌어가려면 위중한 상황에도 고칠 것은 고치고, 새로 꾸려나가면서 국사를 처리했다. 세상은 어느 것 하나 내 의지대로 되지 않는다. 무엇보다 어려운 것이 사람과의 일이다. 설득만으로 되지 않는다. 류성룡이 아무리 뛰어난 감과 식견을 가지고 있다 해도 일개 관직을 가진 개인으로서의 인간이었다. 전권을 가진 것도 아니고 상대가 있는 교섭에서 유리하게 이끌 수단도 없었다. 더구나 위로는 조선의 왕이 있었고, 상대자로는 상국으로 모시고 있는 명나라의 장수들이었다. 장수들 중 일부는 안하무인 같은 행동을 하는 사람들이 있었다. 거칠고 포악하기까지 한 사람들을 상대로 유리한 국면을 이끌어야 하는 자리에 있었다.

류성룡의 자리는 외로운 자리였다. 고립될 수밖에 없었다. 류성룡이 가진 권한이란 것이 명나라의 장수에게는 하찮은 것이었고, 류성룡의 결정권이란 것도 조선 왕 마음의 향배에 따라 조변석개할 수 있는 것이었다. 관직이란 것이 그만두라면 바로 그 자리에서 그만두어야 하고 죽으라면 그 자리에서 죽임을 당할 수 있는 그런 자리였다. 아무리 명재상이라고 해도 힘의 한계가 뚜렷했다.

류성룡이 상대해야 할 사람들은 강력한 힘을 가진 사람들이었다. 조선의 왕도 명나라의 장수도 힘든 상대였다. 명나라 장수들은 조선의 관리들을 우습게 여겨 동네 개 다루듯이 했다. 잡아다 곤장을 치기도 했고 무릎을 꿇게 하고는 모욕을 주기도 했다. 류성룡도 예외가 아니었다. 무릎을 꿇리기도 했고 곤장을 맞을 위기도 있었다. 심지어 명나라 장수가 조선의 관리를 칼로 목을 쳐도 조선의 왕은 할 말이 없었다.

전쟁의 와중에도 류성룡은 활발하게 활동했다. 전쟁 총책임자로서 류성룡은 활동했다. 조선의 전쟁을 진두 전휘하는 역할을 맡았다. 전쟁을 현장을 찾아다니며 독려하기도 하고 군량미와 무기 제조와 보급을 위해 뛰었다. 전쟁 중에 류성룡의 활약은 컸다. 조선의 국방전략으로 두 가지가 있었다. 하나는 제승방략체제였다. 제승방략체제制勝方略體制는 지방에 있는 진관鎭管, 즉 군사들이 방어하고 있는 지역 군부대를 중앙에서 임명된 장수가 내려가 지휘하는 방식이었다. 대량의 침략군을 격퇴하기 위해 진관의 통솔을 거점지역으로 집중하도록 하는데 유리한 점이 있었다. 하지만 중앙에서 파견된 장수가 거점지역으로 파견되어 나갈 경우 현지 상황을 모르고, 현장으로 파견되는 시간이 너무 오래 걸린다는 단점이 있었다. 현장에 도착했을 때는 이미 사태가 기울어져 있거나 상황이 끝날 수가 있었다. 진관에 있는 병졸들은 지휘관이 없는 상태로 방치되었다.

제승방략의 단점을 보완하기 위한 방법이 진관법이었다. 진관법鎭管法은 지방에 있는 진관에서 자체적으로 병력을 관리하고 전투를 수행하는 현장 우선주의 체제였다. 류성룡은 진관법을 실시할 것을 강력하게 주장했다. 류성룡은 국사를 논의하는 주요 입안자 역할을 했다. 또한 국민개병제도國民皆兵制度를 실시하도록 했다. 일정한 나이가 되면 국민 모두는 군역을 치러야 하는 제도다. 조선의 약점은 신분제 사회였다. 군역을 치러야 할 대상이 적었다. 전 백성이 국가의 안위를 위한 군역에 동등하게 참여할 수 있도록 하는 제도였다. 그리고 백성들의 생활의 도울 수 있는 안집도감安集都監을 설치하도록 했다. 국난을 극복하는 방법으로 류성룡은 민심의 안정이 최우선과제임을 역설했다. 전쟁의 비극을 온몸으로 받는 사람들이 백성임을 보았다. 그리고 깨달았다. 국난을 극복하는 방법으로 백성의 힘이 진정으로 필요함을 알았다. 그리고 백성을 위해서 무엇을 해 줄 것인가를 고민했다. 백성의 아픔을 위로하는 순간 백성들은 나라를 위해 일할 수 있는 사람들이었다. 백성을 돕는 것이 난국을 수습하는 기본임을 역설했다. 마음이 왕에게서 떠나가고 나라의 안위가 나에게 도움이 되지 않는다면 나라를 위해 왜 싸워야 하고 일해야 한단 말인가. 이미 떠난 나라를 위한 마음을 되살리기 위해서 노력했다. 백성이 살고 나라가 사는 방법이었다. 안집도감의 할 일이었다.

류성룡은 조선의 상황을 누구보다도 정확하게 파악하고 있었다. 개선하고 전략을 마련하는데 일등공신이었다. 류성룡의 발언을 보면 구체적이다. 무엇보다 비판보다 대안을 제시하고 있다는 점에서 남다르다. 조선왕조실록에 실려 있는 내용이다.

"용인과 양지 사이의 요충지에 고성古城이 있습니다. 성 이름은 석성石城입니다. 지형의 험난함이 독성보다 나으며 또 직로直路의 요충지에 있습니다. 석성을 수축하여 군량을 저장하고 군사를 훈련해 우측으로 독성을 안고 좌측으로 남한산성을 이어 삼각구조를 만들면 한양의 문호가 견고할 것입니다."

구체적이고 대안을 마련해서 제시하고, 실시하는 것이 류성룡이었다. 주요 정책 입안과 상황대처방안은 류성룡에게 출발해서 정착되었다. 류성룡은 정책입안자였고 정책을 실행하는 행동대장이기도 했다.

아무리 급해도 나서지 말아야 할 때를 가렸다

무엇보다 어려운 것은 사람의 일이었다. 이순신이 나라를 살리는 공을 세웠음에도 모함에 의해 죽음 직전에 있었다. 이순신을 현재의 자리에 앉힌 주역이 바로 류성룡이었다. 이순신을 죽여야 한다고 주장하는 사람들이 있었다. 역적과 충신이 하루 나절에 바뀔 수 있었다. 이순신의 공을 시기해서 깎아내리는 사람들이 있었다. 이순신의 공을 인정하고 믿음을 가진 사람들이 있었다. 두 집단의 대결이 있었다. 당연할 것 같은 이순신의 공과와 애국의 열정은 사라지고 죄인으로 돌변했다.

대간臺諫에서는 이순신을 잡아와서 국문을 해야 한다고 청했다. 박성이란 사람은 더 강력하게 말했다.

"이순신을 참형에 처해야 할 것입니다."

조선의 왕은 귀가 솔깃했다. 이순신이 뛰어난 것이 아니라 수군의 전력이 뛰어나서 승리한 것이라 폄하했다. 전쟁 초기 조선 수군이 일본군에게 전멸하다시피 무너진 것을 바로 잊고 있었다. 어디 가나 이순신을 연호하는 사람들이 보기 싫었다. 이순신의 인기는 넘쳐났다. 조선의 왕도 은근히 시기했다. 왕의 마음이 바뀌었다. 결정권은 언제나 그런 것처럼 왕에게 있었다.

조선의 왕은 명을 하달했다.

"이순신을 잡아 오라."

의금부 도사에게 명령이 떨어졌다. 세상의 인심은 한순간에 바뀐다. 왕의 결정에 이의를 달기가 어려웠다. 분위기가 그랬다. 왕의 명령을 어겼다는 낙인이 찍힌 상황에서 이순신을 두둔하기가 어려웠다. 선조가 이끄는 조선의 조정에서는 역적으로 바로 몰릴 수 있는 상황을 여러 번 목격한 바 있었다. 전쟁이 일어나기 직전에 무려 조선의 선비 1,000여 명이 죽어 나간 전력이 있었다. 정여립 사건의 후유증이 전쟁 중에도 남아있었다.

이순신에 대한 백성의 인기가 오히려 조선의 왕을 질투의 화신으로 변하게 했다. 조선의 왕은 이순신을 잡아 오게 한 다음 대신들에게 이순신에 대해 의논하게 했다. 분위기는 잡아 와 국문을 하자고 한 결정이 있은 후에 의논하는 자리여서 의견은 나뉘었다. 분위기를 거슬러서 판중추부사인 정탁이 간곡하게 말했다.

"이순신은 명장이니 죽여서는 안 됩니다. 군사상 기밀의 이롭고 해로운 것은 먼 곳에서는 미루어 헤아릴 수 없습니다. 이순신이 공격 명령을 어긴 것은 반드시 무슨 짐작이 없지 않을 것입니다. 청하옵니다. 너그럽게 용서하시어 뒷날에 공을 이루도록 하시옵소서."

조정에서는 일본 장수의 상륙첩보를 보고 받은 후 이순신에게 바로 공격할 것을 명령한 것을 거부한 것에 대해 정탁이 두둔하는 발언이었다. 그것은 사실 일본의 함정이었다. 낌새를 눈치채고 공격하지 않은 이순신을 어떻게 처리할 것인지에 대해 논의하는 자리였다. 류성룡은 나설 수가 없었다.

자신이 추천한 사람이었다. 임명하는 데 적극 추천한 당사자가 변론을 하는 것은 오히려 국면을 위태롭게 할 수 있었다. 정적으로부터 역적을 두둔하냐는 말이 바로 나올 수 있는 상황이었다. 류성룡은 다른 방법을 썼다. 자신이 발언하는 것보다 다른 사람의 입을 빌려 발언하는 것이 유리할 것으로 봤다. 천거한 직접 당사자인 류성룡이 나서는 것은 여러모로 옳지 않았다. 나서지 말아야 할 때 나서면 오히려 화가 된다.

결론은 이순신을 죽이자는 입장에서 후퇴해서 한 차례의 국문을 가한 후 사형을 면했다. 관직은 빼앗았다. 그대로 군대에 편입하게 해서 군사로만 인정했다. 이른바 백의종군이었다. 누구보다도 잘 알고 있는 류성룡으로서는 안타까웠지만 반 발짝 물러서서 사태를 해결하는 것이 유리하다는 것을 알았기에 그대로 행했다. 류성룡은 나서야 할 때 나서고, 나서지 말아야 할 때 멈췄다. 류성룡은 남다른 혜안이 있었다. 류성룡은 직접적인 발언보다 간접적으로 반대 의사를 전했다.

류성룡의 소신을 살펴보면 알 수 있다. 류성룡의 국가관은 확실했다.

"국가가 유지되는 것은 인심에 의해서이다. 위태롭고 곤란한 시기라도 인심이 굳게 뭉치면 국가는 편안하며 인심이 떨어지고 흩어지면 국가는 위태롭다."

류성룡이 징비록에서 밝힌 글이다. 정리된 마음의 표현이다.

그리고 류성룡이 이순신을 적극적으로 옹호하지 않은 것은 류성룡 나름의 전략적인 생각이 있어서였다. 나서야 할 때와 물러서야 할 때를 가리지 못하면 아무리 옳은 생각이라 해도 해가 될 수 있음을 누구보다도 잘 알고 있었다. 발언해야 할 때가 있다. 결정권을 가진 사람, 선조의 마음을 누구보다도 잘 읽고 있는 사람이 류성룡이었다. 평생을 함께 한 사람이었다. 류성룡은 이렇게 술회했다.

"이로울 것이 없는 재능을 바치고 보탬이 되지 않는 의견을 내는 것은 여름에 화로를 바치고 겨울에 부채를 드리는 것과 같다."

결정권과 권력의 최고 위치에 있는 군주의 마음은 말을 안 해도 이미 알 수 있었다. 부부 사이보다도 더 많은 시간을 보낸 사람이 왕과 류성룡 사이였다. 그럼에도 모든 결정권은 군주인 선조에게 있었다. 군주와 신하가 서로 연이 닿지 않으면 유익한 진언을 해도 억울하게 죄를 뒤집어쓰게 된다. 반대로 군주의 부덕을 지적하지 않아 복을 받는 수도 있다. 여름의 화로가 젖은 것을 말릴 수 있고, 겨울의 부채가 불씨를 일으킬 수도 있다는 것을 알고 있었다. 말도 화로와 같아 사용할 때가 있었다. 그러나 이순신의 죄를 논할 때 류성룡이 소신을 말한다면 반대파에서는 더 세게 들고 일어날 수 있음을 알고 있었다. 전략적인 후퇴였다.

류성룡에게 이순신은 어릴 때 같이 뛰어놀던 후배였고 누구보다도 신뢰하는 장수였다. 이순신의 강직과 담력을 인정하고 있는 사람이었다. 옳은 일이 아니면 행하지 않는 선비이면서 장수인 것을 아는 사람이었다. 이순신을 벌주자는 의견이 높을 때 류성룡은 사직원을 냈다. 무언의 압력이었다. 받아들여지지 않자 다시 사직원을 냈다. 역시 무언의 발언이었다. 류성룡의 행동은 신중했고 결단력이 있었다.

11

류성룡은 전쟁의 책임으로 파직당하고, 이순신은 전장에서 전사하다

전쟁이 끝나가고 있었다. 류성룡이 임진왜란의 책임을 지고 파면당해 고향으로 가는 날 이순신은 노량해전에서 전사했다. 운명은 종종 엇갈린다. 류성룡과 이순신은 나라를 위해 어려움과 곤란을 감수하며 인생을 바쳤다. 그러나 결과는 허망했다. 류성룡은 전쟁터를 현장 순시하고 백성들의 마음을 보듬으며 왕과 백성의 간극을 좁히는 역할을 했다. 명나라 군사들이 후퇴하고 제자리에 있을 때 찾아가 움직이도록 한 사람이 류성룡이었다. 사람들이 나서서 하지 않는 일을 처리했고 사람들이 마다하는 일을 맡아서 처리했다.

때로는 어리석은 사람처럼 자신의 책무를 완수하기 위해 꾸준하면서도 일관되게 행동했고 추상같이 나서야 할 때는 관리들을 꾸짖고 몰아치며 전쟁 수행을 이끌어갔다. 공과 사를 엄격하게 나누었다. 한쪽으로 기울어지 않도록 마음을 추스르며 국사를 집행했다.

전쟁은 흐지부지되고 있었다. 전쟁도 아니고 평화도 아닌 상태였다. 류성룡도 지치고 피폐해져 있었다. 벌써 전쟁은 햇수로 7년이 되고 있었다. 누구도 지지치 않은 사람은 없었으나 조정은 서로를 헐뜯기에 여념이 없었다. 서인과 동인으로 출발한 당파싸움은 동인에서 다시 남인과 북인으로 나뉘었다. 북인에서 다시 나뉘어 소북과 대북으로 나뉘는 정쟁의 소용돌이 속에서 조선은 기울어가고 있었다. 어떤 선각자도 어떤 지혜로운 자도 정쟁을 일삼은 조선을 구하기는 쉽지 않았다.

전쟁이 진행되고 있는 동안에도 내분은 여전했다. 류성룡이 동에서 서로, 남에서 북으로 오가며 나랏일을 했지만, 결과는 북인들의 모함으로 다시 파직당했다. 류성룡은 파직당하기 전에 몇 번이나 사직을 청했다. 조선의 왕은 받아주지 않다가 결국은 왕이 파직시켰다. 사직은 스스로 그만두겠다는 것이고 파직은 강제로 그만두라는 것으로 의미가 전혀 달랐다. 류성룡은 사직을 원했다. 그러나 받아들여지지 않았다. 그러다 결국은 파직으로 결론이 났다. 선조의 마음이었다.

류성룡은 짐을 꾸렸다. 파직이나 사직이나 명분은 달랐으나 결과는 같았다. 오히려 홀가분했다. 이제는 훌훌 털어버릴 수 있었다. 혼신의 힘을 다해 뛰었으나 결과는 탐탁하지 않았다. 류성룡이 의도한 대로 조선이 바뀌지는 않았다. 모든 결정은 왕에게 있었다. 다른 의견이 많았다. 그중에 류성룡의 의견은 여러 의견 중 하나일 뿐이었다. 류성룡이 정책 결정을 잘못해 나라를 어지럽히고 나라를 기울게 했다는 모함으로 파직당하고 고향으로 내려갈 준비를 하고 있었다.

바로 그날 남쪽 바다에서는 커다란 전투가 벌어지고 있었다. 류성룡이 천거해서 조선의 바다를 책임지게 된 이순신이 마지막 결전을 준비하고 있었다. 결사항전이 아니라 결사공격이었다. 이순신은 죽기를 무릅쓰고 결사적으로 공격에 나섰다. 일본군은 대거 철수를 하는 날이었다. 일본군은 명나라에게 마지막으로 후퇴하는 길을 내달라고 했고 명나라는 퇴로를 제공할 것을 결정했다. 하지만 이순신은 달랐다. 전쟁이 시작된 지 무려 7년이 되어가고 있었다. 일본에 안전한 후퇴를 제공한다는 것은 후일 다시 공격해 올 수 있는 빌미를 주는 것이라 생각했다. 임진왜란이 일어나고 퇴각한 일본군이 다시 정유재란으로 다시 침공한 바 있었다.

이순신은 적의 퇴로를 막아서며 일본군을 공격했다. 이순신의 군대는 강했다. 류성룡이 파직당하고 고향으로 내려가는 준비를 하는 동안 이순신은 전장에서 마지막 힘을 다해 싸우고 있었다. 이날의 전투는 임진왜란 중에 벌어진 해전 중에서 가장 치열하고 대규모 전투였다.

1592년에 조선을 공격한 일본군은 1차 침공했다 퇴각했다. 1597년에 다시 침략하여 정유재란을 일으킨 일본군은 다시 복귀한 이순신에 의해 명량해전에서 크게 패배했다. 그리고 지상전에서도 조·명 연합군의 합동반격에 밀려 고전하고 있었다. 다음 해인 1598년에 도요토미 히데요시가 죽었다. 일본군은 도요토미 히데요시의 유언에 따라 순천 등지로 집결하면서 점차 물러나기 시작했다.

명나라 육군 장수인 유정과 수륙합동작전을 수행하여 왜교에 진을 치고 있던 왜군 고니시 유키나가 부대를 치려 했다. 수륙 양면에서 공격을 받을 수밖에 없던 고니시 유키나가는 곤경을 벗어나기 위해 진린에게 뇌물을 주었다. 안전하게 후퇴할 수 있도록 도와주기를 간청했다. 진린은 이순신이 모르게 왜군의 뇌물과 간청을 받아들였다. 고니시 유키나가는 한양을 점령하고 조선의 왕을 잡으려 평양성까지 달려와 평양성을 점령했던 장수였다. 진린은 이순신 모르게 고니시 유키나가가 마지막으로 애원하는 통신선 1척을 빠져나가도록 방조했다 그리고 빠져나간 후 이순신에게 통보했다.

하지만 이순신은 어찌할 방도가 없었다. 진린은 조선의 장수가 아니었다. 안타깝고 화가 났으나 참아야 했다. 일본군의 철수 소식을 확인한 이순신은 명나라 제독 진린에게 다시 주문했다. 함께 공격하자는 주문이었다. 진린은 피했다. 공격할 의사가 없었다. 일본군의 퇴로를 열어주자고 했다. 진린 입장에서는 남의 나라 전쟁이었다. 이순신은 집요하게 진린을 설득했다. 결국 공동작전을 하기로 결정했다.

고금도 수군 진영을 떠나 노량 앞바다에 이르렀다. 공격을 명령했다. 전투는 치열했다. 일본군은 도망하기 바빴지만 다시 싸워야 했다. 200여 척의 조·명 연합수군의 공격과 철수를 하기 위해 일본 수군이 총집결한 전투였다. 대규모 전투였고, 치열한 전투였다. 200여 척의 적함이 격파되고 패잔선 50여 척만이 관음포 방면으로 겨우 달아났다. 이순신은 관음포로 마지막 도주하는 일본군의 퇴로를 차단했다 이순신의 공격은 집요했다. 철수하는 일본군을 그대로 방치한다면 다시 전쟁이 언제 다시 쳐들어올지 알 수 없었다. 격렬한 전투 중에 포위된 진린을 발견했다. 이순신은 진린을 구할 것을 명령했다. 진린을 구했다. 이어 남해 방면으로 계속 도주하던 적을 따라가 추격했다. 추격전 중에 이순신이 적의 흉탄에 맞고 쓰러졌다.

이순신의 죽음은 특별했다. 철갑으로 된 장수복을 입지 않았고 장수를 보호하기 위한 장막을 치지 않았다. 철갑으로 된 장수복은 조총으로는 뚫지 못할 뿐 아니라 장수를 보호하기 위한 장막을 치는 것이 기본이었지만 이순신은 맨 옷을 입고 전투를 지휘했다. 죽기를 원했는지도 몰랐다. 전쟁이 끝나는 순간 어떤 모략이 자신을 향할지 가늠이 되었다. 그리고 자신을 미워하는 조선의 왕과 대면할 자신이 없었을지 모른다. 스스로 죽음을 자초했을지도 모르겠다.

공교롭게도 류성룡이 전쟁의 책임을 지게 돼 파직당하고 이순신이 마지막 전투인 노량해전에서 전사한 날은 같은 날이었다. 1958년 11월 18일. 이미 계절은 겨울로 접어들고 있었다. 조선을 위험에서 구한 두 인물에게는 완전한 겨울이었다. 류성룡은 전쟁을 잘못 수행했다는 모함으로 파직을 당하고 이순신은 죽음에 이르는 독전을 치르다 타계한 날이었다. 서로를 인정하고 서로를 빛나게 했던 류성룡과 이순신이었다. 전쟁에서 승리하도록 한 두 사람이었지만 한 사람은 파직으로 쫓겨나고 한 사람은 전투 현장에서 죽음을 맞았다.

류성룡은 나라에서 버림을 당하고, 정확하게는 조선의 왕으로부터 버림을 받고 고향으로 내려왔다. 내려올 때 아들 류진과 함께 했다. 인생은 불행하지만도 않고 행복하지만도 않았다. 순탄한가 하면 역경이 오고 역경 속에서 힘들어하다 보면 다시 평화가 찾아오는 것이 인생이었다. 아들 류진과 함께 고향으로 내려오면서 류성룡은 다시는 관직에 나서지 않을 것을 결심했다. 스승 이황이 관직을 버리고 왜 고향에 묻혀 살았는지 생각했다. 왜 형 류운룡이 관직에 나서지 않으려고 했는지를 떠올렸다.

그러나 후회는 없었다. 내가 태어난 이유가 있을 것이고, 내가 살아온 것에 대한 미련도 후회도 없었다. 담담하게 아들 류진과 함께 고향으로 내려가고 있었다. 한 사람은 낙향落鄕하고 한 사람은 전사하고. 류성룡이 내려와 기거할 집도 마땅한 것이 없었다. 그만큼 맑고 강직하게 살았다. 하지만 고향에 내려와 정착도 하지 못한 상황에서 다시 조치가 내려졌다. 류성룡의 모든 관직을 삭탈한다는 명이었다. 류성룡은 생각했다. 그럼에도 당당했다. 그리고 담담했다. 류성룡은 살아도 산 것이 아니고 죽어도 죽은 것이 아니었음을 생각하고 있었다.

12

낙향하여 하회에서 머물다

나설 때와 물러설 때를 가려야 한다는 것을 깨달은 인생이었다. 열정을 가지고 일을 처리한다고 일이 성사되지 않고, 책임감을 가지고 국사에 진력해도 나를 탄핵하는 사람은 여전히 있다는 것을 깨달았다. 고향 하회마을은 따뜻하고 변함이 없이 류성룡을 반겨주었으나 류성룡은 머무를 곳이 없었다. 전쟁이 끝났지만 고향에 평화는 아직 없었다.

전쟁을 파국으로 몰았다는 죄명으로 파직을 당하고 고향으로 내려오자 선조는 류성룡이 명분만으로 가지고 있던 다른 관직마저 빼앗아 갔다. 계절이 오고 가듯 관직이란 오고 가는 것이었다. 잠시 자신에게 머물렀다 가는 임무였다. 관직에 있을 때 충실했으면 되었다. 류성룡은 한양의 조정을 떠올리지 않았다. 다시는 관직에 나서지 않을 것을 결정했다. 류성룡도 이제 58세로 세월의 풍상을 입었다. 적지 않은 나이였다.

류성룡은 낙향할 때 함께 했던 넷째 아들 류진에게 중용을 가르쳤다. 류진은 여러모로 아버지 류성룡을 닮았다. 학자다운 기질이나 청렴함이 닮았고 문필이 뛰어난 것도 닮았다. 류진은 지조가 높고 맑으며 심성이 깨끗했다. 언제나 벼슬을 그만두고 고향집으로 돌아올 때면 집안이 썰렁하여 끼니를 잇지 못 할 때도 있었다. 가난을 스스로 받아들이는 안빈자락安貧自樂의 삶을 살았다. 벼슬길에 오르거나 물러나 집에 거처할 때도 항상 말을 아끼며 고요한 가운데 옛 선비의 본보기에 어긋남이 없었으며 생활에는 항상 법도가 엄했다. 그대로 아버지 류성룡을 빼닮은 아들이었다. 류진은 좌우명을 내걸고 살았다. 평생 면학을 게을리하지 않고 책상 앞에 이렇게 써 붙였다.

온종일 가만히 앉아 있기는 쉬워도
잠시 동안이라도 마음을 붙잡아두는 것은 어렵다.
정좌종일역 조재일각난
靜坐終日易 操在一刻難

진정으로 류진은 아버지를 그대로 닮았다. 아버지 류성룡도 어린 시절 하루종일 앉아 책 읽기를 했다. 마치 석불처럼 느껴질 만큼 흔들림이 없이 앉아 있었던 사람이었다. 아들 류진이 그랬다.

류진은 아버지와 마찬가지로 임진왜란의 전화를 겪은 것을 책으로 엮었다. 임진록이다. 류진은 어려서 어머니를 잃었다. 류성룡은 아내를 잃은 슬픔도 컸지만, 어머니를 일찍 잃은 자식들에게 늘 미안했다. 관직에 있어 돌보지도 못했고, 어머니마저 일찍 여읜 자식들을 챙겨주지 못해 아쉬워했다. 류성룡에게는 맏아들이 일찍 죽어 슬픔을 겪었는데도 아이들을 돌볼 시간이 없었다.

고향에 돌아와 보살펴드리지 못한 어머니를 만나고, 자식들을 만나 따뜻했다. 모처럼 편안한 마음으로 보낼 수 있었다. 넷째 아들인 류진에게 중용을 가르쳤다. 중용은 과하거나 부족함이 없이 떳떳하며 한쪽으로 치우침이 없는 상태나 정도를 말한다. 철학적인 기본 개념으로는 사서 중 하나인 중용에서 말하는 도덕론이다. 지나치거나 모자람이 없이 도리에 맞는 것이 중中이며 평상적이고 불변적인 것이 용庸이다.

류성룡 자신이 돌아볼 때 떠오른 단어가 중용이었다. 기울어지지 않은 중심된 마음이며 그러한 상태가 살아오면서 필요했고, 살아온 결과가 중용을 말하고 있었다. 아들에게 가르치는 즐거움이 있었다. 아들은 모처럼 아버지에게서 공부하는 기쁨이 있었다. 공부를 통해 부자지간의 피가 흐르고 있었다. 아버지의 인생을 배우고 아버지의 마음을 읽을 수 있는 시간이었다. 아버지와 아들의 관계가 되살아나고 있었다. 소원했던 아버지와 아들의 마음이 이어지고 있었다.

하회마을에서 모든 것을 내려놓고 아들 류진에게 중용을 가르치고 아들 류진은 아버지로부터 중용을 배우고 있었다. 정계에서 관심을 끊었다. 한양의 조정에서 류성룡을 파직하고 다시 삭탈관직을 한 후에 다시 연락이 왔다. 한양의 왕으로부터 관직을 다시 복직시킨다는 전갈이 왔다. 류성룡은 핑계를 대고 올라가지 않았다. 올라가지 않고 있는 도중에 다시 반대파들이 들고 일어나 관직이 삭탈되었다. 그래도 류성룡은 마음이 움직이지 않았다. 이미 마음이 떠나 있었다. 류성룡은 일찍이 도에 관심이 있었다. 도는 깨달음이다. 삶의 의미와 삶의 깨달음에 관심이 있었다. 삶은 무엇인가, 어떻게 살아야 하는가를 생각하며 살았다. 하지만 젊은 날엔 세상을 배우느라, 나이 들어서는 국사를 돌보는 현장에서 한가로이 삶의 의미를 파고 들어갈 수 없었다. 그리고 전쟁이 일어나 국가 전란 속에서는 국가의 안위와 존망이 위험한 상황에서 내려놓아야 했다. 자신이 지금 하회마을에서 한가함을 즐기고 있는 것이 류성룡에게는 고맙고 반가운 시간이었다. 다시는 한양으로 가고 싶지 않았다.

13

징비록을 쓰다

옥연정사에서 징비록을 쓰다

기록을 남겨야 했다. 개인의 인생에서 비극이었고 국가로는 위기였다. 사람이 사람을 죽이는 현장에서 아침을 맞고 노을이 졌다. 사람이 병들어 죽어가는 것을 목격했고 사람이 굶어 죽어가는 것을 바라보았다. 도와줄 수 없었고 개인으로서 할 수 있는 일이 없었다. 조선의 관리로서, 전쟁을 책임 쥔 관리로서 부끄러웠고 안타까웠다. 동분서주하면서 뛰었고 고군분투하면서 나라를 위해 헌신했지만 늘 한계에 부딪혔다. 한 사람의 나약한 관리일 뿐이었다. 부족함을 알았지만 소신대로 일을 처리했다. 자신의 인생을 걸고 정도를 걸었다. 그럼에도 조선은 위태로웠고 자신의 의견은 여러 의견 중 하나일 뿐이었다. 결정권은 언제나 조선의 왕에게 있었다. 또한 다른 붕당으로부터 질타를 받았다.

자신에게 채찍을 들이대며 정도를 걷고자 한 인생이었지만 여러 번 탄핵을 당했다. 그리고 전쟁을 맞아 왕의 피신 길에 동행하면서 쓴 류성룡의 마음의 일단은 이랬다. 류성룡의 시에서 그대로 드러난다.

지는 달은 희미하게 먼 마을로 넘어가는데 落月微微下遠村
갈까마귀 날아 멀어지고 가을 강이 푸르다 寒鴉飛盡秋江碧
누각에 머무는 객은 잠 못 이룬다 樓中宿客不成眠
온 밤 서릿바람에 낙엽 소리만 들린다 一夜霜風聞落木
두 해 동안 방패와 창끝에서 노숙한다 二年飄泊干戈際
온갖 계책 오래 하여 머리는 희었고 萬計悠悠頭雪白
서러운 두어 줄기 눈물이 끝없이 흐르며 衰淚無端數行下
위태로운 난간 기대고 북쪽 끝만 바라본다 起向危欄瞻北極

임진왜란이 일어나고 다음 해에 지은 숙청풍한변루宿淸風寒碧樓, '청풍의 한벽루에 묵으면서'라는 시다. 아프고 아프고, 힘들고 힘들고, 안타깝고 안타까웠다. 자책도 있었고 회한도 있었다. 그리고 류성룡에게는 무거운 짐이기도 했다.

류성룡은 신숙주의 이야기를 징비록 앞부분에 두었다. 말하고 싶은 마음의 일단을 확인할 수 있다.

신숙주가 서장관으로 일본국을 왕래했을 때였다. 신숙주가 죽기 얼마 전에 성종이 물었다.

"남길 말이 있으시면 해 주시지요."

신숙주가 대답했다.

"원컨대 우리나라는 일본과 실화失和하지 마옵소서."

성종께서 감동하여 주제학 이형원과 서장관 김흔을 보내어 화복을 유지하려 했다. 이들이 대마도에 이르자 심한 풍랑에 놀라서 병을 얻었다는 서찰을 올렸다. 성종은 일본국의 도주에게 서장書狀과 폐백만 전하고 돌아오도록 명했다. 이후부터 다시 사신을 보내지 않았다. 매번 일본국에서 사신이 오면 예절을 갖추어 접대했을 뿐이다.

일본국과 평화관계를 잃어버리지 말아달라는 노 대신의 충언이었다. 다른 말로 말하면 이웃나라와 화평을 깨지 말라는 말이었다. 그러면서 일본국과 멀어진 이유를 풍랑이 두려워 일본과의 관계가 소원해졌다고 했다. 정식으로 예를 갖추지도 않고 서장과 폐백만 전달했다. 서장은 서로 선린하자는 인사말이고, 폐백幣帛은 예의로서 비단을 선물로 올림을 뜻한다. 폐幣는 선물로 서로 주고받는 예이고, 백帛은 비단이다. 일반적으로는 예의를 갖춘 선물을 의미하기도 한다. 그러나 신숙주의 발언은 허공 중에 사라졌고, 신숙주의 바람도 사라졌다.

풍랑이 두려워 외국과의 사절을 포기하는 나라가 있을까. 조선은 은둔으로 가는 길을 걷고 있었다. 그만큼 일본을 가볍게 본 것도 있지만, 이웃나라에 대한 관리 없이 독보적으로 존재할 수 있는 나라는 없다. 류성룡은 징비록의 첫 장에 신숙주의 발언을 적었다. 임진왜란에 대한 대비가 없었을 뿐만이 아니라 한 단계 낮은 수준으로 무시하다 당한 것에 대한 징계의 표현이었다. 이웃과의 관계를 험악하게 만들거나 소원할 경우 결국 언젠가 당하게 되어 있음을 경고한 것이었다. 영원한 안정과 영원한 우위를 가질 수 없는 것이 자연의 이치다.

징비록은 1592년부터 1598년까지 7년 동안 치른 전쟁의 기록이다. 임진왜란 당시 국난인 전쟁을 수행한 당사자로서 현장의 생생한 기록을 남겼다. 아프고 슬픈 기록이었지만 후세를 위해 남겨야 한다는 사명감이 불러 세웠다. 결국 징비록이 안동의 하회마을에서 완성되었다.

전쟁의 현장에서 돌아와 고향에서 운명하다

아들과 함께 하는 공부가 노 재상을 흐뭇하게 했다. 부자간에 나누는 공부였다. 공부는 가르치는 것이 아니라 깨우치는 것이다. 교육은 위에서 아래로 지식을 가진 자가 지식을 못 가진 자에게 내려주는 것이다. 하지만 공부는 스스로 깨우치는 것이다. 아버지가 아들에게 가르쳐주는 것이지만 결국은 가르치면서 배우고 배우면서 깨닫게 되는 것이 공부다. 아들과 함께 하는 중용이라는 묵직한 내용이 부정父情과 자정子情으로 따뜻해졌다.

류성룡은 무엇보다 어머니를 모실 수 있어 행복했다. 노쇠한 어머니를 위해 마지막 효도를 할 수 있었다. 그리고 류성룡이 하회마을로 돌아와 있을 때 어머니가 돌아가셨다. 천만다행으로 생각했다. 류성룡이 60세였다. 류성룡도 이제는 늙었다. 자신이 어머니와 함께 할 때 어머니가 돌아가신 것에 대해 감사했다. 하늘이 도왔다고 생각했다. 평생을 관직에서 살아 제대로 살가운 정을 나누지 못한 어머니였다. 어머니도 돌아가시고 더욱 마음이 허전했다. 징비록에 대한 집필은 계속되었다.

한양은 잊고 살았다. 잊고 살고 싶었다. 그러나 한양에서의 소식은 잊을만하면 오곤 했다. 짧은 시간에 많은 이야기가 있었다. 돌아와 마음을 추스르며 아들에게 중용을 가르치고 있을 때 안동에 있는 류성룡과는 상관없이 선조는 류성룡의 직책을 다시 환직還職시켰고 다시 반대파에 의하여 삭탈관직이 되었다. 선조는 류성룡에게 묘한 태도를 취했다. 류성룡에게 집중된 권력과 전쟁의 공이 부담이었다. 류성룡의 반대파인 북인이 선조의 내심을 눈치채고 일제히 류성룡을 공격할 때 방관했다. 결정은 왕이 했고 충분히 상황을 알고 있었다. 그럼에도 선조는 반대파의 공격을 받고 있는 류성룡을 바라만 보고 있었다.

반대파는 류성룡을 '주화오국 主和誤國' 즉 '일본에게 한강 이남을 떼어주고 화친을 맺고자 한, 나라를 더럽힌 죄인'이라는 오명을 씌웠다. 한강 이북은 명나라가 차지하고 한강 이남은 일본이 차지하려는 비밀 강화협상을 막았던 류성룡은 정치적으로나 인간적으로 환멸을 느꼈다. 류성룡은 사퇴를 청했다. 떠나고 싶었다.

그러자 이원익이 말했다.

"지금 정승을 택하는데 누구를 택해도 류성룡을 대신할 수 없습니다."

이항복, 이덕형도 류성룡의 입장을 옹호하며 파직을 반대했다.

"서애는 장점이 너무나 많고 그 가치가 높아 어떤 하나를 거론해 값을 매길 수 없는 인재입니다."

선조는 역시 누구의 편도 들지 않고 애매한 입장을 취했다. 그러다 결국 류성룡의 파직을 주장하는 사람들의 손을 들어주었다. 류성룡은 파직되었다. 류성룡은 낙향을 결심했다. 그리고 아들 류진이 동행해

주어 힘이 되었다. 류성룡이 고향으로 낙향할 때 강을 건널 여비도 없어 주변에서 돈을 추렴할 정도였다. 류성룡은 사리와 사욕에서 거리를 두고 살아온 청백리였다.

류성룡은 안동 하회마을로 돌아온 후에는 한양을 잊었다. 류성룡은 한양의 부름에도 한양의 무관심에도 반응하지 않았다. 다시는 한양으로 올라가지 않으리라는 마음을 굳혔다. 북인들에 의해 다시 삭탈관직되었던 류성룡에게 다시 복권이 되었다. 선조는 류성룡을 다시 조정으로 불렀다. 류성룡은 움직이지 않았다. 폭풍한설이 내렸던 류성룡의 마음에는 봄이 오지 않았다. 그리고 잊었다. 아들과 함께하며 저술작업에 들어갔다. 징비록이었다. 류성룡 자신에게는 반성문이었고 후세에게 남기고픈 증언이었다. 류성룡은 징비록 외에도 저술에 재미를 붙였다. 한가함을 처음으로 느꼈다. 바쁘게 살아 내 삶이 없었던 인생이었다. 공公은 있고 사私는 없었던 인생에서 사私를 즐기고 공公은 버리고 살았다. 삶은 욕심을 내려놓으면 향기로워진다.

그리고 글 쓰는 일에 몰두했다. 류성룡이 주로 글을 쓴 곳은 안동 하회마을 옥연정사였다. 옥연정사에 대해 류성룡이 직접 옥연서당기에 기술한 내용이 있다.

"나는 이미 원지정사를 지어 놓았다. 원지정사는 마을에서 멀지 않아 그윽한 맛을 누리기에는 만족스럽지 못한 아쉬움이 있었다. 아쉬워서 북쪽으로 소沼를 건너 돌벼랑 동쪽으로 기이한 터를 잡았다. 앞으로는 호수의 풍광을 지녔고, 뒤로는 높다란 언덕에 기대었다. 오른쪽에는 붉은 벼랑이 치솟고, 왼쪽으로는 흰모래가 띠를 두른 듯했다. 남쪽을 바라보면 뭇 봉우리들이 들쑥날쑥 섞여 서서 마치 두 손을 맞

잡고 읍揖하는 형상이 한 폭의 그림이요. 어촌 두어 집이 나무숲 사이 강물에 어리어 아른거린다. 화산은 북쪽에서 달려오다가 남쪽의 강을 대하고 멈추어 섰다."

원지정사를 지은 사연과 원지정사에서 바라보는 주위 풍광을 적었다. 류성룡은 원지정사에서 강을 건너면 있는 옥연정사에서 징비록을 저술했다. 살아온 생, 그리고 앞으로 얼마 남지 않은 삶에 대해 생각했다. 자신이 할 일은 살아온 생을 반성하고 국가의 미래와 국가의 장래를 생각하는 것이었다. 다시는 전쟁으로 인한 비극이 있어서는 안 된다는 강한 압박이 류성룡을 밀어 세웠다. 전란의 참화를 있는 그대로 기록하려고 류성룡은 저술작업에 들어갔다.

글은 힘을 준다. 자신을 정리하게 하는 힘과 자신을 냉정하게 바라볼 수 있는 생각의 기회를 마련해준다. 류성룡은 64세에 징비록을 마쳤다. 생을 마감하기 한 해 전이었다. 그리고 이듬해인 65세에 생을 마감했다. 류성룡은 한적하고 깊은 산 안에 자리 잡고 강을 품어 안은 하회마을에 홍수가 들어 이사를 간 학가산 아래 서미리 농환재 弄丸齋 초가집에서 운명했다. 풍산현豊山縣 수동壽洞의 남향南向한 땅에 예장禮葬했다. 스스로 터를 잡은 옥연정사에서 영광과 비애와 성공과 실패를 다 경험한 노회한 조선의 관리이자 선비는 눈을 감았다.

류성룡을 음해한 세력도, 류성룡을 옹호한 세력도 류성룡의 죽음을 슬퍼했다. 조선 팔도에서 류성룡의 죽음을 애도했고 나라가 슬퍼했다. 백성이 함께 울어주었다. 류성룡의 죽음은 청산이 아니라 당대 조선 사람들의 마음에 묻혔다. 진정으로 진지했고 진정으로 곧았던, 그러면서 현명했던 선비의 일생이었고 죽음이었다. 〈끝〉

서애西厓 류성룡柳成龍 선생
년보年譜

1542년(중종 37년)	10월 1일 진시辰時에 경상도 의성현 사촌沙村리 외가外家에서 태어나다. 자字 이현而見, 호號는 서애西厓. 본관은 풍산豊山. 선생의 선대先代는 안동부安東府 풍산현豊山縣 사람이다. 6대조 전서공典書公 류종혜柳從惠가 처음으로 풍산현 서쪽 하외촌河隈村에 터를 잡았다. 황해도 관찰사 입암 류중영柳仲郢공의 둘째 아들이다. 외가는 의성현 사촌리로 외조부는 송은처사松隱處士 김광수金光粹공이다.
1545년(인종 1년) 4세	글을 읽기 시작하다.
1547년(명종 2년) 6세	대학을 읽다.
1549년(명종 4년) 8세	맹자를 읽다.
1550년(명종 5년) 9세	어머니를 따라 유신현(惟新縣:충주의 옛 이름)에 갔다. 이때 관찰공觀察公 선생의 아버지. 류중영柳仲郢이 유신현감惟新縣監으로 있었다. 8월 어머니를 따라 고향에 돌아왔다.
1554년(명종 9년) 13세	한양의 東學에서 중용과 대학을 강독하였다.
1555년(명종 10년) 14세	왕부王父 선생의 조부. 류공작柳公綽 군수공郡守公을 임지인 간성杆城에 가 뵈었다. 그곳에 가 향교에서 글을 읽었다. 12월 관찰공을 따라 임지인 의주에 갔다.
1557년(명종 12년) 16세	봄에 의주에서 서울로 와서 대부인을 뵈었다. 가을, 향시鄕試에 합격하였다.
1558년(명종 13년) 17세	부인 이씨李氏를 맞았다. 종실宗室 광평대군(廣平大君 세종대왕의 다섯째 아들)의 5대손 이경李坰(용궁현감, 우참찬 조사수趙士秀의 사위)의 딸과 결혼했다. 의주 압록강변에서 주은 양명집을 읽었다.
1559년(명종 14년) 18세	5월 할아버지(군수공 류공작)이 타계했다. 8월 관찰공을 따라 군수공의 상여喪輿를 받들고 남으로 고향에 가다가 중도에서 병을 얻어 한양으로 돌아왔다. 겨울에 여소廬所에 계신 관찰공을 가 뵈었다. 그때 관찰공이 군위軍威 송현(松峴 솔티)에서 여묘廬墓를 살았다.

1560년(명종 15년) 19세	여소에서 관찰공을 계속 모시고 있었다. 선생이 일찍이 여러 친우들과 남계南溪에 놀러 갔다. 관악산 암자에 들어가 맹자를 다시 읽었다.
1561년(명종 16년) 20세	고향에 돌아와서 춘추를 읽었다.
1562년(명종 17년) 21세	8월 관찰공이 한양에 가는데, 남교南郊까지 전송하고 돌아왔다. 관찰공이 관압사管押使로 서울에 갔다. 9월 도산陶山에 가서 겸암과 함께 퇴계 선생을 찾아뵙고, 수개월을 머물면서 근사록近思錄등을 수업하였다. 금계金溪에 있는 학봉鶴峯 김성일金誠一을 찾아갔다.
1563년(명종 20년) 22세	가을에 생원진사生員進士 동당초시東堂初試에 합격하였다.
1564년(명종 19년) 23세	7월 생원회生員會에 1등, 進士試진사시에 3등을 하였다. 황해도에 있는 관찰사로 부임해 있는 아버지를 찾아가 뵈었다. 회시會試를 보았다.
1565년(명종 20년) 24세	파산공, 겸암공과 더불어 문헌서원(황해도 해주;최충 최유선 배향)에서 독서하다. 태학太學에 들어갔다.
1566년(명종 21년) 25세	문과文科에 급제하여 승문원권지부정자承文院 權知副正字에 임명되어 관직생활을 시작했다.
1567년(명종 22년) 26세	1월에 예문관 검열檢閱 겸 춘추관 기사관記事官이 되었다.
1569년(선조 2년) 28세	사헌부감찰이 되어 성절사(상사 이후백)의 서장관書狀官으로서 명나라 연경에 갔다. 이 때 유생이 도사·승도의 뒷줄에 서는 중국의 궁중 의전 서열을 바로잡아 명나라 조정을 놀라게 하고, 퇴계 이황의 '성학십도聖學十圖'를 중국에 전파하여 유명해졌다.
1570년(선조 3년) 29세	전 영의정 이준경이 죽기 전에 올린 상소에서 당쟁의 징후를 알린 일로, 이이와 정철 등 신진 사류들이 이준경의 관작을 추탈하자는 공론을 크게 일으켰으나, 그 부당함을 주장하여 저지함으로써 조정의 갈등을 진정시켰다. 사가독서賜暇讀書의 은전을 받았다. 3월 연경에서 돌아와 홍문관 수찬에 임명됨. 선조로 부터 사우師友로 대접받았다. 9월에 사간원 정언, 12월에 이조좌랑이 되었다.
1572년(선조 5년) 31세	병조좌랑겸홍문관수찬으로 임명되었다.

1573년(선조 6년) 32세	경연 강관으로 선발되어 부호들의 토지 겸병과 탈세 등 횡포를 질타하며 바로 다스리기를 청하다(선조실록 6년 3월 17일). 이와 관련 미암 유희춘은 선조에게 "지난 번 류성룡이 강관이었을 때에 진설(陳說)이 정밀하고 절실하므로 강관 중에서 첫째"라고 평가하다(선조실록 6년 8월 16일) 7월 13일 아버지 상喪을 경저京邸에서 당했다.
1576년(선조 9년) 35세	원지정사를 짓다. 12월에 홍문관부응교에 올랐다.
1577년(선조 10년) 36세	1월에 의정부검상이 되고 이듬해까지 다시 두 차례 홍문관부응교를 역임하였다.
1577년(선조 10년) 36세	봄에 홍문관직제학이 되고, 7월에 부제학을 거쳐 승지가 되었다.
1580년(선조 13년) 39세	홍문관 부제학에 제수되었으나 어머니를 봉양코자 여러 번 관직을 사양하였으므로 선조는 상주목사로 특명하여 노모를 모시도록 하였다. 우복 정경세, 월간 이전, 창석 이준, 사서 전식, 가규 조익 등을 제자로 양성했다.
1581년(선조 14년) 40세	홍문관부제학이 되어 왕명으로 대학연의大學衍義와 무빙차자無氷箚子 10조목을 지어 올렸다. 무빙차자無氷箚子를 올려 조선 최대의 문제점인 군사의 부족과 공납의 폐단이 심각함을 지적하였다. 류성룡은 이 차자에서 "군역과 조세의 연대책임인 인보隣保에 대한 위독이 물과 불보다도 심하고 지금 변통(개혁)하지 않으면 벌판이 타들어가는 불꽃처럼 무서운 형세가 날로 심해져 나라의 근본이 쓰러질 것입니다"라고 호소했다. 이 글은 뜻이 옳고 표현이 매우 간절하여 널리 전송傳誦되었다.
1582년(선조 15년) 41세	사간원 대사간이 되었다. 승정원 우부승지에서 도승지로 특진되었다. 사헌부 대사헌에 올라 왕명으로 황화집皇華集 序文을 지어 올렸다.
1583년(선조 16년) 42세	1월에 회재 이언적선생의 구경연의九經衍義의 발문跋文을 지었다. 부제학으로 왕명에 따라 '니탕개의 난'에 대처하는 '북변헌책의(비변 5책)'을 지어 올렸다. 10월에 경상도관찰사가 되었다.
1584년(선조 17년) 43세	왕명으로 文山集(宋의 충신 文天祥의 문집) 서문을 지어 올렸다. 예조판서 겸 동지경연 춘추관사, 홍문간대제학이 되어 향약을 반포했다.

1585년(선조 18년) 44세	포은 정몽주선생의 문집을 교정하고 그 발문을 지었다. 왕명으로 송나라의 명장·충신 '악비岳飛'를 기리는 정충록精忠錄의 발문을 지어 올렸다. 이 발문의 내용 중 "한 자 되는 칼로 하늘에 맹세하고 '산하동색'이란 4자를 등에다 먹물로 뜨니 귀신도 슬피 울었으며尺劍誓天而山河動色° 四字沮背而鬼神悲泣"라는 구절은 후일 이순신이 독전용 장검(현충사 보관)에 새겼다.
1586년(선조 19년) 45세	겸암 선생이 선산 인동 오태에 야은 길재의 지주중류비砥柱中流碑를 세우다. 뒷면 기문記文은 예조판서 류성룡이 쓰다.
1587년(선조 20년) 46세	3월에 퇴계집을 편차編次하였다.
1588년(선조 21년) 47세	형조판서 겸 홍문관 대제학, 예문관 대제학, 지경연 춘추관 성균관사가 되었다.
1589년(선조 22년) 48세	'정여립 모반사건'에 가담한 것으로 모함을 당했으나, 스스로를 탄핵하는 상소를 올려 혐의를 벗고 이조판서가 되었으며 이듬해 5월에 우의정이 되다. 봄에 병조판서, 지중추부사를 거쳐 다시 사헌부대사헌이 되었다. 7월 25일 정경부인이씨가 타계했다. 향년 48세. 10월에 이조판서가 되었다.
1590년(선조 23년) 49세	3월 황윤길 김성일 허성 등을 통신사로 보내게 하여 왜국의 정세를 살펴 오게 했다. 4월 휴가를 얻어 고향으로 갈 때 노모의 의복을 하사받았다. 5월 우의정에 오르고 이조판서를 겸했다. 명나라에 잘못 기재된 조선왕조宗系를 바로 잡은 공으로 광국공신 풍원부원군으로 서훈되었다.
1591년(선조 24년) 50세	2월 좌의정에 오르고 이조판서를 겸했다. 조정의 많은 반대를 물리치고 왜국이 침공할 조짐을 명나라에 통고하도록 하였다. 7월 왜란에 대비하서 장재將材를 천거하여 정읍현감 이순신을 전라도 좌수사로, 형조정랑 권율을 의주목사로 임명케 했다. 전부터 써오던 진관제鎭管制를 다시 설치할 것을 건의했으나 반대에 부딪쳐 실현되지 않았다.
1592년(선조 25년) 51세	3월 증손전수방략增損戰守方略이란 병서兵書를 저술하여 이순신장군에게 보내 주고 실전實戰에 활용케 했다. 4월 13일에 임진왜란이 일어나자 좌의정으로서 특명에 의해 병조판서를 겸임했고, 도체찰사都體察使에 임명되었다. 나라의 안정을 위하여 광

해군을 왕세자로 책봉하도록 계청啓請했다. 근왕애통교서勤王哀痛敎書를 널리 반포하고 왕자들을 각도에 파견하여 근왕병을 소집하도록 계청했다. 경상도우병사右兵使 김성일을 사면할 것을 주청하여 윤허를 받았다.
3월 5일. 이순신에게 증손전수방략增損戰守方略이란 책을 지어서 보냈다.
5월 2일. 왜병의 도성침입이 임박하여 왕을 모시고 개성에 이르러 영의정으로 임명되었으나 모함으로 그날로 파직되었다.
동파역東坡驛에서 "사태가 위급하면 국경을 넘어 명나라로 가자"는 조정朝廷의 공론에 "대가大駕(임금의 가마)가 일보라도 우리 땅을 넘어서면 조선은 우리 땅이 아니다."라고 극력 반대하여 국내 항전태세를 굳혔다.
6월 풍원부원군豊原府院君으로 다시 서용敍用되었다. 평양을 지킬 것을 주장했으나 윤허되지 않았으며 함경도로 들어가자는 공론을 크게 반대하여 의주 쪽으로 파천토록했다.
9월 군수보급과 명장明將 접대의 임무를 맡았다. 건주위建州衛(청태조 누루하치)가 구원병을 보내 주겠다는 제의를 하자 거절하도록 계청했다.
12월 평안도 도체찰사로 임명되었다. 왜군의 첩자 김순량 등을 사로잡아 처단하여 군기누설을 막았다. 명장 이여송과 안주에서 회견하고 평양탈환을 협의했다.

1593년(선조26년) 52세

1월 명군과 힘을 합쳐 평양을 탈환했다.
2월 임진강으로 칡으로 다리(부교浮橋)를 놓아 대군大軍을 도강시켰다. 이어 충청 전라 경상 3도 도체찰사로 임명되었다.
5월 이여송의 대왜對倭강화교섭에 항의했으나 명군明軍은 일방적으로 정전停戰하여 왜군이 철수하였으므로 명군과 함께 한양을 수복했다.
왜군을 추격하자는 선생의 주장을 명장明將이 불응함에 "명나라는 믿을 수 없으니 자주적으로 국방력을 강화하자"고 건의하여 중앙군제中央軍制인 훈련도감을 설치하고 장정壯丁을 모집했으며 조총과 대포 등 화력을 증강했다.
7월 '기효신서紀效新書'를 모방한 군사교련을 실시하도록 건의했다.
8월 압록강 연안의 중강中江에서 우리나라의 소금, 은, 철, 면포綿布 등과 중국의 곡물을 교역케 하여 식량을 확보했다.
10월 훈련도감을 설치함. 다시 영의정으로 임명되고 훈련도감도제조訓鍊都監都提調를 겸했다.
11월 조선을 더 구원할 뜻이 없는 명은 사신 사헌司憲을 보내어 왜군을 물리칠 것만을 바라는 선조를 퇴위시키고 우리 국토의 직접통치를 강요하는 국서國書를 보내 왔으나 선생이 이를 강력히

	반대하여 물리쳤다.
1594년(선조27년) 53세	3월 진관법鎭管法을 다시 쓰기로 하여 국민개병제도國民皆兵制度를 확립했다. 공물貢物을 미곡으로 대신하여 바치도록 하고 식염을 증산시켜 이를 전매제專賣制로 군량미를 확보하게 했다. 민심의 안정이 난국을 수습하는 기본임을 역설하여 흐트러진 국민들의 생활을 돌보는 안집도감安集都監을 설치하고 도제조都提調로 임명되었다. 5월 지방관의 근무상황을 조사하여 해이해진 관기官紀를 쇄신하도록 주청했다. 6월 대신을 명나라로 보내어 왜군의 동정을 알리고 대책을 협의하도록 건의했다. '전수기의戰守機宜 11조'을 올렸다. 군국기무십조軍國機務十條를 올렸다. 7월 연병鍊兵사무를 병조에서 전담토록 했다. 문벌, 신분, 출신지의 차별 없이 수학, 총포, 무기, 광업鑛業, 화약, 제염 등에 유능한 인재를 널리 등용할 것을 건의했다.
1595년(선조 28년) 54세	1월 한강유역에 요새要塞를 구축하고 둔전병屯田兵(평상시는 농사를 짓고 전시戰時에만 동원되는 병사)제도를 설치할 것을 건의했다. 소疏를 올려 기축(1589)년 정여립의 옥사에 억울하게 죽은 이의 오명을 씻어줄 것을 건의했다. 10월 경기 황해 평안 함경 4도道 도체찰사로 임명되었다. 4도순찰사巡察使에 군병을 교련하도록 논시했다. 11월 관영제철장官營製鐵場을 설치하여 대포와 조총을 주조하도록 했다. 남한산성을 순시하고 사명대사泗溟大師 유정에게 성을 쌓고 창고를 설치하라는 지시를 내렸다.
1596년(선조 29년) 55세	1월 군병을 훈련시키는 규칙을 제정하여 각도에 반포토록 했다. 2월 후금後金 건주위의 침입에 대비하여 북변北邊의 방위를 강화할 것을 평안, 함경도 양도兩道 순변사巡邊使에게 명했다. 9월 이순신을 죄주자는 의견에 반대하여 사직원을 올렸다. 11월 청야책淸野策을 써서 왜적의 재침再侵에 대비케 했다.
1597년(선조 30년) 56세	3월 이순신장군이 모함으로 파면될 때 그 부당함을 극력 진언했으나 윤허되지 않아, 그를 천거한 책임을 지고 재차 사직원을 냈으나 허락되지 않았다. 10월 왕명으로 경기 충청지방을 순시하여 민심을 안정시키고 제장諸將들의 공과功過를 살폈다.
1598년(선조 31년) 57세	여러 번 사직원을 내었으나 윤허되지 않았다. 7월 명나라 정응

	태丁應泰의 무주사건誣奏事件에 대한 진주사陳奏使를 고사固辭했다. 10월 북인들의 탄핵으로 영의정에서 파면당했다.(10월 19일 같은 날 이순신 장군이 전사戰死) 11월 18일에 파직되어 향리로 돌아올 때 류성룡의 아들인 수암 류진柳袗공이 모시고 내려 왔다. 12월 모든 관작官爵을 삭탈당했다.
1599년(선조 32년) 58세	2월 향리인 하회로 돌아왔다. 수암공에게 중용中庸을 가르치다. 6월에 왕은 서애에게 직첩을 환급하였으나 반대파들이 이때에도 주화오국主和誤國을 내세워 좌절시켰다.
1600년(선조 33년) 59세	11월 직첩職牒을 되돌려 받았다.
1601년(선조 34년) 60세	8월 21일 어머니 안동김씨 타계했다.
1602년(선조 35년) 61세	4월 청백리淸白吏로 뽑혀 겸근청백록兼謹淸白錄에 이름이 올랐다. 영모록永慕錄을 지었다.
1604년(선조 37년) 63세	7월 징비록懲毖錄 저술을 마쳤다. 다시 부원군府院君이 되고 호성송공신호扈聖送功臣號를 하사받았다. 9월 충훈부에서 공신인 선생의 초상화를 그릴 화사畵師를 보냈으나, 나라에 공이 없다고 사양하여 그대로 돌려보냈다.
1605년(선조 38년) 64세	3월 봉조하록奉朝賀錄을 사양하는 상소를 올렸으나 허락되지 않았다. 하회마을에 큰 홍수가 들어 학가산 서미동으로 이거하다.
1606년(선조 39년) 65세	퇴계선생문집을 교정하고 의리義理를 강론했다. 2월. 선생의 병보病報에 접한 선조는 3월 3일에 내의內醫를 보내어 병환을 살피게 했다. 5월 6일. 학가산 아래 서미리 농환재 弄丸齋 초가집에서 운명했다. 부음이 서울에 전해지자 도성의 사대부들과 1,000여명의 백성들이 선생의 옛 집터에 모여 신위神位를 만들고 "선생이 아니었다면 우리들은 살아남지 못했을 것이다. 이어진 정승을 잃은 것은 어린아이가 어머니를 잃은 것과 같다"며 통곡했다. 상인들도 유래 없이 나흘 동안 자진 철시撤市하고 부의賻儀를 거두었다. 풍산현 수동 豊山縣 壽洞의 남향南向한 땅에 예장禮葬했는데 예조좌랑 구헌으로 하여금 치제致祭케 했다.

가족 관계

증 조 부 : 류자온柳子溫
증 조 모 : 안동 김씨安東 金氏
조　　부 : 류공작柳公綽
조　　모 : 연안 이씨延安 李氏
아 버 지 : 류중영柳仲郢
어 머 니 : 안동 김씨安東 金氏 진사進士 김광수金光粹의 딸
형　　　 : 류운룡柳雲龍

처　　　 : 전주 이씨全州 李氏 – 광평대군 5세손 용궁현감龍宮縣監 이경李坰의 딸
장　　남 : 류위柳褘 – 조졸早卒
차　　남 : 류여柳袽 – 류위의 조졸 후 실질적인 장남
　　　　　장손 : 류원지柳元之 – 류여의 아들. 호는 졸재.
3　　 남 : 류단柳褍
　　　　　손　 : 류백지柳百之 – 생부 : 류진柳袗
4　　 남 : 류진柳袗
　　　　　손　 : 류천지柳千之
장녀사위 : 한산 이씨 이문영李文英
차녀사위 : 순창 조씨 조직趙稷

후　　처 : 인동 장씨仁同 張氏 – 선무랑宣務郎 장윤업張潤業의 딸
5　　 남 : 류초柳初
6　　 남 : 류첨柳襜
3녀사위 : 변응황邊應篁

책을 내며

조선 최고의 명재상으로 불리는 류성룡이 쓴 책의 제목이 징비록이다. 일종의 반성문이다. 조선 최고의 재상 중 한 사람이 일생을 살아 기록한 책이 반성문이라니. 인생은 후회가 아니라 반성이어야 한다. 후회와 반성은 다르다. 후회는 과거에 대한 아쉬움이다. 반성은 과거에 대한 잘못을 반성해서 미래로 가는 길목을 밝게 하려는 의도다. 후회는 과거에 대한 부정적인 면이 강하고, 반성은 과거에 대한 일을 바탕으로 미래로의 발전을 말하는 긍정적인 태도다. 후회는 과거의 아픔으로 남지만, 반성은 미래의 희망으로 다시 빛날 수 있기 때문이다. 징비록은 과거와 현재, 그리고 미래가 응축된 한 인간의 진솔한 기록이다.

영웅으로 태어나는 것이 아니라 평범한 사람이 자신을 단련해 만들어 갈 때 영웅으로 만들어진다. 다시 말해 영웅은 태어나는 것이 아니라 만들어지는 것이다. 천사는 강해야 천사가 될 수가 있다. 악마를 상대해서 이겨야 하기 때문이다. 인생의 어느 한 지점도 평화롭지 않다. 거센 도전과 위기가 찾아온다. 평화는 강한 자의 전유물이다. 역사가 증명해준다.

류성룡은 강했다. 자신의 정체성을 처음부터 끝까지 일관되게 살았다. 신념을 유지하며 산다는 것이 힘이다. 물론 신념에 의해서 전쟁과 다툼이 일어난다. 신념은 유연해야 한다. 상대가 있기 때문이다. 류성룡의 강함은 부드러움을 끌어안았기 때문에 가능했다. 신념을 가졌지만 강하게 주장하지 않았다. 상대에 대한 배려였고, 미래에 대한 자신의 주장을 관철시키기 위한 전략이기도 했다. 자신의 주장을 관철시키려면 먼저 상대에게 믿음을 주어야 한다. 류성룡의 철학이다.

특히 정치, 국사를 논하는 자리에는 정적政敵과 결정권을 가진 왕이 있었다. 정적은 나의 신념을 꺾으려는 존재였고, 왕은 절대지존의 권력으로 모든 결정을 독점하는 존재였다. 류성룡은 정적과 왕을 설득하기 위해서 부드러움을 가졌다. 류성룡의 세상 살기다. 정치는 설득의 예술이다. 옳은 것이 옳은 것이 아니고, 틀린 것이 틀린 것이 아닌 곳이 정치판이었다. 조정은 항상 시끄러웠고, 혼란스러웠다. 저마다의 생각으로 부딪히고 충돌했다. 많은 의견 중에 하나만이 채택될 수 있었다. 최선과 차선이 있고, 또 다른 방안들이 있지만 결국은 하나를 선택할 수밖에 없었다.

류성룡은 자신의 신념을 관철시키는 방법으로 적을 만들지 않았다. 오늘의 적이 내일의 우군이 될 수 있는 곳이 또한 조정이라는 정치판이었다. 그래서 류성룡은 신념을 갖되 유연하게 처

신했다. 미래를 위해서, 큰 것을 관철시키기 위해서 때론 일보 후퇴했고, 때론 한발 나서서 강하게 주장했다. 명철한 류성룡에게 필요한 처세였다. 류성룡은 절대로 유약하거나 기회주의자가 아니었다.

1. 류성룡은 현장 정치인이었다. 전장을 직접 누비고 다녔다.
2. 류성룡은 신념의 정치인이었다. 주장하지 않으면서 자신의 신념을 관철시켜 가는 노련한 정치가였다.
3. 류성룡은 물러설 때와 나아가야 할 때를 아는 경세가였다. 험난한 국난의 위기를 넘길 수 있는 전략을 가지고 위기를 극복했다.
   나라가 주저앉을 것 같은 상황에서 남쪽으로부터 승리 소식이 전달되었다. 이순신이 한산대첩을 거두었다는 소식이었다. 류성룡이 무릎을 치며 선조에게 글을 올렸다.

"국가재조지운國家再造之運, 나라를 다시 만들 운이 돌아왔습니다."

류성룡은 난세에 나라를 구한 인물 중 한 사람이었다. 전시내각의 책임자로서 임진왜란을 극복하는데 이순신과 더불어 중요한 역할을 수행했다. 선조라는 변화와 굴곡이 심한 성격을 극복하며 국난을 이겨냈다. 지금 한국에서 필요한 사람이었다. 곧으면서 유연하고, 유연하면서 추진력이 있는 류성룡의 덕목이 지금 필요하다. 정치는 타협의 기술이 필요하다. 정치는 또한 날씨와 같아 예측하기가 어렵다. 오늘 아침에 불던 바람이 점심때에는 다른 방향으로 불고, 저녁에는 또 다른 방향으로 불어온다. 변덕스러운 날씨처럼 국가 간의 이해관계가 복잡하고, 정파 간의 이해가 엇갈릴 때 부드러우면서 일관성 있는 정략가인 류성룡의 지혜가 필요하다. 류성룡이 가졌던, 위기에 적합한 인재 발굴과 화합의 정치가 절대 필요한 시점이 지금이다.

일산에서 **신 광 철**